宇野恵教著

『大智度論』「仏土願釈論」「釈発趣品」講読

永田文昌堂

はじめに

龍樹菩薩造と称せられる『大智度論』（以下『大論』）は、鳩摩羅什三蔵の漢訳になる百巻の大著である。そこには『摩訶般若波羅蜜経』（以下『般若経』）の釈論として、大乗の菩薩の種種の行法やその利益が、質・量ともに非常に豊かに説示されている。その中、この度の安居の副講にあたっては、主として巻七の「仏土願釈論」と巻四十九、巻五十の「釈発趣品」を中心に、講読を進めていきたい。

大乗菩薩道の思想と浄土往生思想は、もともと一つのものではなく、別の思想系統に属していたものと考えられる。大乗経典は、最初期の般若経典に始まると考えられているが、そこに浄土思想はほとんど見られない。また『大阿弥陀経』など初期の浄土経典には、大小乗の行法が混在して説かれ、大乗菩薩道の行法や徳目がそれほど詳しく説かれるわけではない。

しかし魏訳と称せられる『仏説無量寿経』になると様相は一変し、菩薩の利他行やその階位、得無生法忍、諸の三昧思想など、大乗菩薩道の諸思想がふんだんに盛り込まれるようになる。それは浄土経典が大乗菩薩道の諸思想を取り入れることによって、その立場を強化していくというよりは、むしろ大乗菩薩道そのものが浄土経典に取り込まれることによって、その内容がより純化され完成に近づいていくと考えるべきである。

『大論』は、『般若経』の釈論であるので、これらの菩薩思想が多く登場し詳しく説明されているが、それに加えて阿弥陀仏およびその浄土に関する叙述も随所に見られる。『般若経』の「発趣品」には、般若における菩薩の十地思想が説かれ、『大論』「釈発趣品」では、その第八地を注釈するところに、『論註』に受容された還相の菩薩の衆生摂化の原初的なあり方が示され、初地や第七地を釈するところには、無生法忍についての種種の説示がある。

また『般舟三昧経』『観無量寿経』等に登場する念仏三昧、諸仏現前三昧（般舟三昧）などの菩薩の三昧とその功徳は、『大論』巻七「仏土願釈論」に詳しい。「仏土願釈論」は、それ全体で、『般舟三昧経』と密接に関連した内容を有している。

菩薩の行業やその功徳などというと、われわれが頂戴する他力浄土真宗のご法義とは、関係が薄いのではないかと感じられる向きもあるかもしれない。しかしながら浄土を建立せんと発願された法蔵菩薩の願行には、六波羅蜜をはじめとする大乗の菩薩の行業が含まれているし、われわれが浄土に往生成仏してのち頂くところの還相摂化の菩薩の功徳は、そのまま大乗の菩薩の利他の修行として得られる利益である。

宗祖親鸞聖人は、御本典に、この『大論』を五度引用されている。そのうち二つは、この「仏土願釈論」に示される念仏三昧の功徳に関するところで、どちらも『安楽集』に引用され、御本典には、その滅罪の功徳を「行文類」に、報恩の功徳を「信文類」に、それぞれ孫引きの形で引かれている。また「真仏土文類」には、巻三十「諸仏称讃其名釈論」の「五種不可思議」の文が、『論註』の孫引きとして引かれ、「化身土文類」には、「依法不依人」等の四依の文が、巻九「十方菩薩来釈論」から直接引かれている。さらに「正信念仏偈」「源空讃」の「還来生死輪転家」以下の御文は、『大論』巻三十「善根供養義」の「還来輪転生死」以下の文を援用しておられるようである。これらの文についても、順次考察を進めていくことにしたい。

『大論』は百巻という大部であるために、講読は「仏土願釈論」と「釈発趣品」の二品に限定し、しかも「釈発趣品」は、菩薩の十地のうち、初地はテキストのみで、解説は七地と八地に留まっている。また「念仏三昧」「無生法忍」「浄仏国土の思想」「共不共の十地」など、主要なテーマを選んで考察を試みたが、各品にあまりにも多くの関連事項があって、論述するのに収拾がつかなくなってしまう恐れがあった。その後方向性を見いだして、テーマごとに付論にまとめたつもりである。

安居事務所で『安居講業記』を拝見すると、明暦二年の智空の「安楽集」から以降、平成十一年までに、『大智度論』に関する講題は無い。したがって平成十二年の安居において、父である宇野順治和上が副講を命ぜられ、「大智度論」と題して講讃したのが唯一かと思われる。今回は、特に宗祖本典への引用部分に関して、その講本『大智度論講述』を参照させていただいた。

徳永一道勧学寮頭和上、普賢晃壽前寮頭和上には、『大論』から宗祖本典へという論述の方向を示唆していただきました。また淺田惠真勧学和上、内藤知康勧学和上、相馬一意勧学和上には折に触れて、さまざまな御助言を頂戴しました。有難く厚く御礼申し上げます。

浄土真宗本願寺派総合研究所前所長、佐々木惠精先生には、『般若経』のサンスクリット原文の難読箇所に関して、何度も貴重なアドバイスを頂戴した。厚く御礼申し上げます。

浄土真宗本願寺派総合研究所研究助手、溪英俊氏には、約二カ年にわたって研究会におつきあい頂き、『論註』における『大論』の受容など、多くの示唆に富む助言を頂いた。さらに本書における『般若経』および『大論』のテキスト資料の作成は、すべて氏の手に成るものである。また本書の編集レイアウトにもご尽力頂いた。心より厚く御礼申し上げる次第である。

また当寺門徒であり、東海大学国際教育センター准教授の深井陽介氏には、E・ラモット教授のフランス語による『大論』研究に関して、この二年の間に何度も当寺にお運び頂き、「釈発趣品」の第八地の釈のフランス語からの和訳研究と、第七地の釈の研究に全面的なご指導を頂いた。甚深の謝意を申し上げたい。なおその和訳に当っては、読者の理解に供するために、氏の意向を少しく改変して仏教用語を使用した箇所もある。その用語選択や表現について文責はあくまで筆者にあることを、読者諸賢にはどうかご了解頂きたい。

本願寺派宗学院研究員、武田一真氏には、本書全般にわたり、内容の検討や字句の修正をお願いしたところ、急なお願いにもかかわらず、細部まで丁寧に添削・校正して頂いた。同じく宗学院研究員、川野寛氏にも校正の労を取って頂いた。両氏に対し記して謝意を申し上げたい。

また当瀧上寺衆徒中山貴雄氏にも、データの管理や処理に関し、常日頃お世話頂いている。深く感謝申し上げたい。さらに当寺坊守や嗣法にも、法務や寺の諸行事の遂行において多大の負担を掛けている。この機会に厚く御礼申し上げたい。

最後にこの講本の出版元である永田文昌堂さまにも、原稿の大幅な遅れにもかかわらず、ご親切かつ迅速な対応を頂戴した。併せて深謝申し上げたい。

平成二十八（二〇一六）年七月十七日

安居副講者　宇野惠教

目次

『大智度論』「仏土願釈論」「釈発趣品」講読

序論

一、『大智度論』の仏教教理史上の位置

支婁迦讖が西暦一七九年に訳出したとされる『般舟三昧経』三巻本、巻中「授決品」（大正十三・九一一上）前半には、その対告衆である颰陀和菩薩など八人の在家の菩薩達が、釈尊の滅後、乱世において国々が相争い仏教が用いられなくなったときに、この経を授けられて般舟三昧を行じ、仏前において仏道の久住を願うということが説かれている。そこには無仏の世に仏に遇いたいという願望から発して、釈尊の精神を新たに体現しようとした菩薩たちが、三昧の中で見仏聞法し、さらに未だ法を聞かざる者に聞かしめていこうとする、護法の危機意識、社会的啓蒙意識といったものを感じさせる。

『大論』「仏土願釈論」は、冒頭、まず菩薩が自らの願力によって浄仏国土の願を修し、後にその願に因って勝果を得、つづいて念仏三昧として、無量の諸仏の常現在前を念じるところから始ま

っている。それは釈尊滅後、無仏の世に刀杖の時代を経てきた仏教徒たちが、仏の威神力を受けて、経巻を保持し、新たな信仰を産み出して、再び仏道を歩み始める、というこの『般舟三昧経』の精神を受けたものと考えられる。

なぜならこの「仏土願釈論」は、最後のところで、所釈の経である『般若経』の対告衆について説明して、以下のような問答を設けているからである。

問曰、善守菩薩、何の殊勝有りて最も前に在らしめて説くや。若し最大なるものを前に在らしむるならば、応に遍吉・観世音・得大勢菩薩等に説くべし。若し最小なるものを前に在らしむるならば、応に肉身にして初発意なる菩薩等に説くべし。

答曰、大を以てせず小を以てせず。善守菩薩は是れ王舎城の旧人、白衣の菩薩の中にて最大なるを以てなり。仏、王舎城に在して、般若波羅蜜を説きたまわんと欲す。是を以ての故に最も前に在らしめて説くなり。

復次に、是の善守菩薩は無量の種種の功徳あり。般舟三昧の中の如く、仏、自ら現前に其の功徳を讃じたまえり。

ここでいう善守菩薩とは、右の颰陀和菩薩のことであり、「般舟三昧の中の如く」とは、「『般舟三昧経』に説くが如く」という意味である。これらによって、『大論』「仏土願釈論」は、『般若経』

の対告衆を説明するのに、『般舟三昧経』の経説に依拠していることが知られるのである。

さらに右に言う「仏自ら現前に其の功徳を讃じたまえり」という仏とは、善守菩薩が、その三昧の中で出遇った釈迦仏のことであると解しうる。つまりここでは、菩薩が仏の功徳を称讃するのではなく、仏が菩薩の功徳を称讃するのである。

また『大論』巻三十「諸仏称讃其名釈論」は、その題名の通り、諸仏が菩薩の名を讃嘆する一段である。所釈の『般若経』にも、すでに以下のように、菩薩が仏名を讃嘆するのではなく、仏が菩薩名を讃嘆すると説いている。

復次に、舎利弗よ、菩薩摩訶薩は、十方の諸仏をして、其の名を称讃せしめんと欲せば、当に般若波羅蜜を学すべし。（大正八・二二九下）

十方の諸仏が菩薩の名を称讃するという説示は、まさに魏訳と称せられる正依の『仏説無量寿経』（以下『無量寿経』）の第十七願において、十方の諸仏が法蔵菩薩の名、すなわち阿弥陀仏の名を称讃するという説示と相通ずるものがある。

今ここで、「仏土願釈論」の初めには、菩薩の浄仏国土の願の思想があると述べたが、この浄仏国土の思想と、われわれが日頃聞法し帰依している浄土往生思想とは、一応別の思想であり、思想展開の上では、浄仏国土の思想の方がより根本的で、それをもとにして発展してきたのが浄土教もしくは浄土経典であるということができる。

浄土教とは、いうまでもなく往生浄土を目的とした救済の宗教であり、本来それはあくまで自利が中心であったのに対し、大乗菩薩道の思想は、その当初から自他不二の空性のさとりに基づく、利他行中心の実践思想である。

藤田宏達博士は、浄土経典を、『大阿弥陀経』『平等覚経』などの「初期無量寿経」と、『無量寿経』などの「後期無量寿経」とに分けられ、まず「初期無量寿経」については以下のように述べられる。

特に「初期無量寿経」においては、極楽に生まれた菩薩・阿羅漢たちが、阿弥陀仏の説法を聞いて、各自に相応した証果を得るとされ、その内容として須陀洹（預流）・斯陀含（一来）・阿那含（不還）・阿羅漢（応供）、すなわちいわゆる小乗の声聞四果と、大乗菩薩の阿惟越致（不退転）がともにあげられている。これは、極楽浄土が仏道修行の場としてわれわれ娑婆世界とほとんど変わらないとする叙述であり、極楽浄土への往生がそのままさとりを得て成仏するという意味ではないことを示している。（『浄土三部経の研究』第四節　往生の思想　四〇一頁）

また「後期無量寿経」に関しては以下のようにいわれる。

われわれは、上来の考察においても、他の大乗諸思想との関係を必要に応じて検討してきたが、しかし〈無量寿経〉や〈阿弥陀経〉の原初形態にはこれらの諸思想との関係を示す文証が、あらわに説かれてはいなかった。これが明瞭に表面化してくるのは、この両経の発達形態、なかんずく「後期無量寿経」においてである。(『原始浄土思想の研究』結語　浄土思想の展開　六二三頁)『大論』は、菩薩の浄仏国土の思想や、無生法忍の思想、阿鞞跋致の思想などを中心に、大乗の重要なテーマを説示しながら、時にはその仏国土を浄める主体である法蔵菩薩を登場させる。あるいはその法蔵菩薩に導かれて浄土の菩薩が利他行を遂行するという例話もある。例えば以下のようである。

次に後の菩薩も、また利根にして心堅く、久しく福徳を集め、発心して即ち般若波羅蜜と相応し、六神通を得て、無量の衆生と共に十方清浄世界を観じ、而して自ら其の国を荘厳す。阿弥陀仏先世の時、法蔵比丘と作りしに、仏将い導きて遍く十方に至りて清浄の国を示し、浄妙の国を選択せしめ、もって自ら其の国を荘厳したまいしが如し。巻三十八「釈往生品第四之上」

(大正二五・三四二下～三四三上)

逆に以下のように、あたかも『大阿弥陀経』のごとく、小乗の阿羅漢を浄土往生人として例示することもある。しかもその阿羅漢は、浄土に往生して法性身を受け、速やかに成仏するというのである。

若し阿羅漢、浄仏国土に往きて、法性身を受けなば、是の如く疾かに作仏することを得。巻九十三「畢定品第八十三」（大正二五・七一四上）

しかしながら、例えば正依の『無量寿経』では、この二つ、すなわち浄仏国土の思想と往生浄土の思想が、不可分に融合しながら一つの思想として顕され展開している。その願文だけを取り出しても、その中には、菩薩の利他行（第二十二願）は勿論、その階位としての住正定聚（第十一願）や一生補処（第二十二願）や得不退転（第四十七願）、得無生法忍（第三十四願）や得三法忍（第四十八願）、あるいは清浄解脱三昧（第四十二願）や普等三昧（第四十五）等の諸三昧など、大乗菩薩道の諸要素がふんだんに盛り込まれている。

しかもそれは不可分に融合していてもなお、浄土思想における二つの傾向が、その中に見られるということである。すなわち、その一つは、衆生を浄土へ生まれさせて救済するという思想であり、もう一つは、その浄土に生まれた衆生を、浄土が浄土の菩薩に育て上げるという思想である。無論それは、浄土教の法義の上から言えば、往生教と成仏教ということになるのであるが、今ここでいうのは、この二つが『無量寿経』の中で一つに結実しているということであり、またその結実に至る経路を辿るのに、思想系列の上でその前段階とみなし得る『大論』の所説の考究が非常に有用であると考えられるということである。

つまり『大論』は、右に見たように、二つの意味で中間的存在、一つは、浄仏国土の思想を中心に見た場合、大乗仏教本来の浄仏国土の思想を中心に置きながら、時には浄土経典のさまざまなモチーフも織り込んでいるということであり、もう一つは、思想内容の上で『大阿弥陀経』に代表される藤田博士のいわれる「初期無量寿経」と、正依の『無量寿経』に代表される「後期無量寿経」との中間的、過渡的、あるいは両方跨がったような位置にあるということである。

こんなふうにいうと、『無量寿経』と『大論』との成立の先後の問題、『無量寿経』はいつごろ成立したのか、その漢訳者は誰か、また『大論』の主要な部分の著者は誰か、龍樹か羅什か、それをまず検証しなければ始まらないと考える向きもあるかもしれない。しかし『大論』は、あくまで『般若経』の註釈という形を崩していないのであり、『無量寿経』には、『般若経』を継承し発展させた内容を持つ『華厳経』の強い影響が認められるのは、まちがいのないところであるから、『般若経』の菩薩思想とそれを詳しく説明している『大論』の所説に照らし合わせて、『無量寿経』の菩薩思想を吟味研究することは、非常に意味のあることと考えるのである。

さらにそれが『観無量寿経』では、「念仏三昧」や「般舟三昧（諸仏現前三昧）」あるいは「無生法忍」といった用語が、互いに関連した意味合いを有して登場する。『十住毘婆沙論』についても同じことがいい得る。これらの用語は、『大論』において、いずれも重要なテーマとして随所に説示されている。本書では、第一章・第二章の付論において、これらの用語について若干の考察を試みている。

以上、仏教教理史上、浄土を説く諸経典に挟まれて、『大論』がどのような位置にあるか概観した。すなわちまず『般舟三昧経』と『般若経』とがあり、その経説を承けて羅什の『大論』の訳出がある。その『大論』には、主要なテーマの一つとして菩薩の浄仏国土の思想が説かれ、それとは別に浄土教的な諸要素も散見される。それらは思想系列の上で、藤田宏達博士のいわれる「初期無量寿経」（『大阿弥陀経』に代表される）と「後期無量寿経」（『無量寿経』に代表される）の中間に位置する。さらにこの『大論』の浄土教的諸要素を継承し発展させる形で、『観無量寿経』の所説や『十住毘婆沙論』の所説[1]、そして『論註』の所説がある。これらはあくまで厳密な歴史的順序を踏まえていうのではないが、しかし歴史的順序を全く無視しているわけでもない。それについては次項とおよび本書の第一章、第二章の内容を参照して頂きたい。

次頁に挿入した「仏教略年表」は、仏教史全体の羅什三蔵の位置がよくわかると思って、長尾雅人博士が制作された年表（岩波セミナーブックス19『維摩経を読む』四七頁）を参照させていただいたものである。

仏教略年表

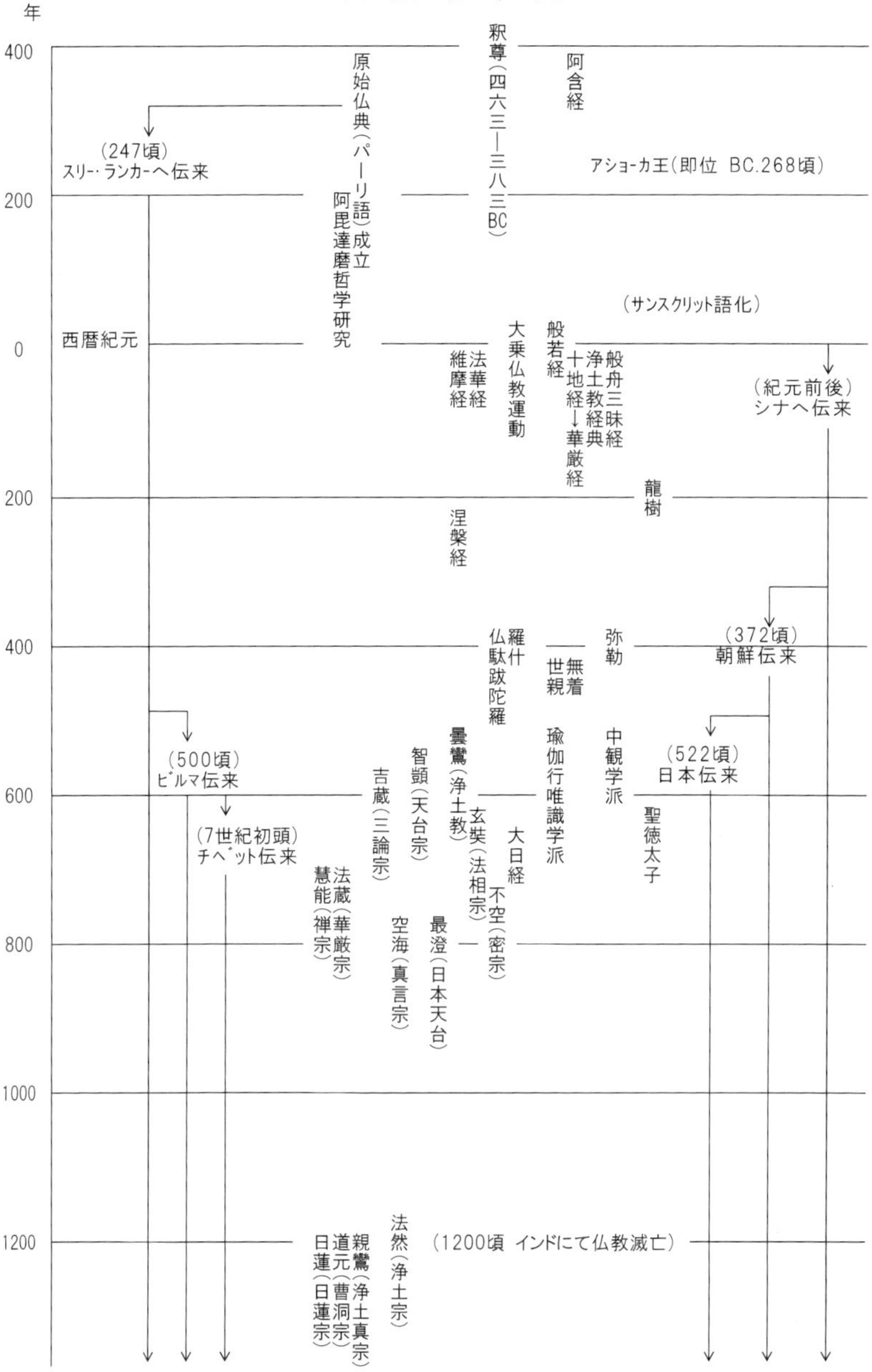
年
400
200
0
200
400
600
800
1000
1200
釈尊(四六三—三八三BC)
阿含経
原始仏典(パーリ語)成立
(247頃)
スリー・ランカーへ伝来
アショーカ王(即位 BC.268頃)
阿毘達磨哲学研究
(サンスクリット語化)
西暦紀元
大乗仏教運動
法華経
維摩経
般若経
般舟三昧経
浄土教経典
十地経→華厳経
(紀元前後)
シナへ伝来
龍樹
涅槃経
羅什
仏駄跋陀羅
弥勒
無着
世親
(372頃)
朝鮮伝来
(500頃)
ビルマ伝来
中観学派
瑜伽行唯識学派
曇鸞(浄土教)
智顗(天台宗)
吉蔵(三論宗)
(522頃)
日本伝来
聖徳太子
(7世紀初頭)
チベット伝来
玄奘(法相宗)
大日経
法蔵(華厳宗)
慧能(禅宗)
不空(密宗)
最澄(日本天台)
空海(真言宗)
法然(浄土宗)
(1200頃 インドにて仏教滅亡)
親鸞(浄土真宗)
道元(曹洞宗)
日蓮(日蓮宗)

二、『大論』およびその他の経論の訳出事情

いまここで、『無量寿経』と『大論』との成立の先後の問題、それはもちろん『大論』の著者が誰であり、また『無量寿経』の漢訳者が誰であるのか、という問題に関わってくるのであるが、それに関して、『無量寿経』と『大論』の漢訳の訳出年代について考えておきたいと思う。

『大論』は弘始四年（四〇二年）の夏頃から始めて、弘始七年（四〇五年）の十二月まで、三年余りを費やして、鳩摩羅什（以下、羅什と略称）によって漢訳された。その間、弘始五年（四〇三年）四月から翌年四月まで一年で『般若経』の翻訳を完成させている。(2)『大論』は、それ以前の大小乗の経論が、非常に多く引用され、経名を挙げないことも実に多く、逆にいえば『大論』に引用されていない経論があれば、それは『大論』以降の成立ということができるくらいである。例えば、『勝鬘経』や『楞伽経』、如来蔵・唯識の経論などがそれに当たる。しかし何故か、華厳の教説に関してはあまり触れられていない。羅什以前の中国に華厳の教えがもたらされていなかったわけではなく、後漢支婁迦讖訳『兜沙経』や呉支謙訳『菩薩本業経』をはじめとして、西晋竺法護訳『漸備一切智徳経』、同『如来興顕経』、同『度世品経』など、単経ではあるが、いくつかの華厳系の経

典がすでに訳されている。

しかし検索した限り、これらの経典の経名は『大論』には登場せず、また今回考察した範囲で検討した限りでは、華厳的な要素を感じさせる内容を『大論』の中に見い出すことは無かった。

ただ十地思想に関しては、少し話は別で、羅什は仏陀耶舎とともに『十住経』四巻を訳出したほか、その初地・第二地の註釈書である『十住毘婆沙論』十六巻を、これも仏陀耶舎の口述に基づいて訳し、さらに別に『十住論』十巻を訳している。(3) また廬山の慧遠の質問に答えた『大乗大義章』においては、『華厳経』「入法界品」に対応する『不可思議解脱経』をしばしば引用しながら自己の思想的立場を明らかにしている。(4) これらは華厳の教説に対する羅什の関心の高さを物語るものであり、精力的にそれを吸収しようとしたことの表れであると見るべきである。

しかしながらまた逆に、これらの伝承は、羅什が華厳の教えにくらかったことも物語っている。武邑尚邦和上『十住毘婆沙論研究』(二十一頁)には、『高僧伝』の仏陀耶舎の項下に次のような記録がみられ、興味を引く」と述べられている。それは、

羅什は十住経を訳出しようとしたが、一ヶ月余りたっても疑難があり、問題があって仲々に筆をとることができなかった。そこへ、依頼していた耶舎が到達し、共に相談をしながら、訳語を決定して、訳出の筋書きを正しくととのえることができ、訳出を実行した。道俗三千余人は、

みなその正しいことをしって、二人をほめたたえた。（大正五十・三三四中）

（中略）しかし、羅什がどうして、この『十住経』の訳出にてこずったのであろうか。これについて、同じく『高僧伝』は羅什が姚興に迎えられて、その要請によって経典を訳出するにあたって、「それ法教を弘宣するにあたっては、よろしく文義に熟達していなければならない」といい、いま自分は般若の教えには通じているが『十住経』の訳出に関しては、「自分は十分に熟達していないので訳出が困難である。すなわち文章を誦出することはできるが、その理には達していない。そこで、この『十住経』の教えについては、姑蔵に現在、仏陀耶舎がいて、その教えに深く達しているので、詔を下して彼を迎えてほしいと申し上げた」（大正五〇・三三四中）と説かれている。これは、明らかに羅什が華厳の教えにくらかったことを示している。したがって『十住経』は羅什の訳出ではあるが、その主役はむしろ耶舎であったというべきであろう。

といわれるのである。

『華厳経』系統の菩薩思想は、普賢行という形でまとめられることが常であり、例えば、古いところでは、西晋の聶道真が訳した『三曼陀跋陀羅菩薩経』には、懺悔・随喜・勧請の三品を、サマンタバドラ菩薩すなわち普賢菩薩の所行と位置づけ、しかもそれを一切衆生に施与（すなわち廻向）して須呵摩提（スカバティ）阿弥陀仏刹に生まれさせるということが説かれている。このような経説は、後世『普賢行願讃』としてまとめられるのであるが、それが最初にまとめられたのは、『普賢行願讃』の異訳で最も古い、東晋の仏駄跋陀羅（覚賢）が西暦四二〇年に訳した『文殊師利発願経』であることもよく知られている。

しかるに『大論』「仏土願釈論」を見ると、本書第一章の解説で見たように、三品は登場し、また菩薩の遊戯の思想なども登場するのであるが、普賢行あるいは普賢の大願というまとめかたは全く見ることができない。普賢菩薩そのものは「遍吉」という訳名で、『大論』全体に亘って何度も登場するが、菩薩の普賢行といった文脈では説かれないのである。十地思想についていっても、本書第二章で考察するように、般若系の共の十地、十地経系の不共の十地が混在しており、内容があいまいで十地の名称と対応せず、羅什が十地思想について精通していたとはとても思えないほどである。

右に羅什は耶舎三蔵に助けられて、ようやく『十住毘婆沙論』の訳出が成ったと述べたが、それは、耶舎が長安に来た四〇八年以降のことである。そのとき支法領が、耶舎とともに長安に来たって、胡本『華厳経』をもたらしたという伝承もある。(5) またちょうどその頃、もしくはそれより一・二年前に仏駄跋陀羅が長安に来ている。羅什と仏駄跋陀羅は、交友があったことが知られており、羅什が『大論』の訳を完成させた後、『十住毘婆沙論』その他の翻訳が成るまでの間、主として華厳関係の教説について議論を重ねたであろうことは容易に想像しうる。そして仏駄跋陀羅が一門人の過失に連座して長安を去った弘始十三（四一一）年の春頃には、羅什はすでに入滅していたことが、塚本善隆博士によって指摘されている。(6) 羅什の没年は、従来四一三年と考えられていたが、塚本博士は仏駄跋陀羅との関係を各種の史料から見直すことによって、四年ほど早めて、四〇九年と定められたのである。したがって両者の反りが合わなかったから、仏駄跋陀羅が長安を去らねばならなくなったという従来の説は、改めなければならない。

その後、仏駄跋陀羅は廬山に入って、慧遠の要請を承けて『達磨多羅禅経』二巻を訳出し、次いで義熙八（四一二）年荊州に赴き、さらに劉宋の建業への遷都にともなって請われて揚州の道場寺に入り、そこで義熙十四（四一八）年から元熙二（四二〇）年六月までかけて『華厳経』の翻訳を完成させた。そしてそれからほぼ一年後（四二一年）、長安から随従していた宝雲とともに『新無量寿経』二巻を訳しているが、これがおそらく我々の正依の『無量寿経』であろうこと、目下ほぼ定説となりつつあるように思う。

三、『大論』の論述の特色と羅什の翻訳態度

武邑尚邦和上は、その著書『十住毘婆沙論研究』において、羅什の訳出の特色について次のように述べられる。『大論』の訳出問題にも関わる重要な指摘が含まれているので、少し長文になるが引用しておく。

本論（『十住毘婆沙論』）は、『十地経』の説く十地の中、初地と第二地について解説したものである。しかも、その解釈は初地については詳しく、第二地についてはごく簡単である。ことに第三地以後の解説は全くなされないという不十分な体裁をもっている。これについて『華厳経伝記』は「耶舎不誦」と説明している。もちろん、なぜ不誦であったのかという理由については、何ら説明されていない。（中略）

いまこの点について同じく龍樹の著作と伝えられ、現在ではその真偽が問われ、龍樹の著作ではなかろうとさえいわれる『大智度論』が、初分に詳しく、他の部分については極簡単な解説をもっていることが注意されるのである。すなわち『十住毘婆沙論』は『十地経』の註釈書であり、『大智度論』は『大品般若経』の註釈書である。前者は初地の説明に詳しく、第二地に

は簡略であり、第三地以後の説明を欠いている。後者は経の初品に詳しく、第二品以後は解説が簡略である。このように両者には明らかに共通した点がみられる。しかも『大智度論』については、このことについての説明がある。（中略）

まず僧叡（三八七～四四四）は『大智度論序』に、「胡文の委曲は、みな初品の如し。法師、秦人の簡を好むを以ての故に、裁してこれを略するなり。もし備に其の文を訳すれば、まさに千有余巻に近かるべし」（大正五五・七五上）

この僧叡の序によれば、中国人は一般に簡潔な文章を好むので、それに相応して第二品以後の註釈を簡潔にし、その要点をのみ註釈したというのである。さらに、初分にのみ詳しいのはインドの文献は、元来、初めの部分に重点がおかれているので、その部分を詳しく註釈すれば一論の大意は自ら明瞭になるものであるから、ここでも詳しく訳出したのであるというのである。

（『十住毘婆沙論研究』一八頁）

すなわち武邑和上がいわれる通り、この『大論』においては、「序品」の註訳だけで全体の三分の一をしめる。『十住毘婆舎論』においては、『十地経』の初地と第二地のみを翻訳して後は省略する。すなわち『大論』にしても『十住毘婆舎論』にしても、釈されるべき経論の最初の方に内容が集中して、後になるほど省略される傾向にある。『大論』の場合は、『経』の初めの「序品」に関しては、『経』のごく短い一句一句（「如是我聞一時」とか「住王舎城」とか「菩薩」「摩訶薩」等）を詳しく解釈して、そこに、実際は『経』のもっと後に説かれている大乗菩薩道のさまざまのトピックの解説を盛り込んでしまう、そういう構成になっている。したがって『論』のはじめの方で、「これは後に説くからそこを見よ」（「如後説」後に説くが如し）といっているところは、二箇所しかないのに、『論』が進むにつれて、「これはすでに先に説いた」（「如先説」先に説くが如し）といっているところは、百八十四箇所もある。(7) 先に言っておけることは、どんどん先に言っておこうという態度である。これは翻訳の態度というよりは、むしろ著述態度であると考えられる。『般若経』が非常に大部であるために、著者であるとされる龍樹が、そんな註釈の仕方をとったということなのだろうか。それもあるかもしれない。しかしそれより理解しやすいのは、翻訳者である羅什が、その翻訳チームとともに、般若思想を中心とする大乗仏教の広汎な思想を中国の人々に伝え啓蒙するために、翻訳と注釈とほとんど区別がつかない形で、このようないわば頭でっかちな編集の仕方で、『論』を構成していったのではないかということである。

その上に『大論』は、『経』の一句一句の説明がとにかく詳しく具体的である。例えば巻五、巻六の「衆生等」「法等」の説明においても、はじめの衆生等の説明の方が詳しいくらいに解説している。それについては第二章の付論一、無生法忍についてを参照されたい。

四、『大論』の著者問題について

最後に、もう少し具体的な内容に即して『大論』の著者問題に触れておかねばならない。これについては、以前から多くの研究者が、さまざまな角度から研究し議論を重ねている。その中で最もまとまった形で精密な論考をなされているのは、干潟龍祥博士である。博士は、『大論』のテキスト全体を次の三種類に分類される。

A　明らかに龍樹のものでない部分（中国の人に対し、インド語やインドの習慣などについて説明した部分、もしくは羅什の言葉としてのみ理解できる部分）

B　龍樹の言葉と見なせる部分

C　AB以外で、伝統に従って、龍樹のものと見た方がよい部分

またベルギー人の碩学、E・ラモット教授は、この著者に小乗有部などの知識が深く、学識や経験上、西北インドのカシュミール地方に住んでいたことを想定されて、著者を西北インドに早くとも四世紀初めに住んでいた第二の龍樹であると推定される。

また最近の学説の中には、『大論』の著者は、やはりインド中観派の祖であり『中論』等の著者

である龍樹（第一の龍樹）であろうとする論考も新たに提示されている。

しかしながら、梶山雄一博士がいわれるように、「まちまちな意見が競い起こっている学会の現状の中で、『大論』の著者を特定することは不可能である」(8)と思われる。

なぜなら、今回の講本作成のために、百巻の大部の中で、ほんの少しの内容を窺っただけでも、ここは龍樹菩薩かも知れない、ここは羅什としか考えようがないなど、不確実なさまざまなイメージが次々に湧いてきて、読めば読むほど分からなくなるからである。またラモット教授の説は、ユニークではあるが、そもそも第二の龍樹といわれる人が、羅什三蔵その人であったとしても、何ら不思議ではないという梶山博士の指摘を覆すことはできない。大乗仏教研究の常識から見てそこまでいい得るかどうかは別として、初期大乗の代表的経典である『般若経』の事実上の編者こそ、龍樹菩薩もしくはその周辺の大乗興起に関わる人々であり、そこから推論すれば、龍樹菩薩に帰せられる『大論』の著者は、まさに訳者である羅什三蔵自身であるという推測が十分に成り立つからである。そこに第二の龍樹を想定する必要はない。

最後に、今回の講本作成の中で、著者問題に関するヒントになると思われた箇所を数例、私見として挙げておきたい。

①ここはインド人の龍樹菩薩の手になると考えられる場所を一カ所。

②ここは漢訳者の作文でしかあり得ないと思える箇所を二カ所（②-1、②-2）。
③中国的な文物が登場すると考えられる箇所を一カ所。
④これは中国にしかいない動物だと思って調べてみたら、逆にインド周辺にしかいない別の動物だったという箇所を一カ所。
⑤巻二十七における菩薩の体系の構築に対する疑問。それぞれ例として挙げる。

①『大論』『釈発趣品』の七地の註釈で、菩薩が具足すべき二十法のうち「無生法忍」と「無生智」が対になって出てくる（大正二五・四一七下）ことがインド的であるといい得る。以下は本書第二章の付論3の一文を、先に掲載したものである。

ここで『大論』が、忍（kṣānti）を「麁なるもの」とし、智（jñāna）を「細なるもの」としていることに注目しなければならない。ラモット教授は、原語として麁に audārika、細に sūkṣma を当てている。長尾雅人博士「中観哲学の根本的立場」（岩波『中観と唯識』所収、三三〜三四頁）を参照すれば、博士はここで、インド瑜伽行派の論書にしばしば登場する「尽所有」（yāvad-bhāvikatā）「有る限りのものを知る智」と「如所有」（yathāvad-bhāvikatā）「有るがままを知る智」という対立する二概念を取りあげられ、前者を麁（audārika）なる世俗智、後者を細（sūkṣma）

なる勝義智と述べておられる。博士は「この二概念を世俗と勝義に配して理解することは、漢訳仏教においてはあまり見られないようである」と言われる。また櫻部健博士「無生智と無生法忍」（『増補仏教語の研究』所収、五四頁以下）によれば、そもそも「無生智」と「無生法忍」とは、語義も用法も全く異なっており、相互に何の関係もなく、本来パラレルには扱われてこなかった二概念であるとされる。それが本論では、明らかにパラレルに扱われ、しかも無生法忍は麁なるもの、無生智は細なるものと説明されている。今ここでは詳しく検討することができなかったが、両博士のご指摘を勘案し、大小乗の論書を精査すれば、それによって、本論の仏教史上の位置あるいは著者問題を考えるヒントが得られるかもしれない。

②－1　本書第一章「仏土願釈論」の終りのところの釈（大正二五・一一〇下）で、『経』（『摩訶般若』）に「諸の菩薩は是の如き等の無量の功徳を成就す」とあるのを、『大論』が釈するところに関してである。しかるに『経』の梵文にはこの部分が存在しない。また『経』の漢訳も聖語蔵本には「諸菩薩」の語が無い。したがってここで「是の如き等の無量の功徳を成就す」と言うのは、ここまでの全体を補って、菩薩の諸々の功徳をまとめる漢訳のみの表現かと思われる。しかるに『大論』は、ここを釈して「是の諸の菩薩は仏と共に住し、其の功徳を讃ぜんと欲するも無量億劫にし

て尽くすことを得べからず。是を以ての故に、「無量の功徳を成就す」と言うなり」と述べている。したがって、もし『経』のこの部分が漢訳にしかない部分であるなら、その釈である『大論』のこの部分は、龍樹菩薩の作ではありえないことになる。

②－２　『大論』巻七十五「釈夢中三昧品」（大正二五・五九〇下）は、『経』の「夢行品（夢入三昧品）」の後半を釈する際に、第一と第二の願文のみを簡単に釈し、第三から第二十九までの願文の解釈は省略している。『大論』もこのあたりになると、『経』の語句の解釈において、『経』自らの釈にゆだねてしまい、省略が目立つようになる。そして第一の願文の檀波羅蜜を「布施」に、第二の願文の尸羅波羅蜜を「持戒」に語を入れ替えて釈しているように見えるが、もし『大論』の著者が龍樹であるとすれば、そんな表現になるだろうか。大いに疑問が残る。

③『大論』「釈発趣品」に初地の菩薩の行法が説かれるところ（大正二五・四一二上）で、釈尊がもと楽法という名の菩薩であった時、世に仏無く、四方に法を求めても得ることができなかった時に、魔が現れて、「我に仏所説の一偈有り。汝、皮を以て紙と為し、骨を以て筆と為し、血を以て墨と為して此の偈を書写せば、当に以て汝に与うべし」と言うので、即ち自ら皮を剝ぎ、その偈を書せんと欲するに、魔は滅し、仏その至心を知りたまいて、為に深法を説きたまうに、即ち無生法忍を

得る、という説話を述べている。このような説話自体は、インドの経論でも『大般涅槃経』（北本）巻一四（大正十二・四五〇上）に「雪山大士半偈殺身」の物語として登場するが、紙・筆・墨がそろって出てくるのは、中国人の必携の文房具である文房四宝から硯を除いたもので、多分に中国的といえるのではないだろうか。

④中国特有の動植物が登場すれば、『大論』のその箇所が中国撰述であるといえるかもしれない。もちろんこれらが登場するからといって、『大論』の全部が、羅什三蔵の手になるものであるとはいえないけれども、これらが登場するから、『大論』の全部が、龍樹菩薩の手に成るものではない、ということはできるであろう。また一部分でも、羅什三蔵の加筆があるということになれば、どこが加筆で、どこが加筆でないという判断はできない以上、全部を羅什三蔵の手になると見なすことも致し方ない。

そう考えて実験的に「狸（タヌキ）」で検討してみた。狸は東アジアにのみ棲息する動物だからである。『大論』巻一六「釈初品中毘梨耶波羅蜜義」第二七のはじめ（大正二五・一七五上）、あるいは巻一七「釈初品中禅波羅蜜義」第二八のおわり（大正二五・一八九上）に、鬱陀羅伽仙人が、鳥の鳴く声、魚の争う水音に禅定を乱されたと瞋恚を発こし、飛狸に生まれ変わって多くの魚鳥を殺し、無量の罪を作して三悪道に堕したと説かれている。然るに飛狸とは、インドにも生息するコルゴ（マレー・ヒヨケザル）のことである。南方熊楠の随筆『十二支考』「猴に関する伝説」岩波文庫（その9）に出ている。それによると、この鬱陀羅伽仙人の話は、もともと『仏本行集経』巻二二「答羅摩子品、第二十七」（大正三・七五七中〜）および巻三三「梵天勧請品、第三十六下」（同八〇七上〜中）に出る物語である。

釈尊は成道前に、阿羅邏迦藍（Ārāḍa-Kālāma）・優陀羅羅摩子（Udraka-Rāmaputra）という二人の仙人に会い、それぞれ無想処、非想非非想処に生まれる法を聞いたが、「此の法はこれ究竟に非ず。我今まさに此の法に専著すべからず」として捨て、成道の後、彼の二仙人はどこに居るだろうかと思念するに、阿羅邏仙は命終の後、無想処たる不識法処に至り、さらにその後、地獄に堕ち、優陀羅仙は命終の後、非想非非想天に至り、さらにその後、飛狸となって水・陸・空中の生命を殺害し、地獄に堕ちたとある。したがって狸とは、畜生道に堕ちる者達のすがたとして登場する動物たちの一つであって、『仏本行集経』にその本になる説話があることが分かった。『大論』には、このような例は他にもあり、巻四九「釈発趣品」の第六地の釈のところには、山中で熊に助けられる木伐り人の話が出てくる（大正二五・四一三下）。しかしこの話は、『大正蔵経』の「本縁部」では、熊ではなく九色頭毛の鹿の話として出ている

（支謙訳『九色鹿経』一巻（大正三・四五二中））（『六度集経』巻六、第五八話「修凡鹿本生」（大正三・三三上））。

⑤『大智度論』巻二十七（大正二五・二六二）では、声聞法の煖・頂・忍・世第一法という四善根位に対する大乗の体系として、発意・修行・大悲・方便という菩薩位の四法を対置せしめている。梶芳光運氏『大乗仏教の成立史的研究』では、これらは羅什訳『十住経』（大正十・五〇三中）の「悲を先とし、慧を主となし、方便ともに相応し、信解清浄の心、如来の無量力あり」という説と対応しているという。もしこの梶芳氏の説が妥当であるならば、十地思想を勘案しつつ、声聞の体系に対して菩薩の体系を構築していることになるが、そのような作業を龍樹が行うとは考えにくいであろう。

註（1）宮地廓慧『仏教教学論集』第四章第三節「菩薩道における他力思想の展開」三四九頁参照。
（2）梶山雄一『大乗仏典』中国・日本篇「大智度論」解説、三四九頁。
（3）この羅什による『十住論』の訳出については、武邑尚邦和上によって、経録の史料に基づいて大きな疑義が提示されている。『十住毘婆沙論研究』六頁。
（4）木村清孝『中国華厳思想史』三十六頁。

（5）山崎宏・笠原一男『仏教史年表』二七頁。

（6）ただしこのことを知り得たのは、梶山前掲書、三四五頁である。

（7）単にパソコン検索のヒット数の比較のみである。論書にはそもそも同様の傾向があるといえる。『大論』のもう一つの特徴は、「如後品説」という形、つまり『経』の後の方の品に説くというように、後の説明を『経』にゆだねている箇所が多くある。

（8）梶山前掲書、三五七頁。

第一章、「仏土願釈論」講読

一、『大智度論』「仏土願釈論」本文

大智度初品中佛土願釋論　第十三卷第七

龍樹菩薩造　後秦龜茲國三藏法師鳩摩羅什奉詔譯

【經】願《フ》㆑受《ケンコトヲ》㆓無量諸《ノ》佛《ノ》世界《ヲ》㆒。

【論】諸菩薩、見《テ》㆓諸佛《ノ》世界《ノ》無量《ニ》嚴淨《ナルヲ》㆒、發《セリ》㆓種種《ノ》願《ヲ》㆒。有《ル》佛《ノ》世界《ハ》都《すベテ》無《ク》㆓衆苦㆒、乃至、無《シ》㆓三惡之名《スラモ》者㆒。菩薩、見已《ツテ》自《ラ》發《シテ》㆑願《ヲ》言《ク》、我、作佛《セル》時、世界《ニ》無《ク》㆓衆苦㆒、乃至、無《キコト》㆓三惡之名《モ》㆒、亦當《ニ》《シト》㆑如《クナル》㆑是《クノ》。有《ル》佛《ノ》世界《ハ》七寶《モテ》莊嚴《シ》、晝夜《ニ》常《ニ》有《リテ》㆓清淨光明《ノ》㆒、無《シ》㆑有《ルコト》㆓日月㆒。便《チ》發《シテ》㆑願《ヲ》言《ク》、我、作佛《セル》時、世界《ニ》常《ニ》有《ルコト》㆓嚴淨光明《ノ》㆒、亦《タ》當《ニ》《シト》㆑如《クナル》㆑是《クノ》。有《ル》佛《ノ》世界《ハ》一切衆生、皆行《ジ》㆓十善《ヲ》㆒、有《リテ》㆓大智慧㆒、衣被・飲食應《ジテ》㆑念《ニ》而至《ル》。便《チ》發《シテ》㆑願《ヲ》言《ク》、我、作佛《セル》時、世界《ノ》中《ノ》衆生《ノ》衣被・飲食、亦《タ》當《ニ》《シト》㆑如《クナル》㆑是《クノ》。有《ル》佛《ノ》世界《ハ》純《ラ》諸《ノ》菩薩《ノミニシテ》　如《ク》㆓佛《ノ》色身《ノ》㆒、三十二相《アリテ》、光明徹照《シ》、乃至、無《シ》㆑有《ルコト》㆓聲聞・辟支佛《ノ》名㆒。亦《タ》無《ク》㆓女人《モ》㆒、一切皆行《ジ》㆓深妙佛《ノ》道《ヲ》㆒、遊㆓至《シ》十方《ニ》㆒、教㆓化《ス》一切《ヲ》㆒。

便《チ》發《シテ》レ願《ヲ》言《ク》、我、作佛《セル》時、世界《ノ》中《ノ》衆生、亦當《ニシト》レ如《クナル》レ是《ノ》。如《キ》レ是《ノ》等《ノ》無量《ノ》佛《ノ》世界《ノ》種種《ノ》嚴淨、願《フ》二皆得《ムコトヲ》レ之《ヲ》。以《テ》レ是《ノ》故《ニ》、名《ク》レ願《フト》レ受《ケンコトヲ》二無量《ノ》諸佛《ノ》世界《ヲ》一。

問曰、諸《ノ》菩薩《ハ》行業清淨《ニシテ》、自《ラ》得二淨報《ヲ》一。何《ヲ》以《テカ》要《ラズ》須《ヰムヤ》二立《テテ》レ願《ヲ》、然《ル》後《ニ》得《ルコトヲ》レ之《ヲ》。譬《ヘバ》如《シ》二田家《ノ》得《ルガ》レ穀《ヲ》、豈《ニ》復《タ》待《タムヤ》レ願《ヲ》。

答曰、作《ルコトハ》レ福《ヲ》、無《ケレバ》レ願無《シ》レ所レ標《トスル》。立《テテ》レ願《ヲ》為《セバ》二導御《ト》一、能《ク》有《リ》レ所レ成《ス》。譬《ヘバ》如《キ》二銷《スニハ》レ金《ヲ》、隨《ヒ》レ師《ニ》、所《ノ》レ作《ル》金《ニハ》無《キガ》レ定《マルコト》也。如《ク》二佛《ノ》所《ノ》レ說《キタマフ》、有《ツテ》レ人修《シ》二少《ナル》施福《ヲ》一、修《シテ》二少《ナル》戒福《ヲ》二不レ知《ラ》二禪法《ヲ》一、聞《イテ》三人中《ニ》有《ルヲ》二富樂《ノ》人一、心《ニ》常《ニ》念著《シ》、願樂《シテ》不《レバ》レ捨《テ》、命終之後、生《ズ》二富樂《ノ》人中《ニ》一。復有《リ》レ人、修《シ》二少《ナル》施福《ヲ》一、修《シテ》二少《ナル》戒福《ヲ》一、不レ知《ラ》二禪法《ヲ》一、聞《キテ》レ有《ルヲ》二四天王天處・三十三天・夜摩天・兜率陀天・化樂天（專《ラ》念《ズレバ》二色欲《ヲ》一、化《シ》來《ツテ》從《フ》レ己《レニ》）・他化自在天一（此《ノ》天《ハ》、他《ニ》、化《ニテ》二色欲《ヲ》一、與《と》レ之行《ジ》レ欲《ヲ》、展轉《スルコト》如《クナル》レ是《ノ》故《ニ》名《ク》二他化自在《ト》二）、心《ニ》常《ニ》願樂《スレバ》命終之後、各生《ズ》二其《ノ》中《ニ》一。此《レ》皆願力《ノ》所得《ナリ》。菩薩《モ》亦如《ク》レ是《ノ》、修《シテ》二淨世界《ノ》願《ヲ》一、然《シテ》後、得レ之《ヲ》。以《テ》レ是《ノ》故《ニ》知《ル》三因《ツテ》レ願《ニ》受《クルコトヲ》二勝果《ヲ》一。

復次《ニ》、莊二嚴《スルハ》佛《ノ》世界《ヲ》一、事、大《ニシテ》、獨《リ》行《ジテ》功德《ヲ》不《ルガ》レ能《ハ》レ成《スコト》故《ニ》、要《かなラズ》須《ユ》二願力《ヲ》一。譬《ヘバ》如《シ》下牛力《ハ》雖《モ》二能《ク》挽《クト》レ車《ヲ》、要《ラズ》須《ヒテ》二御者《ヲ》一、能《ク》有《ルガ》上所レ至《ル》。淨世界《ノ》願《モ》亦復《タ》如《シ》レ是《ノ》。福德《ハ》如《ク》レ牛《ノ》、願《ハ》如《シ》二御者《ノ》一。

問曰、若《シ》不《レバ》レ作《サ》レ願《ヲ》、不《ル》レ得レ福《ヲ》耶。

答曰、雖《モ》レ得《ルト》、不レ如《カ》レ有《ルニハ》レ願。願《ハ》能《ク》助《ケ》レ福《ヲ》、常《ニ》念《ズレバ》レ所《ヲ》レ行《フ》福德增長《ス》。

問曰、若《シ》作《シテ》レ願《ヲ》、得《バ》レ報《ヲ》、如《キモ》下人《ガ》作《シテ》二十惡《ヲ》一、不《ルガ》上願《ハ》二地獄《ヲ》一、亦不《ルカ》レ應《ニ》《カラ》レ得二地獄《ノ》報《ヲ》一。

答曰、罪福《ニハ》雖《モ》レ有《リト》二定報一、但《ダ》作《ス》レ願《ヲ》者《ハ》、修《スルモ》二少福《ヲ》一有《ルガ》二願力一故《ニ》得《ルナリ》二大《ナル》果報《ヲ》一。如《シ》三先《ニ》説《クガ》二罪中《ノ》報苦《ヲ》一。一切衆生皆願《ヒ》レ得《ンコトヲ》レ樂《ヲ》、無《シ》二願《フ》レ苦《ヲ》者一。是《ノ》故《ニ》不レ願《ハ》二地獄《ヲ》一。以《テノ》レ是《ヲ》故《ニ》福《ニハ》有《レドモ》二無量《ノ》報一、罪《ノ》報《ニハ》有《リ》レ量。有人《ルノ》言《ク》、最大《ノ》罪《ハ》在《リテ》二阿鼻地獄《ニ》一、一劫《ノ》受《ク》レ報《ヲ》。最大《ノ》福《ハ》在《リテ》二非有想非無想處《ニ》一、受《ク》二八萬大劫《ノ》報《ヲ》一。諸《ノ》菩薩《ノ》淨世界《ノ》願《モ》、亦《タ》無量劫《ニシテ》入《リ》レ道《ニ》、得二涅槃《ヲ》一、是《ヲ》爲《スト》二常樂《ト》一。

問曰、如《キハ》下泥黎品《ノ》中《ノ》謗《ル》二般若波羅蜜《ヲ》一罪《ノ》上、此《ノ》間《ノ》劫盡《クレバ》、復《タ》至《ル》二他方《ノ》泥黎《ノ》中《ニ》一。何《ヲ》以《テカ》言《フヤ》三最大《ノ》罪《ハ》、受《クト》二地獄《ノ》中《ニ》一一劫《ノ》報《ヲ》一。

答曰、佛法《ニハ》爲《ノ》二衆生《ノ》一故《ニ》有《リ》二二道《ノ》教化一。一《ツニ》者佛道、二《ツニ》者聲聞道《ナリ》。聲聞道《ノ》中《ニテハ》作《ル》二五逆罪《ヲ》一人《ハ》、佛《ハ》説《キ》下受《クルコト》二地獄《ヲ》一一劫《ナリト》上、菩薩道《ノ》中《ニテハ》、破《スル》二佛法《ヲ》一人《ハ》、説《キタマフ》下此《ノ》間《ノ》劫盡《クルモ》、復《タ》至《ツテ》二他方《ニ》一受《クト》中無量《ノ》罪《ヲ》上。聲聞法《ノ》最《モ》第一《ノ》福《ハ》、受《ケ》二八萬劫《ヲ》一、菩薩道《ノ》中《ノ》大福《ハ》、受《ク》二無量阿僧祇劫《ニ》一。以《テノ》レ是《ヲ》故《ニ》福德《ハ》要《かならズ》須《もちフ》レ願《ヲ》。是《ヲ》名《ク》レ願《フト》レ受《ケンコトヲ》二無量《ノ》諸佛《ノ》世界《ヲ》一。

【經】念《ズル》二無量《ノ》佛土《オヨビ》諸佛《ヲ》一三昧《ニヨリテ》、常《ニ》現《ジテ》在《リ》レ前《ニ》。

【論】無量佛土《トハ》、名《ク》二十方《ノ》諸佛《ノ》土《ニ》一。念佛三昧《トハ》名《ク》下十方三世《ノ》諸佛、常《ニ》以《テ》二心眼《ヲ》一見《ルニ》、如《キニ》中現《ズルコト》在《ルガ》上レ前《ニ》。

問曰、云何《ナルヲ》爲《スヤ》二念佛三昧《ト》一。

答曰、念佛三昧《ニ》有《リ》二二種一。一《ツニ》者、聲聞法《ノ》中、於《テ》二一佛身《ニ》一心眼《ニヨリ》見《ル》レ滿《ツルヲ》二十方《ニ》一。二《ツニ》者、菩薩道《ニシテ》、於《テ》二無量佛土《ノ》中《ニ》一、念《ズ》二三世十方《ノ》諸佛《ヲ》一。以《テノ》レ是《ヲ》故《ニ》、言《ヘリ》下念《ズル》二無量佛土《オヨビ》諸佛《ヲ》一三昧《ニヨリテ》、常《ニ》現《ジテ》在《リト》上レ前《ニ》。

問曰、如《キハ》二菩薩《ノ》三昧《ノ》一種種無量《ナリ》。何以《テノ》故《ニ》、但《ダ》讃《ズルヤ》二是《ノ》菩薩念佛三昧《シテ》、常《ニ》現《ジテ》在《ルヲノミ》レ前《ニ》。

答曰、是《レ》菩薩、念《ズルガ》レ佛《ヲ》故《ニ》、得レ入《ルコトヲ》二佛道《ノ》中《ニ》一。以《テノ》レ是《ヲ》故《ニ》、念佛三昧《シテ》、常《ニ》現《ジテ》在《ル》レ前《ニ》。

復次《ニ》、念佛三昧《ハ》、能《ク》除《ク》二種種《ノ》煩惱及《ビ》先世《ノ》罪《ヲ》一。餘《ノ》諸《ノ》三昧《ニハ》、有《リ》二能《ク》除《ケドモ》レ婬《ヲ》、不《ルモノ》レ能《ハ》レ除《クコト》レ瞋《ヲ》。有《リ》二能《ク》除《ケドモ》レ瞋《ヲ》、不《ルモノ》レ能《ハ》レ除《クコト》レ婬《ヲ》。有《リ》二能《ク》除《ケドモ》レ癡《ヲ》、不《ルモノ》レ能《ハ》レ除《クコト》二婬《ト》恚《ヲ》一。有《リ》下能《ク》除《ケドモ》二三毒《ヲ》一、不《ザルモノ》上能《ハ》レ除《クコト》二先世《ノ》罪《ヲ》一。是《ノ》念佛三昧《ハ》、能《ク》除《ク》二種種《ノ》煩惱《ト》種種《ノ》罪《トヲ》一。

復次《ニ》、念佛三昧《ニハ》有《リテ》二大福徳一、能《ク》度《ス》二衆生《ヲ》一。是《ノ》諸《ノ》菩薩《ハ》欲《ス》レ度《セント》二衆生《ヲ》一、諸《ノ》餘《ノ》三昧《ハ》、無《シ》下如《キ》三此《ノ》念佛三昧《ノ》福徳、能《ク》速《ニ》滅《スルガ》二諸罪《ヲ》一者上。如《クンバ》レ説《クガ》、昔有《リ》二五百《ノ》估客一。入《リテ》レ海《ニ》採《ル》レ寶《ヲ》。値《フ》二摩伽羅魚王《ニ》一。開《クニ》レ口《ヲ》、海水入《リ》レ中《ニ》、船去《ルコト》疾《ナリ》。船師、問《フ》二樓上《ノ》人《ニ》一。汝、見《ルト》二何等《ヲカ》一。答《ヘテ》言《ク》。見《ルト》三三日《ノ》出《デ》、白《キ》山羅列《シ》、水流《レテ》奔《リ》趣《クコト》、如《クナルヲ》レ入《ルガ》二大《ナル》坑《ニ》一。船師《ノ》言《ク》。是《レ》摩伽羅魚王《ノ》開《クナリ》レ口《ヲ》。一《ハ》是《レ》實日《ノ》、兩日《ハ》是《レ》魚《ノ》眼、白山《ハ》是《レ》魚《ノ》齒、水流《レテ》奔《リ》趣《クハ》、是《レ》入《ルナリ》二其《ノ》口《ニ》一。我曹了《リナン》矣。各各求《メテ》二諸天神《ヲ》一以《テ》自《ラ》救濟《セヨト》。是時《ノ》、諸人《ハ》各各求《ムレドモ》二其《ノ》所《ヲ》レ事《フル》、都《テ》無《シ》レ所レ益《スル》。中《ニ》有《リ》二五戒《ノ》優婆塞一。語《ツテ》二衆人《ニ》一言《ク》。吾等當《ニ》《シ》三共《ニ》稱《ス》二南無佛《ト》一。佛《ハ》爲《リ》二無上一。能《ク》救《ヒタマフト》二苦厄《ヲ》一。衆人一心《ニ》同聲《ニ》、稱《ス》二南無佛《ト》一。是《ノ》魚《ハ》先世《ノ》是《ノ》佛破戒弟子《ニシテ》、得《タリ》二宿命智《ヲ》一。聞《イテ》二稱《フル》レ佛《ヲ》聲《ヲ》一、心自《ラ》悔悟《シ》、即便《チ》合《シ》レ口《ヲ》、船人得《タリ》レ脱《スルコトヲ》。以《テノ》二念佛《ヲ》一故《ニ》、能《ク》除《キ》二重罪《ヲ》一、濟《フ》二諸《ノ》苦厄《ヲ》一。何《ニ》況《ンヤ》、念佛三昧《ヲヤ》。

復次《ニ》、佛《ハ》爲《リ》二法王一、菩薩《ハ》爲《リ》二法將一。所レ尊《バレル》所《ハ》レ重《ンゼラルル》、唯《ダ》佛世尊《ノミナリ》。是《ノ》故《ニ》應《ニ》《シ》二常《ニ》念《ズ》レ佛《ヲ》。

復次《ニ》、常《ニ》念佛《スレバ》、得二種種《ノ》功徳《ノ》利《ヲ》一。譬《ヘバ》如《シ》下大臣《ノ》特《ニ》蒙《ツテ》二恩寵《ヲ》一、常《ニ》念《ズルガ》中其《ノ》主《ヲ》上。菩薩《モ》亦《タ》如《ク》レ是《ノ》、知《リテ》二種種《ノ》功徳、無量《ノ》智慧《ハ》、皆從《リ》佛得《ルト》一、知《ルガ》二恩《ノ》重《キコトヲ》一故《ニ》、常《ニ》念佛《ス》。汝《ハ》言《ハバ》二云何《ナレバ》常《ニ》念佛《シテ》不《ルヤト》レ行《ゼ》二餘《ノ》三昧《ヲ》一者、今言《フモ》二常《ニ》念《ズト》一、亦《タ》不レ言《ハ》レ不《トハ》レ行《ゼ》二餘《ノ》三昧《ハ》一。行《ズルコト》二念佛三昧《ヲ》一多《キガ》故《ニ》、言《フノミト》二常《ニ》念《ズト》一。

復次《ニ》、先《ニ》雖《モ》レ説《クト》二空《ト》無相《ト》無作《ノ》三昧《ヲ》一、未《ダ》《ズ》レ説《カ》二念佛三昧《ヲ》一。是《ノ》故《ニ》、今説《クナリ》。

【經】能《ク》請《フ》二無量《ノ》諸佛《ニ》一。

【論】請《ニ》有《リ》二二種一。一《ツニ》者、佛初《メテ》成《ジタマフトキ》レ道《ヲ》、菩薩夜《ハニ》三《タビ》晝《ニ》三《タビ》、六時《ニ》禮請《シ》、偏《ヘニ》祖《ヌギ》二右肩《ヲ》一合掌《シテ》言《サク》、十方佛土《ノ》無量《ノ》諸佛、初《メテ》成《ジタマフ》レ道《ヲ》時、未《ダ》レ轉《ジタマハ》二法輪《ヲ》一。我某甲、請《フ》二一切諸佛《ニ》一、爲《ニ》二衆生《ノ》一轉《ジテ》二法輪《ヲ》一度二脱《シタマハンコトヲト》一切《ヲ》一。二《ツニ》者、諸佛《ガ》欲《シタマフ》下捨《テテ》二無量《ノ》壽命《ヲ》一、入《ラント》中涅槃《ニ》上時、菩薩《ハ》亦《タ》夜《ニ》三時、晝《ニ》三時、偏《ヘニ》祖《ヌギ》二右肩《ヲ》一合掌《シテ》言《サク》、十方佛土《ノ》無量《ノ》諸佛《ヨ》、我某甲請《フ》、令《メタマハンコトヲト》下久《シク》住《シタマヒテ》二世間《ニ》一無央數劫《ニ》度二脱《シ》一切《ヲ》一、利《セ》中益衆生《ヲ》上。是《ヲ》名《ヅク》三能《ク》請《フト》二無量《ノ》諸佛《ニ》一。

問曰、諸佛之法《ハ》、法應《ニ》《シ》三説法《シテ》、廣《ク》度《ス》二衆生《ヲ》一。請《フ》與不《ルトニセヨ》レ請《ハ》、法《トシテ》自《ラまさニ》應《シ》レ爾《ル》。何《ヲ》以《テカ》須《タンヤ》レ請《フヲ》。若《シ》於《ヒテ》二自前《ニ》一面《まのあたり》請《フハ》二諸佛《ニ》一則《チ》可《ナリ》。今十方無量《ノ》佛土《ノ》諸佛《ハ》亦《タ》不二自《ラ》見一、云何《ンゾ》可《ケンヤ》レ請《フ》。

答曰、諸佛《ハ》雖《モ》三必《ズ》應《ニ》《シト》二説法《シ》、不《ル》レ待《タ》二人《ノ》請《フヲ》一、請《フ》者《ハ》亦《タ》應《ニ》《シ》レ得レ福《ヲ》。如《シ》下大國王《ニハ》、雖《モ》レ多《シト》二美膳一、有《ラバ》二人《ノ》請《フ》者一、必《ズ》得《ルガ》中恩福《ヲ》上。録《スルガ》二其《ノ》心《ヲ》一故《ナリ》。又如《キハ》三慈心《ニシテ》念《ズルガ》二諸《ノ》衆生《ヲシテ》令《しメント》レ得二快樂《ヲ》一、衆生《ハ》雖《モ》レ無《シト》レ所《ル》レ得、念《ズル》者《ハ》大《ニ》得二其《ノ》福《ヲ》一。請《フモ》二佛《ノ》説法《ヲ》一、亦復《タ》如《シ》レ是《ノ》。

復次《ニ》、有《リ》下諸佛《ハ》無《ケレバ》二人《ノ》請《フ》者一、便《チ》入《リテ》二涅槃《ニ》一而不《ルコト》上レ説《カ》レ法《ヲ》。如《キハ》二法華經《ノ》中《ノ》多寶世尊《ノ》一、無《キガ》二人《ノ》請《フコト》一故《ニ》、便《チ》入《リ》二涅槃《ニ》一、後《ニ》化佛身及《ビ》七寶塔《ノ》證《ガ》レ説《スルガ》二法華經《ヲ》一故《ニ》、一時《ニ》出現《シタマヘリ》。亦《タ》如《キハ》二須扇多佛《ノ》一、弟子《ノ》本行未《ダ》レ熟《セ》、便《チ》捨《テテ》入《リ》二涅槃《ニ》一、留《ムルコト》二化佛《ヲ》一一劫、以《テ》度《シタマヘリ》二衆生《ヲ》一。今是《ノ》釋迦文尼佛《ハ》、得《タルノ》レ道《ヲ》後、五十七日、寂《トシテ》不《レバ》二説法《セ》一。自《ラ》言《ハク》、我《ガ》法《ハ》甚深《ニシテ》、難《ク》レ解《シ》難《シ》レ知《リ》。一切衆生《ハ》縛二著《シテ》世法《ニ》一、無《シ》二能《ク》解《スル》者一。不レ如《カ》、默然《トシテ》入《ランニハト》二涅槃《ノ》樂《ニ》一。是《ノ》時《ニ》諸《ノ》菩薩及《ビ》釋提桓因・梵天王・諸天《ハ》、合掌敬禮《シテ》、請上佛《ヘリ》爲《ニ》二諸衆生《ノ》一初《メテ》轉中《ジタマワンコトヲ》法輪《ヲ》上。佛、時《ニ》默然《トシテ》受《ケ》レ請《ヲ》、後、到《リ》二波羅奈鹿林《ノ》中《ニ》一、轉《ジタマヘリ》二法輪《ヲ》一。如《クンバ》レ是《ノ》云何《ンゾ》言《ハン》二請《シテ》無《シト》レ所レ益《スル》。

復次《ニ》、佛法等《ハ》觀《シテ》二衆生《ヲ》一、無《ク》レ貴《ブコト》、無《ク》レ賤《ムコト》、無《ク》レ輕《ンズルコト》、無《ク》レ重《ンズルコト》、有《レバ》二人《ノ》請《フ》者一、爲《ノ》二其《ノ》請一故《ニ》、便《チ》爲《メニ》説《ク》レ法《ヲ》。雖《モ》三衆生《ハ》不《ト》二面《リ》請《ハ》レ佛《ニ》、佛《ハ》常《ニ》見《テ》二其《ノ》心《ヲ》一、亦《タ》聞《キタマフ》二彼《ノ》請《ヲ》一。假令《ヒ》諸佛《ハ》不レ聞《カ》不《トモ》レ見《エ》、請《ヘバ》レ佛《ニ》亦《タ》有《リ》二福德一。何《ニ》況《ンヤ》、佛悉《ク》聞見《シタマフニ》、而《モ》無《カランヤ》レ所レ益《スル》。

問曰、既《ニ》知《ル》二請《ヘバ》レ佛《ニ》有《ルコトヲ》レ益。何《ヲ》以《テカ》正《シク》以《テ》二二事《ヲ》一請《フヤ》。

答曰、餘《ハ》不レ須《ヒ》レ請《フヲ》、此《ノ》二事《ハ》要必《ズ》須《フ》レ請《フヲ》。若《シ》不レ請《ルニハ》而《モ》説《カバ》、有《テ》二外道《ノ》輩一言《ハン》、體道《ハ》常《ニ》定《マレリ》、何《ヲ》以《テカ》著《シテ》レ法《ニ》多言多事《ナルト》。以《テノ》レ是《ヲ》故《ニ》須《テ》レ請《ヒヲ》而《シテ》説《ク》。若《シ》有《リテ》レ人言《ハン》、若《シ》知《ラバ》二諸法《ノ》相《ヲ》一、不《ルヲ》レ應《カラ》三貪《リ》レ壽《ヲ》、久《シク》住《ス》二世間《ニ》一、而《モ》不《ルト》三早《ク》入《ラ》二涅槃《ニ》一。以《テノ》レ是《ヲ》故《ニ》須《ツベシ》レ請《ヲ》。若不レ請《ルニハ》而《モ》説《カバ》、人《ハ》當《ニ》《シ》レ謂《フ》、佛《ハ》愛二著《シテ》於レ法《ニ》欲《スト》レ令《メムト》二人《ニ》知《ラ》一。以《テ》レ是《ヲ》故《ニ》、要《ズ》待《チテ》二人《ノ》請《フヲ》一而轉《ズルナリ》二法輪《ヲ》一。諸《ノ》外道《ノ》輩《ハ》自《ラ》著《シ》レ於レ法《ニ》、若《クハ》請《ヒ》若《クハ》不《ルニハ》レ請、而《モ》自《ラ》爲《ニ》レ人《ノ》説《ク》。佛《ハ》於《テ》二諸法《ニ》一不レ著《セ》不レ愛《セ》、爲《ノ》レ憐二愍《スル》衆生《ヲ》一故《ニ》、有《ラバ》下請《フ》二佛説《ヲ》一者上、佛《ハ》便《チ》爲《ニ》説《キタマフ》。諸佛《ハ》不三以《テ》レ無《キヲ》レ請、而《モ》初《メテ》轉《ジタマハ》二法輪《ヲ》一。如《シ》二偈《ニ》説《クガ》一。

諸佛《ノ》説《ハ》何《レガ》實、何《レ》者《ガ》是《レ》不實《ナルヤ》。實之《ノ》與《ニ》二不實一、二事《ハ》不可得《ナリ》。

如《キハ》レ是《ノ》眞實《ノ》相《ニシテ》、不レ戲《レ》レ於二諸法《ニ》一、憐二愍《スルガ》衆生《ヲ》一故《ニ》、方便《シテ》轉《ズ》二法輪《ヲ》一。

復次《ニ》、佛《ニシテ》、若《シ》無《クシテ》レ請《ハルルコト》而《モ》自《ラ》説《クトセ》レ法《ヲ》者、是《レ》爲《ス》二自顯、自執《ノ》法《ト》一。應《ニ》三必《ズ》答《フ》二十四《ノ》難《ニ》一。今、諸天《ガ》請《フハ》二佛《ノ》説法《ヲ》一、但《ダ》爲《ニシテ》レ斷《ズルガ》二老・病・死《ヲ》一無《シ》二戲論《スル》處一。是《ノ》故《ニ》不《トモ》レ答《ヘ》二十四《ノ》難《ニ》一無《シ》レ咎。以《テ》二是《ノ》因縁《ヲ》一故《ニ》、須《テ》レ請《ヲ》而轉《ジタマフ》二法輪《ヲ》一。

復次《ニ》、佛《ハ》在《テ》二人中《ニ》一生《レ》、用《フルガ》二大人《ノ》法《ヲ》一故《ニ》、雖《モ》レ有《リト》二大悲一、不《ンバ》レ請《ハ》不レ説《キタマハ》。若《シ》不《ルニ》レ請《ハ》而《モ》説《カバ》、外道《ノ》所《ナリ》レ譏《ル》。以《テノ》レ是《ヲ》故《ニ》、初《メハ》要《ズ》須《ツナリ》レ請《ヲ》。又復《タ》外道《ハ》宗二事《ス》梵天《ニ》一。梵天自《ラ》請《フトキハ》、則《チ》外道《ノ》心伏《ス》。

復次《ニ》、菩薩《ノ》法《ハ》、晝《ニ》三時、夜《ニ》三時、常《ニ》行《ズ》二三事《ヲ》一。一《ツニ》者清旦《ニ》偏《ヘニ》袒《ヌギ》二右肩《ヲ》一、合掌《シテ》禮《シテ》二十方《ノ》佛《ヲ》一言《サク》、我某甲、若《クハ》今世、若《クハ》過世、無量劫《ノ》身・口・意《ノ》惡業《ノ》罪《ヲ》、於《テ》二十方現在佛《ノ》前《ニ》一懺悔《シタテマツル》。願《クハ》令《メンコトヲト》三滅除《シテ》、不《ラ》二復《タ》更《ニ》作《ラ》一。中・暮・夜《ノ》三亦《モ》如《シ》レ是《ノ》。二《ツニ》者、念《ジ》二十方三世《ノ》諸佛《ノ》所《ノ》レ行《ジタマフ》功德、及《ビ》弟子衆《ノ》所《ノ》レ有《スル》功德《ヲ》一、隨喜《シ》勸助《ス》。三《ツニ》者、勸三請《シ》現在《ノ》十方《ノ》諸佛《ノ》初《メテ》轉《ジタマハンコトヲ》二法輪《ヲ》一、及《ビ》請《フ》下諸佛《ガ》久《シク》住《シテ》二世間《ニ》一無量劫《ニ》度中脱《シタマワンコトヲ》一切《ヲ》上。菩薩行《ハズレバ》二此《ノ》三事《ヲ》一、功德無量《ニシテ》轉《タ》近《ヅクナリ》レ得《ルニ》レ佛《ヲ》。以《テノ》レ是《ヲ》故《ニ》須《フ》レ請《ヲ》。

【經】能《ク》斷《ズ》二種種《ノ》見・纒及《ビ》諸煩惱《ヲ》一。

【論】見《ニ》有《リ》二二種一。一《ツニ》者常、二《ツニ》者斷《ナリ》。常見《ト》者見《テ》二五衆《ノ》常《ヲ》一心《ニ》忍樂《ス》。斷見《ト》者見《テ》二五衆《ノ》滅《ヲ》一心《ニ》忍樂《ス》。一切《ノ》衆生《ハ》多《ク》墮《ス》二此《ノ》二見《ノ》中《ニ》一。菩薩《ハ》自《ラ》斷《ジ》二此《ノ》二《ヲ》一、亦能《ク》除《イテ》二一切衆生《ノ》二見《ヲ》一、令《ム》レ處《ラ》二中道《ニ》一。復《タ》有《リ》二二種《ノ》見一、有見《ト》無見《トナリ》。復有《リ》二三種《ノ》見一、一切法忍《ト》、一切法不忍《ト》、一切法亦忍亦不忍《トナリ》。復有《リ》二四種《ノ》見一、世間常《ト》、世間無常《ト》、世間

亦常亦無常ト、世間亦非常亦非無常トナリ。我及ビ世間ノ有邊無邊モ亦如シレ是ノ。有リ二死後如去一、有リ二死後不如去一、有リ二死後如去不如去一、有リ二死後亦不如去亦不不如去一。復有リ二五種ノ見一、身見ト、邊見ト、邪見ト、見取ト、戒取トナリ。如キレ是ノ等ノ種種ノ諸ノ見、乃至六十二見ヲ斷ズ。如キレ是ノ諸ノ見ハ種種ノ因縁ヨリ生ジ、種種ノ智門ヨリ觀ゼラレ、種種ノ師ノ邊ニ聞カル。如キレ是ノ種種ノ相ハ能ク爲リ二種種ノ結使ト一、作ツテレ因ト、能ク與フ二衆生ニ種種ノ苦ヲ一。是ヲ名ク二種種ノ見ト一。見ノ義ハ後ニ當ニ二廣ク説ク一。纏ト者十纏アリ、瞋纏・覆罪纏・睡纏・眠纏・戲纏・掉纏・無慚纏・無愧纏・慳纏・嫉纏ナリ。

復次ニ、一切ノ煩惱ハ結二繞スルガ心ヲ一故ニ、盡ク名ケテ爲スレ纏ト。煩惱ト者能ク令ムルガ二心ヲ一煩ハシ、能ク作サレ惱ヲ故ニ名ケテ爲ス二煩惱ト一。煩惱ニ有リ二二種一。内著ト外著トナリ。内著ト者五見ト疑ト慢等ナリ。外著ト者婬・瞋等ナリ。無明ハ内外共ナリ。復有リ二二種ノ結一。一ツニハ屬シレ愛ニ、二ツニハ屬スレ見ニ。復有リ二三種一。屬シレ婬ニ、屬シレ瞋ニ、屬スレ癡ニ。是ヲ名ク二煩惱ト一。纏ト者有人ノ言ク、十纏アリト。有人ノ言ク、五百纏アリト。煩惱ヲ名ク二一切ノ結使ト一。結ニ有リ二九結一、使ニ有リレ七、合シテ爲ス二九十八結ト一。如シ二迦旃延子ノ阿毘曇ノ義ノ中ニ説クガ一。十纏ト九十八結トヲ爲ス二百八煩惱ト一。犢子兒ノ阿毘曇ノ中ニハ、結使ハ亦タ同ジク、纏ニ有リト二五百一。

如クレ是ノ諸ノ煩惱ヲ、菩薩ハ能ク種種ニ方便シテ自ラ斷ジ、亦タ能ク巧ニ方便シテ斷ゼシム二他人ノ諸ノ煩惱ヲ一。

如キハ二佛在ス時ノ三人ノ一、爲リ二伯、仲、季一。聞クナラク 毘耶離國ニ婬女人アリ、名ク二菴羅婆利ト一。舍婆提ニモ有リ二婬女人一、名ク二須曼那ト一。王舍城ニモ婬女人アリ、名ク二優鉢羅槃那ト一。有リテ四三人各各、聞ク三人ノ讚ズルヲ二三女人ハ端正無比ナリト一、晝夜ニ專念シ心ニ著シテ不レ捨テ。便チ於テ二夢中ニ一夢ム二與ニ從フヲレ事ニ。覺メ已ツテ心ニ念ズラク、彼ノ女モ不レ來ラ、我モ亦タ不レ往カ、而モ婬事ヲ得レ辨ズルコトヲ。因ツテレ是ニ而悟レリ、一切ノ諸法モ皆如キレ是ノ耶ト。於テレ是ニ、往キテ二到リ二颰陀婆羅菩薩ノ所ニ一問フ二是ノ事ヲ一。颰陀婆羅答ヘテ言ク、諸法ハ實ニ爾ナリ。皆ナ

從《リテ》レ念《ニ》生《ズト》。如《ク》レ是《ノ》種種《ニ》爲《ニ》二此《ノ》三人《ノ》一方便《シテ》巧《ニ》説《クニ》二諸法《ノ》空《ナルヲ》一、是《ノ》時三人即《チ》得《タリ》二阿鞞跋致《ヲ》一。是《ノ》諸《ノ》菩薩《モ》亦復《タ》如《ク》レ是《ノ》、爲《ニ》二諸《ノ》衆生《ノ》一種種《ニ》巧《ニ》説法《シテ》、斷《ズ》二諸《ノ》見・纏・煩惱《ヲ》一。是《ヲ》名《ク》三能《ク》斷《ズト》二種種《ノ》見・纏及《ビ》諸《ノ》煩惱《ヲ》一。

【經】遊二戲、出三生《ス》百千《ノ》三昧《ニオヒテ》一。

【論】諸《ノ》菩薩《ハ》、禪定《ノ》心調《ヒ》、清淨《ノ》智慧・方便力《ノ》故《ニ》能《ク》生《ズ》二種種《ノ》諸《ノ》三昧《ヲ》一。何等《ヲカ》爲《スヤ》二三昧《ト》一。善心一處《ニ》住《シテ》不《ル》レ動《ゼ》、是《ヲ》名《ク》二三昧《ト》一。復《タ》有《リ》二三種《ノ》三昧一、有覺有觀《ト》無覺有觀《ト》無覺無觀三昧《トナリ》。復《タ》有《リ》二四種《ノ》三昧一、欲界繫三昧《ト》色界繫三昧《ト》無色界繫三昧《ト》不繫三昧《トナリ》。是《ノ》中、所《ノ》レ用《フル》二菩薩《ノ》一三昧《ハ》如《シ》二先《ニ》説《クガ》一。於《テハ》二佛三昧《ノ》中《ニ》一、未《ダ》レ滿《ゼ》、勤行勤修《スルガ》故《ニ》、言《フ》二能《ク》出生《スト》一。

問曰、諸《ノ》菩薩《ハ》、何《ヲ》以《テノ》故《ニ》、出二生《シ》遊三戲《スルヤ》是《ノ》百千種《ノ》三昧《ヲ》一。

答曰、衆生無量《ナレバ》、心行不レ同《ジカラ》。有《リ》レ利有《リ》レ鈍、於《テ》二諸《ノ》結使《ニ》一、有《リ》レ厚《キ》有《リ》レ薄《キ》、是《ノ》故《ニ》菩薩《ハ》行《ジ》二百千種《ノ》三昧《ヲ》一、斷《ズ》二其《ノ》塵勞《ヲ》一。譬《ヘバ》如《シ》丁爲《ニ》二諸《ノ》貧人《ノ》一欲《セバ》レ令《メムト》二大富《ナラ》一、當《ニ》《キガ》丙備《ヘ》二種種《ノ》財物《ヲ》一、一切《ヲ》備具《シテ》、然《ル》後乃《チ》能《ク》濟《フ》乙諸《ノ》貧者《ヲ》甲。又復《タ》如《シ》下人《ノ》欲《セバ》三廣《ク》治《セント》二諸病《ヲ》一、當《ニ》備《ヘテ》二種種《ノ》衆藥《ヲ》一、然《ル》後《ニ》能《ク》治《スルガ》上。菩薩《モ》亦如《ク》レ是《ノ》、欲《スルガ》三廣《ク》度《セント》二衆生《ヲ》一故《ニ》、行《ズ》二種種百千《ノ》三昧《ヲ》一。

問曰、但《ダ》當《ニ》《シ》三出二生《ス》此《ノ》三昧《ヲ》一、何《ヲ》以《テノ》故《ニ》復《タ》遊二戲《スルヤ》其《ノ》中《ニ》一。

答曰、菩薩、心《ニ》生《ジ》二諸《ノ》三昧《ヲ》一、欣樂《シテ》出入自在《ナルヲ》、名《ケテ》レ之《ヲ》爲《スト》レ戲。非《ザル》二結愛《ノ》戲《ニハ》一也。戲《ヲ》名《ク》二自在《ト》一。如《シ》下師子《ハ》在《ッテ》二鹿《ノ》中《ニ》一、自在《ニ》無《キガ》上畏。故《ニ》名《ケテ》爲《ス》レ戲《ト》。是《ノ》諸《ノ》菩薩《ハ》、於《テ》二諸《ノ》三昧《ニ》一、有《ッテ》二自在力一、能《ク》出《デ》能《ク》入《ルコトモ》、亦能《ク》如《シ》レ是《ノ》。餘人《ハ》於《テ》二三昧《ノ》中《ニ》一、能《ク》自在《ニ》入《レドモ》、不レ能《ハ》二自在《ニ》住《シ》、自在《ニ》出《ヅルコト》一。有《ルモ》二自在《ニ》住《スルモノ》一、不レ能《ハ》二自在《ニ》入《リ》自在《ニ》出《ヅルコト》一。有《ルモ》二自在《ニ》出《ヅルコト》一、不レ能《ハ》二自在《ニ》住《シ》自在《ニ》入《ルコト》一。有《ルモ》二自在《ニ》入《リ》自在《ニ》住《スルコト》一、不レ能《ハ》二自在《ニ》出《ヅルコト》一。有《ルモ》二自在《ニ》住《シ》自在《ニ》出《ヅルコト》一、不レ能《ハ》二自在《ニ》入《ルコト》一。是《ノ》諸《ノ》菩薩《ハ》能《ク》三種自在《ナルガ》故《ニ》、言《フ》四遊二戯、出三生《スト》百千《ノ》三昧《ニオヒテ》一。

【經】諸《ノ》菩薩《ハ》如《キ》レ是《ノ》等《ノ》無量《ノ》功徳《ヲ》成就《ス》。

【論】是《ノ》諸《ノ》菩薩《ハ》共《ニ》レ佛《ト》住《シ》、欲《スルモ》レ讃《ゼント》二其《ノ》功徳《ヲ》一無量億劫《ニシテ》不レ可《カラ》レ得レ盡《スコトヲ》。以《テノ》レ是《ヲ》故《ニ》言《フナリ》二無量《ノ》功徳《ヲ》成就《スト》一。

【經】其《ノ》名《ヲ》曰《フ》二颰陀婆羅菩薩（秦言善守）・刺那伽羅菩薩（秦言寶積）・導師菩薩・那羅達菩薩・星得菩薩・水天菩薩・主天菩薩・大意菩薩・益意菩薩・増意菩薩・不虚見菩薩・善進菩薩・勢勝菩薩・常勤菩薩・不捨精進菩薩・日藏菩薩・不缺意菩薩・觀世音菩薩・文殊尸利菩薩（秦言妙德）・執寶印菩薩・常擧手菩薩・彌勒菩薩《ト》一。如《キ》レ是《ノ》等《ノ》、無量千萬億那由他《ノ》諸《ノ》菩薩摩訶薩《ハ》、皆是《レ》補處《ニシテ》紹《グ》二尊位《ヲ》一者《ナリ》。

【論】如《キ》レ是《ノ》等《ノ》諸《ノ》菩薩《ハ》、共《ニ》レ佛《ト》住《ス》二王舍城耆闍崛山《ノ》中《ニ》一。

問曰、如《キノ》レ是《ノ》菩薩《ハ》衆多《ナリ》、何《ヲ》以《テカ》獨《リ》説《クヤ》二二十二菩薩《ノ》名《ヲ》一。

答曰、諸《ノ》菩薩《ハ》無量千萬億《ニシテ》、説《ヒテ》不レ可《カラ》レ盡《クス》。若《シ》都《テ》説《カ》者、文字《ノ》所《ナリ》レ不《ル》レ能《ハ》レ載《スルコト》。復次《ニ》、是《ノ》中《ニ》、二種《ノ》菩薩《アリ》、居家《ト》出家《トナリ》。善守等《ノ》十六《ノ》菩薩《ハ》、是《レ》居家《ノ》菩薩《ナリ》。颰陀婆羅居士菩薩《ハ》、是《レ》王舍城《ノ》舊人、寶積王子菩薩《ハ》、是《レ》毘耶離國《ノ》人、星得長者子菩薩《ハ》、是《レ》瞻波國《ノ》人、導師居士菩薩《ハ》、是《レ》舍婆提國《ノ》人、那羅達婆羅門菩薩《ハ》、是《レ》彌梯羅國《ノ》人、水天《ハ》優婆塞《ノ》菩薩《ナリ》。慈氏・妙德菩薩等《ハ》、是《レ》出家《ノ》菩薩《ナリ》。觀世音菩薩等《ハ》、從《リ》二他方《ノ》佛土一來《レリ》。若《シ》說《カバ》二居家《ヲ》一攝《ス》二一切《ノ》居家《ノ》菩薩《ヲ》一。出家《ト》他方《トモ》亦如《シ》レ是《ノ》。

問曰、善守菩薩《ハ》有《リテ》二何殊勝《ノ》一最《モ》在《ラシメテ》レ前《ニ》說《クヤ》。若《シ》最大《ナルモノヲ》在《ラシムルナラバ》レ前《ニ》、應《ニ》《シ》レ說《ク》二遍吉・觀世音・得大勢菩薩等《ニ》一。若《シ》最小《ナルモノヲ》在《ラシムルナラバ》レ前《ニ》、應《ニ》《シ》レ說《ク》二肉身《ニシテ》初發意《ナル》菩薩等《ニ》一。

答曰、不レ以《テセ》レ大《ヲ》不レ以《テセ》レ小《ヲ》、以《テナリ》二善守菩薩《ハ》是《レ》王舍城《ノ》舊人、白衣《ノ》菩薩《ノ》中《ニテ》最大《ナルヲ》一。佛、在《シテ》二王舍城《ニ》一、欲《ス》レ說《キタマハント》二般若波羅蜜《ヲ》一。以《テノ》レ是《ヲ》故《ニ》最《モ》在《ラシメテ》レ前《ニ》說《クナリ》。

復次《ニ》、是《ノ》善守菩薩《ハ》無量《ノ》種種《ノ》功德《アリ》。如《ク》二般舟三昧《ノ》中《ノ》一、佛、自《ラ》現前《ニ》讚《ジタマヘリ》二其《ノ》功德《ヲ》一。

問曰、若《ごときハ》二彌勒菩薩《ノ》一應《ニ》《シ》レ稱《ス》二補處《ト》一。諸餘《ノ》菩薩《ハ》、何《ヲ》以《テカ》復《タ》言《フヤ》下紹《グ》二尊位《ヲ》一者《ト》上。

答曰、是《ノ》諸《ノ》菩薩《ハ》、於《テ》二十方《ノ》佛土《ニ》一皆《ナ》補《セバナリ》二佛處《ヲ》一。

二、本文解説

1. 仏土願について

【經】願《フ》レ受《ケンコトヲ》二 無量《ノ》諸佛《ノ》世界《ヲ》一。

【論】諸菩薩、見《テ》二諸佛《ノ》世界《ノ》無量嚴淨《ナルヲ》一、發《セリ》二種種《ノ》願《ヲ》一。有《ル》佛《ノ》世界都《ハすベテ》無《ク》二衆苦一、乃至、無《シ》二三惡之名《スラモ》者一。菩薩、見已《ツテ》自《ラ》發《シテ》レ願《ヲ》言《ク》、我、作佛《セル》時、世界無《ク》二衆苦一、乃至、無《キコト》二 三惡之名一、亦當《ニ》レ如《クナル》レ是《クノ》。有《ル》佛《ノ》世界《ハ》七寶《モテ》莊嚴《シ》、晝夜常《ニ》有《リテ》二清淨《ノ》光明一、無《シ》レ有《ルコト》二 日月一。便《チ》發《シテ》レ願《ヲ》言《ク》、我、作佛《セル》時、世界常《ニ》有《ルコト》二 嚴淨《ノ》光明一、亦當《ニ》《シト》レ如《クナル》レ 是《クノ》。有《ル》佛《ノ》世界《ハ》一切衆生、皆行《ジ》二十善《ヲ》一、有《リテ》二大智慧一、衣被・飲食應《ジテ》レ念《ニ》而至《ル》。便《チ》發《シテ》レ願《ヲ》言《ク》、我、作佛《セル》時、世界《ノ》中《ノ》衆生《ノ》衣被・飲食、亦當《ニ》《シト》レ如《クナル》レ 是《クノ》。有《ル》佛《ノ》世界《ハ》純《ラ》諸《ノ》菩薩《ノミニシテ》　如《ク》二佛《ノ》色身《ノ》一、三十二相《アリテ》、光明徹照《シ》、乃至、無《シ》レ有《ルコト》二 聲聞・辟支佛《ノ》名一。亦無《ク》二女人《モ》一、一切皆行《ジ》二深妙《ノ》佛道《ヲ》一、遊《シ》二至十方《ニ》一、教《ス》二化一切《ヲ》一。便《チ》發《シテ》レ願《ヲ》言《ク》、我、作佛《セル》時、世界《ノ》中《ノ》衆生、亦當《ニシト》レ 如《クナル》レ 是《ノ》。如《キ》レ是《ノ》等《ノ》無量《ノ》佛《ノ》世界《ノ》種種《ノ》嚴淨、願《フ》二皆得《ムコトヲ》㆑之《ヲ》。以《テ》レ是《ノ》故《ヲ》、名《ク》レ願《フト》レ受《ケンコトヲ》二　無量《ノ》諸佛《ノ》世界《ヲ》一。

【経】無量の諸佛の世界を受けんことを願う。

【論】諸菩薩、諸佛の世界の無量に厳浄なるを見て、種種の願を発せり。

①有る仏の世界は、都て衆苦無く、乃至、三悪の名すらも無し〔者〕。菩薩、見已って自ら願を発して言く、「我、作仏せる時、世界に衆苦無く、乃至、三悪の名も無きこと、また当に是くの如くなるべし」と。

②有る仏の世界は、七宝もて荘厳し、昼夜に常に清浄の光明有りて、日月有ること無し。便ち願を発して言く、「我、作仏せる時、世界に常に厳浄の光明有ること、また当に是くの如くなるべし」と。

③有る仏の世界は、一切衆生、みな十善を行じ、大智慧有りて、衣被・飲食は念に応じて至る。便ち願を発して言く、「我、作仏せる時、世界の中の衆生の衣被・飲食、また当に是くの如くなるべし」と。

④有る仏の世界は、純ら諸の菩薩のみにして、仏の色身の如く、三十二相ありて、光明徹照し、乃至、声聞・辟支仏の名有ること無し。また女人も無く、一切みな深妙の仏道を行じ、十方に遊至し、一切を教化す。便ち願を発して言く、「我、作仏せる時、世界の中の衆生、また当に是くの如くなるべし」と。

是くの如き等の無量の仏の世界の種種の厳浄、みなこれを得んことを願う。是を以ての故に、「無量の諸仏の世界を受けんことを願う」と名く。

【解説】この箇所で興味を引く点は、諸菩薩が、無量に厳浄なる諸仏の世界を見て、自らの国土もそのように在りたいと願い種種の願を発すのであるが、それが諸の浄土経典において、法蔵菩薩が二百一十億の諸仏の国土を覩見し五劫思惟し諸願を摂取したもうところに類似していることである。

また右の、①の願は「その世界に衆苦無く、乃至、三悪の名すらも無し」というところが、羅什訳『仏説阿弥陀経』（弘始四年（四〇二）訳出）に同じ内容を見ることができる。

②の願の「七宝荘厳」と、③の願の「衣被・飲食、応念而至」は、『大阿弥陀経』の第三願に「自然七宝、広縦甚大」「被服・飲食、都皆自然」とあるのに相応する。

②の願の「常有清浄光明、無有日月」は、『無量寿経』巻下の浄土の菩薩を説明するところ（浄聖全一・四九）（真聖全一・二九）に「慧光明浄、超踰日月」とあるものに当たる。

③の願の「一切衆生、皆行十善」は、宋代の王日休が、修すべき徳目を中心に浄土経典の諸内容を編集した『大阿弥陀経』第四十四に「必修十善分」というのがあり、『観無量寿経』にも「修十善業」とあるが、古い浄土経典には無い。

④の願の意は全体に亘って、『無量寿経』巻上の眷族荘厳のところ「諸声聞・菩薩・天・人、智慧高明、神通洞達、咸同一類、形無異状、但因順余方故、有天人之名」（浄聖全一・三九）（真聖全一・二二）、および『大経』巻下の浄土の菩薩の説明のうち、二十二願成就文「普欲度脱一切衆生」（浄聖全一・四七）（真聖全一・二七）や二十一願成就文「皆悉具足三十二相」（同右）等、あるいは『浄土論』「乃至不聞二乗女人」（浄聖全一・四三八）（真聖全一・二七三）や『讃阿弥陀仏偈』「安楽声聞菩薩衆」等（浄聖全一・五三九）（真聖全一・三五六）の内容に類似している。

【論】問曰、諸《ノ》菩薩《ハ》行業清浄《ニシテ》、自《ラ》得二浄報《ヲ》一。何《ヲ》以《テカ》要《ラズ》須《キムヤ》二立《テテ》レ願《ヲ》、然《ル》後《ニ》得《ルコトヲ》レ之《ヲ》。譬《ヘバ》如《シ》二田家《ノ》得《ルガ》レ穀《ヲ》、豈《ニ》復《タ》待《タムヤ》レ願《ヲ》。

答曰、作《スコトハ》レ福《ヲ》、無《ケレバ》レ願無《シ》レ所レ標《トスル》。立《テテ》レ願《ヲ》為《セバ》二導御《ト》一、能《ク》有《リ》レ所レ成《ス》。譬《ヘバ》如《キ》二銷《スニハ》レ金《ヲ》、随《ヒ》レ師《ニ》、所《ノ》レ作《ル》金《ニハ》無《キガ》レ定《マルコト》也。

【論】問曰、諸の菩薩は行業清浄にして、自から浄報を得。何を以ってか要らず願を立てて、然る後に之れを得ることを須ゐんや。譬へば田家の穀を得るが如し、豈に復た願を待たんや。

答曰、福を作すことは、願無ければ標とする所無し。願を立てて導御と為せば、能く成す所あり。

譬へば金を銷すには、師に隨ひ、作る所の金には定まること無きが如し。

【解説】ここで問いを設けて言う。菩薩の行業は、もともと清らかであって、「自ずから」清らかな果報を得る。つまり願などわざわざ立てなくても、自然に善い結果を得ることができる。たとえば、田を持つ人が自然に穀物を得るように、というのである。それに対して、答えて言う。善を為すにも、願が無ければ、目標が定まらない。願を立ててそれに導かれるようにすれば、成すところは大きい。譬えば金を鎔かすためには、師に随うべきであって、そうしなければ鎔けた金が散乱してしまうようなものである。

【論】如《ク》二佛《ノ》所《ノ》レ説《キタマフ》、有《ツテ》レ人修《シ》二少《ナル》施福《ヲ》一、修《シテ》二少《ナル》戒福《ヲ》一不レ知《ラ》二禪法《ヲ》一、聞《イテ》三人中《ニ》有《ルヲ》二富樂人《ノ》一、心《ニ》常《ニ》念著《シ》、願樂《シテ》不《レバ》レ捨《テ》、命終之後、生《ズ》二富樂《ノ》人《ノ》中《ニ》一。復有《リ》レ人、修《シ》二少《ナル》施福《ヲ》一、修《シテ》二少《ナル》戒福《ヲ》一、不レ知《ラ》二禪法《ヲ》一、聞《キテ》レ有《ルヲ》二四天王天處・三十三天・夜摩天・兜率陀天・化樂天（專《ラ》念《ズレバ》二色欲《ヲ》一、化《シ》來《ツテ》從《フ》レ己《レニ》）・他化自在天一（此《ノ》天《ハ》、他《ニ》、化《シテ》二色欲《ヲ》一、與《ト》レ之行《ジ》レ欲《ヲ》、展轉《スルコト》如《クナル》レ是《ノ》故《ニ》名《ク》二他化自在《ト》一）、心《ニ》常《ニ》願樂《スレバ》命終之後、各生《ズ》二其《ノ》中《ニ》一。此《レ》皆願力《ノ》所得《ナリ》。

【論】仏の説きたまふ所の如く、人有って少なる施福を修し、少なる戒福を修して禅法を知らず、人中に富楽の人有るを聞いて、心に常に念著し、願楽して捨てざれば、命終之後、富楽の人の中に生ず。復人有り、少なる施福を修し、少なる戒福を修して、禅法を知らず、四天王天処、三十三天、夜摩天、兜率陀天、化楽天、（専ら色欲を念ずれば、化し来って己に従ふ）。他化自在天（此の天は、他に、色欲を化して、之れと欲を行じ、展転すること是の如くなる故に他化自在と名く）有るを聞いて、心に常に願楽すれば、命終之後、各其の中に生ず。此れ皆願力の所得なり。

【解説】ここに「仏の説きたもう所の如く」とあるのは、ここに阿含の経説が引かれていることを意味する。藤田宏達博士『浄土三部経の研究』第2節「本願の思想」三一二頁および三一七頁注7によれば、ここに引かれる経説とは、ディーガ・ニカーヤ（*DN*. III, pp.258-260）およびアングッタラ・ニカーヤ（*AN*. IV, pp.239-241）あるいは『集異門足論』巻一八（大正二六・四四二下）に説かれる「八種の布施による生まれ」のことである。二つのニカーヤのどちらもパーリ経典と『集異門足論』には詳しく説かれている（『南伝大蔵経』第八巻、長部経典三、三三八頁、三三「等誦経」八施生）（同、第二一巻、増支部経典、一二四頁、八集、第四、布施品三十五、布施受生）が、何故か漢訳の二経（『長阿含経』巻八（九）衆集経（大正一・五二中）および『大集法門経』巻下（同一二三三上））には、種種の八法が列挙されているのみで、八通りの受生は説かれていない。これらの経典は、一から十までの法数の羅列という極めてアビダルマ的な経典であって、大乗的な要素は全く見られない。例えば六の項に六波羅蜜は無い。

すなわち、ここに説かれているのは、婆羅門もしくは沙門に対する布施の多少によって、①富楽の大家；刹帝利・婆羅門・居士の大家、②四天王天、③忉利天、④夜摩天、⑤兜率天、⑥化楽天、⑦他化自在天、⑧梵身天という八つの場所に生まれる、ただしその際には戒に則った正しい布施であることを要するという、バラモン教の施・戒・生天の思想そのものである。またその際に、どこの境界に生まれたいと心に強く念ずること、すなわち願が尊ばれる、というのである。そして、以下にあるように、菩薩もそれと同じく浄世界の願を修して、その願の力によって勝果を達成するというのである。

【論】菩薩亦《モ》如《ク》レ是《ノ》、修《シテ》ニ浄世界《ノ》願《ヲ》一、然《シテ》後、得レ之《ヲ》。以《テノ》レ是《ヲ》故《ニ》知《ル》三因《ツテ》レ願《ニ》受《クルコトヲ》ニ勝果《ヲ》一。

【論】菩薩も亦是の如く、浄世界の願を修して、然して後、之れを得。是れを以っての故に願に因って勝果を受くることを知る。

【解説】しかしながら、ここで一つの問題が生じる。「浄世界の願」というのは、この『大論』にしばしば登場するように、菩薩が仏国土を浄めたいという願であって、浄土に生まれたいとか、衆生を浄土に生まれさせたいという願とは少し趣を異にする。仏国土を浄めるとは、菩薩が未来に仏に成るとき、自ら出現すべき国土を清めること（器世間清浄・依報）であり、同時にその世界の衆生の心を浄めること（衆生世間清浄・正報）すなわち衆生を成就することである。ところが、ここに比喩として引用された経典の意趣は、種種の布施を作すことによって、衆生が自ら望む世界に生まれかわることである。後述するように、浄土教も、後期の『無量寿経』などでは、この二種の浄土、すなわち「生まれたいと願われる浄土」と「浄めたいと願われる浄土」の両方が説かれるが、本来の浄土教でいうのは、前者の浄らかな世界に生まれ変わりたいという願いであり、それを、この喩例では、ニカーヤに見られる世俗的な生天思想で喩えているのである。よって『大論』の主題の部分では、般若大乗でいうところの浄仏国土の思想を説きつつも、比喩の部分では、この小乗経に著された世俗的な生天思想（それが浄土教本来の願生思想と結びつけて考えることができる）を説いていることになる。それ故に『般若経』そのものよりも、後期『無量寿経』などの浄土教の内容に、一歩近づいているといえるのではないだろうか。

【論】復次《ニ》、荘二嚴《スルハ》佛《ノ》世界《ヲ》一事、大《ニシテ》獨《リ》行《ジテ》二功徳《ヲ》一不《ルガ》レ能《ハ》レ成《スコト》故《ニ》、要《かならズ》須《ユ》二願力《ヲ》一。譬《ヘバ》如《シ》下牛力《ハ》雖《モ》二能《ク》挽《クト》レ車《ヲ》、要《ラズ》須《ヒテ》二御者《ヲ》一、能《ク》有《ルガ》上所レ至《ル》。浄世界《ノ》願《モ》亦復《タ》如《シ》レ是《ノ》。福徳《ハ》如《ク》レ牛《ノ》、願《ハ》如《シ》二御者《ノ》一。

【論】復次に、仏の世界を荘厳するは、事大にして、独り功徳を行ずるも成ずること能はざるが故に、要らず願力を須うべし。譬へば、牛力は能く車を挽くと雖も、要らず御者を須って、能く至る所有るが如し。浄世界の願も亦復是の如し。福徳は牛の如く、願は御者の如し。

【解説】仏世界を荘厳することは、右の仏国土を浄めることと同義であるから、仏世界荘厳にも「器世間荘厳」と「衆生世間荘厳」の二種がある。牛力と御者の喩は、他の経論に見出すことができなかった。「願は御者の如し」とは、願は目的地を目指して方向を調整する御者のはたらきをなすということであり、「福徳は牛の如く」というときの福徳とは、牛力に喩えられる願力のことであるから、果として得られる功徳をいうのではなく、因として果に至らしめる力（積聚善根力など）をいう。藤吉慈海氏は「本願思想と仏国土の思想」（『講座大乗仏教』五（浄土思想）所収、一三五頁）において『大論』のこの部分を引かれ、「（浄土はみな）諸仏の因位における浄仏国土の本願に酬うて成立したものであるが、功徳を積むにしても願力によらねばならぬことがよくわかる」

と述べておられる。


【論】問曰、若《シ》不《レバ》レ作《サ》レ願《ヲ》、不《ル》レ得レ福《ヲ》耶。

答曰、雖《モ》レ得《ルト》、不レ如《カ》レ有《ルニハ》レ願。願能《ク》助《ケ》レ福《ヲ》、常《ニ》念《ズレバ》レ所《ヲ》レ行《フ》福徳増長《ス》。

問曰、若《シ》作《シテ》レ願《ヲ》、得《バ》レ報《ヲ》、如《キモ》下人《ガ》作《シテ》二十惡《ヲ》一、不《ルガ》上願《ハ》二地獄《ヲ》一、亦不《ルカ》レ應《ニ》レ得《カラ》二地獄《ノ》報《ヲ》一。

答曰、罪福《ニハ》雖《モ》レ有《リト》二定報一、但作《ス》レ願《ヲ》者《ハ》、修《スルモ》二少福《ヲ》一有《ルガ》二願力一故《ニ》得《ルナリ》二大《ナル》果報《ヲ》一。如《シ》三先《ニ》説《クガ》二罪中《ノ》報苦《ヲ》一。一切衆生皆願《ヒ》レ得《ンコトヲ》レ樂《ヲ》、無《シ》二願《フ》レ苦《ヲ》者一。是故《ニ》不レ願《ハ》二地獄《ヲ》一。以《テ》レ是《ヲ》故《ニ》福《ニハ》有《レドモ》二無量《ノ》報一、罪報《ニハ》有《リ》レ量。有《ル》人《ノ》言《ク》、最大罪《ノハ》在《リテ》二阿鼻地獄《ニ》一、一劫《ノ》受《ク》レ報《ヲ》。最大福《ノハ》在《リテ》二非有想非無想處《ニ》一、受《ク》二八萬大劫《ノ》報《ヲ》一。諸菩薩《ノ》浄世界《ノ》願《モ》、亦《タ》無量劫《ニシテ》入《リ》レ道《ニ》、得二涅槃《ヲ》一、是《ヲ》為《スト》二常樂《ト》一。


【論】問曰、若し願を作さざれば、福を得ざる耶。

答曰、得ると雖も、願有るには如かず。願能く福を助け、常に行う所を念ずれば福徳増長す。問曰、若し願を作して、報を得ば、人が十悪を作して、地獄を願はざるが如きも、亦応に地獄の報を得べからざるか。

答曰、罪福には定報有りと雖も、ただ願を作す者は、少福を修するも願力有るが故に大なる果報を得るなり。先に罪中の報苦を説くが如し。一切衆生皆な楽を得んことを願い、苦を願う者無し。是の故に地獄を願わず。是を以っての故に福には無量の報有れども、罪の報には量有り。有る人の言く、「最大の罪は阿鼻地獄に在りて、一劫の報を受く。最大の福は非有想非無想処に在りて、八萬大劫の報を受く。諸の菩薩の浄世界の願も、亦た無量劫にして道に入り、涅槃を得。是れを常楽と為す」と。

【解説】ここからまた問答を発し、「念」を願の意味で、「報」を果報の意味で用いている。そして第二の問として、結果を得るために、それほど願の力が大きいのであれば、もし十悪をなした人が、地獄に落ちないことを願ったならば、結果、地獄に落ちないですむといったことがありうるのだろうか、と問うている。それに答えて曰く、罪にも福にも定まった果報というものがあるが、ただ願を持つものは、少しの因業を作すだけで大果を得ることができる、という。

「如先説罪中報苦」とは、菩薩が願を発す背景として、衆生が長く苦界に沈倫しているということがあり、それは多分「釈序品中十喩釈論」第十一（巻六の終りの部分（大正二五・一〇六上））に「汝、無数劫より来た諸の雑業を集めて、而も厭足すること無く、但だ世楽を馳せ遂うて、苦を為すのみなるを覚らず。汝見ずや、世間は楽を貪れば患を致す。五道に生を受くるは、皆心の為す所なり。誰か（他に）爾らしむる者あらんや」という箇所等[1]に該当させ得る。
その後の所述の意図は、苦を願う者よりも、楽を願う者のほうが、数も多く、したがって願いの総量も大きい。有る人の云く、苦を受くる最大は、阿鼻地獄に在って期間は一劫、楽を受くる最大は、非想非非想処に在って期間は八万大劫、しかしながら菩薩の仏国土を浄める願いは、無量劫で道（さとり）に入り、涅槃を得。これを常楽という、と。最後の部分が、ここの所述の要点であろう。

【論】問曰、如《キハ》下泥黎品《ノ》中《ノ》謗《ル》二般若波羅蜜《ヲ》一罪《ノ》上、此《ノ》間《ノ》劫盡《クレバ》、復《タ》至《ル》二他方《ノ》泥黎《ノ》中《ニ》一。何《ヲ》以《テカ》言《フヤ》三最大《ノ》罪《ハ》、受《クト》二地獄《ノ》中《ニ》一劫《ノ》報《ヲ》一。

【論】問曰、泥黎品の中の般若波羅蜜を謗る罪の如きは、此の間の劫尽くれば、復た他方の泥黎の中に至る。何を以ってか最大の罪は、地獄の中に一劫の報を受くと言うや。

【解説】右で、衆生が苦を受くるよりも、楽を願うことの方が大きく、さらに菩薩が仏国土を浄めんと願うことの度合いは、それよりもはるかに大きい。よってこれを常楽という、と述べたが、さらにこれに対して、『経』の「泥黎品」（「信毀品」）を引いて問う。菩薩の願の力の大なることは分かったが、もし（菩薩が）般若波羅蜜を謗るようなことがあれば、さらにそれよりはるかに永い無限の時間に亘って無量の大苦を受けねばならぬのではないか、と問うのである。「泥黎品」からの引文は、取意の文であるが、それを具さに示せば以下の如くである。

是の人、愚痴の因縁の業を種う。是の愚痴の因縁の罪を種うるが故に、深般若波羅蜜を説くを聞いて呰毀（シキ）す。深般若波羅蜜を呰毀するが故に、すなわち過去・未来・現在の諸佛の一切智・一切種智(2)を呰毀すと為す。是の人は三世諸佛の一切智を毀呰するが故に、破法の業を起す。破法業の因縁を集むるが故に、無量百千万億歳に、大地獄の中に堕つ。是の破法の人輩は、一大地獄より一大地獄に至り、若し火劫起る時は、他方の大地獄の中に至り生じて、彼の間に在り、一大地獄より一大地獄に至る。彼の間、若し火劫起る時は、復た他方の大地獄の中に生じて彼の間に在り、一大地獄より一大地獄に至る。是の如く、十方に遍し、彼の間、若し火劫起るが故に、彼より死するも、破法の業因縁未だ尽きざるが故に、還って是の間の大地獄の中に来りて、此の間に生じ、亦た一大地獄より一大地獄に至りて無量の苦を受く。（大正八・三〇四下）

『経』の説示によれば、般若波羅蜜を誹謗することは、諸仏の一切智・一切種智を謗ることであり、それはまた破法の業を起こし、破法の因縁を集めることであるから、その人は無量百千万億歳に、大地獄の中に堕ちることになる。経中にいう「火劫」とは、劫火ともいい、壊劫の終末に起こる火災のことである。『倶舎論』十二では、宇宙の生滅・増減を、成劫・住劫・壊劫・空劫の四段階で表す。その中、壊劫とは、三千大千世界（有情世間と器世間より成る）の破壊をいう語である。破法の輩は、一つの大地獄から一つの大地獄に至り、その間、もし火劫が起こって宇宙が滅んだならば、他の宇宙に移って、一つの大地獄から一つの大地獄に至り、十方に遍し、もしこの間、火劫の火のために命尽きたとしても、破法の因縁が尽きないので、またもとの大地獄に来たり還って、一つの大地獄から一つの大地獄に至り、無量の苦を受けねばならない、というのである。

しかるに『論註』の八番問答は、その第一問答に、『無量寿経』十八願成就文と『観無量寿経』下々品の文を出し、第二問答から第五問答にかけては、それを承けて両経を対応せしめながら、罪悪についての徹底した確認を行っている。すなわち第二問答では、『無量寿経』が救済における五逆と謗法の除外を説くのに対し、『観無量寿経』は五逆・十悪・具諸不善の往生を認めるという両経の間の矛盾を捉らえ、その理由を複罪と単罪の相違によるとしている。そしてその第三問答では、そこから一歩進んで、もし罪の単複が救済の可否にかかわるものであれば、『観無量寿経』と異なって謗法のみを犯した者の救済は果たして可能かと問い、たとえ謗法のみで余罪がないとしても、それは、不可能であると断定している。そして、その理由として、以下のように、この『般若経』

の文を挙げ、五逆の者については阿鼻地獄の苦を一劫と説き、謗法の者に対しては、出獄の時節を明記されていないという経証を挙げて、謗法罪の極重なることを示し、さらに浄土に願生する道理がないと決択を下すのである。(3)

答て曰く、但だ正法を誹謗せしめて、更に余の罪無しと雖も、必ず生ずることを得じ。何を以て之を言うとならば、『経』に言わく、「五逆の罪人、阿鼻大地獄の中に堕して、具に一劫の重罪を受く。正法を誹謗する人は、阿鼻大地獄の中に堕して、この劫もし尽きぬれば、復た転じて他方の阿鼻大地獄の中に至る。是の如く展転して百千の阿鼻大地獄を経」と。仏、出づることを得る時節を記したまわず。誹謗正法の罪、極めて重きを以ての故なり。

（浄聖全一・四八三）

宗祖は、この『論註』の文を「信文類」「逆謗摂取釈」に引いておられる（浄聖全二・一二五）。

【論】答曰、佛法《ニハ》爲《ノ》二衆生《ノ》一故《ニ》有《リ》二二道《ノ》教化一。一《ツニ》者佛道、二《ツニ》者聲聞道《ナリ》。聲聞道《ノ》中《ニテハ》作《ル》二五逆罪《ヲ》一人《ハ》、佛《ハ》説《キ》下受《クルコト》二地獄《ヲ》一一劫《ナリト》上、菩薩道《ノ》中《ニテハ》、破《スル》二佛法《ヲ》一人《ハ》、説《キタマフ》下此《ノ》間《ノ》劫盡《クルモ》、復《タ》至《ツテ》二他方《ニ》一受《クト》中無量罪《ヲ》上。聲聞法《ノ》最《モ》第一《ノ》福《ハ》、受《ケ》二八萬劫《ニ》一、菩薩道《ノ》中《ノ》大福《ハ》、受《ク》二無量阿僧祇劫《ニ》一。以《テノ》レ是《ヲ》故《ニ》福徳《ハ》要《かならズ》須《もちフ》レ願《ヲ》。是《ヲ》名《ク》レ願《フト》レ受《ケンコトヲ》二無量《ノ》諸佛《ノ》世界《ヲ》一。

【論】答曰、仏法には衆生の為の故に二道の教化有り。一には仏道、二には声聞道なり。声聞道の中にては五逆罪を作る人は、仏は「地獄を受くること一劫なり」と説き、菩薩道の中にては、仏法を破する人は、「此の間の劫尽くるも、復た他方に至って無量の罪を受く」と説きたもう。声聞法の最も第一の福は、八萬劫に受け、菩薩道の中の大福は、無量阿僧祇劫に受く。是を以っての故に、福徳は要らず願を須う。是れを「無量の諸仏の世界を受けんことを願う」と名く。

【解説】この項の最後に『論』は、これまでの五逆と謗法の罪の問題に関する当面の解決を試みている。すなわち、仏法には衆生のために二道の教化法があるとし、一には仏道、二には声聞道であるという。『大論』がこのように言うことにより、『大論』の所説には大小乗の仏道修行の混在がみられると指摘する向きもあり、またそう解するべき箇所も多く存在するが、ここはそうではなく、大乗でなければならない理由を述べ、大乗の仏道において菩薩が陥りやすい大罪と、それを歩むことによって得られる大福を強調していると考えられる。ユニークなのは、五逆罪を作す者は声聞道の中にあり、破法の者は菩薩道の中にあるとしている点である。その上で、破法の者は、五逆の者より、はるかに長期にわたって罪を受けるのであり、その代わり、菩薩道はすなわち仏道であるから、菩薩道を歩むことは無限の大福を受ける道であり、願を用いて必ず仏道を成就せんことを願う道である、と主張しているのである。

ここに例えば「丈夫志幹の菩薩」と「儜弱怯劣の菩薩」の差異を説いた『十住毘婆沙論』「易行品」の所説の先駆をみることができる。

註（1）『大論』巻四「釈序品中菩薩釈論第八」（大正二五・九三中）の以下の所説も大いに関係する。

摩訶衍論の中の種種の因縁は、三世十方の仏を説く。何となれば、十方世界には老・病・死・淫・怒・癡等あり。是を以ての故に、仏は其国に出でたもうべし。経中に説くが如し「老・病・死・煩悩なければ、諸仏は則ち世に出でたまわず」と。

（2）一切智と一切種智の違いを『大論』巻二七「釈初品大慈大悲義第四十二」（大正二五・二五八下以下）はさまざまに説明するが、それを要略していえば次のごとくである。「一切智は総じて平等の相を知る、一切種智は別して差別の相を知る。」

（3）幡谷明博士「真宗大谷派安居講本」『浄土論註』九〇頁。

2．念仏三昧について

【經】念《ズル》二無量佛《ノ》土《オヨビ》　諸佛《ヲ》一三昧《ニヨリテ》、常《ニ》現《ジテ》在《リ》レ前《ニ》。

【論】無量佛土《トハ》、名《ク》二十方《ノ》諸佛《ノ》土《ニ》一。念佛三昧《トハ》　名《ク》下十方三世《ノ》諸佛、常《ニ》以《テ》二心眼《ヲ》一見《ルニ》、如《キニ》中現《ズルコト》　在《ルガ》上前《ニ》。

問曰、云何《ナルヲ》為《スヤ》念佛三昧《ト》。

答曰、念佛三昧《ニ》有《リ》二種。一《ツニ》者、聲聞法《ノ》中、於《テ》一佛身《ニ》心眼《ニヨリ》見《ル》滿《ツルヲ》十方《ニ》。二《ツニ》者、菩薩道《ニシテ》、於《テ》無量佛土《ノ》中《ニ》、念《ズ》三世十方《ノ》諸佛《ヲ》。以《テノ》是《ヲ》故《ニ》、言《ヘリ》念《ズル》無量佛土《オヨビ》諸佛《ヲ》三昧《ニヨリテ》、常《ニ》現《ジテ》在《リト》前《ニ》。

問曰、如《キハ》菩薩《ノ》三昧《ノ》種種無量《ナリ》。何《ヲ》以《テノ》故《ニ》、但《ダ》讃《ズルヤ》是《ノ》菩薩念佛三昧《シテ》、常《ニ》現《ジテ》在《ルノミヲ》前《ニ》。

答曰、是《レ》菩薩、念《ズルガ》佛《ヲ》故《ニ》、得入《ルコトヲ》佛道《ノ》中《ニ》。以《テノ》是《ヲ》故《ニ》、念佛三昧《シテ》、常《ニ》現《ジテ》在《ル》前《ニ》。

【経】無量仏土および諸仏を念ずる三昧によりて（諸仏）常に現じて前に在り。

【論】「無量仏土」とは、十方の諸仏の土に名く。「念仏三昧」とは、十方三世の諸仏、常に心眼を以て見るに、現ずること前に在るが如きに名く。

問曰、云何なるを念仏三昧と為すや。

答曰、念仏三昧に二種有り。一には、声聞法の中、一仏身において心眼により十方に満つるを見る。二には、菩薩道にして、無量仏土の中に、三世十方の諸仏を念ず。是を以っての故に、「念無量仏土諸仏三昧常現在前」と言えり。

問曰、菩薩の三昧の如きは種種無量なり。何を以ての故に、但だ是の菩薩念仏三昧して、（諸仏）常に現じて前に在るのみを讃ずるや。

答曰、是れ菩薩、仏を念ずるが故に、仏道の中に入ることを得。是を以ての故に、（菩薩）念佛三昧して、（諸仏）常に現じて前に在る（を讃ず）。

【解説】まず『経』の読みであるが、『経』では明らかに、「念」の内容として、1念無量仏土　2念諸仏三昧の二つが説示されている。それに対して『論』では、ここからは仏土を念ずることの論述は全く省略され、「念仏三昧とは」として成語としての「念仏三昧」を掲げている。念すなわち三昧の内容を仏を念ずることだけに限定し、以下それについて論じているのである。したがって右の2「念諸仏三昧」を、「菩薩が諸仏の三昧を念ず」と読むのは誤りである。[(1)] この点は、『論』によって明らかであって、「念仏三昧」とは、あくまで諸仏を念ずる菩薩の三昧であり、この三昧によって、菩薩は、十方三世の諸仏が常現在前することを念じ、仏道に入ることを得るのである。以下、念仏三昧については付論1で論ずる。

註（1）　『国訳一切経』「釈経論部一」一七四頁は実際そう読んでいる。

3・念仏三昧の滅罪の功徳

念仏三昧という語は、『経』では「念無量仏土諸仏三昧」とあり、その語義を釈しては「念仏三昧とは、十方三世の諸仏、常に心眼を以て見るに、現ずること前に在るが如きに名く」とあって、そのような意味を残しているが、次に、右に述べたように小乗の念仏三昧と菩薩の念仏三昧の違いが説明され、さらに念仏三昧による除障滅罪、念仏三昧による報恩行が示されるようになると、念仏三昧は、諸仏を念ずる三昧というよりは、ほとんど一つの成語となって、称名としての念仏行とほとんど同義に扱われるようになる。称名と念仏三昧の違いは、滅罪の利益の差のみになる。

【論】復次《ニ》、念佛三昧《ハ》、能《ク》除《ク》二種種《ノ》煩惱及《ビ》先世《ノ》罪《ヲ》一。餘《ノ》諸《ノ》三昧《ニハ》、有《リ》二能《ク》除《ケドモ》レ婬《ヲ》、不《ルモノ》一レ能《ハ》レ除《クコト》レ瞋《ヲ》。有《リ》二能《ク》除《ケドモ》レ瞋《ヲ》、不《ルモノ》一レ能《ハ》レ除《クコト》レ婬《ヲ》。有《リ》二能《ク》除《ケドモ》レ癡《ヲ》、不《ルモノ》一レ能《ハ》レ除《クコト》二婬《ト》恚《ヲ》一。有《リ》下能《ク》除《ケドモ》二三毒《ヲ》一、不《ザルモノ》上レ能《ハ》レ除《クコト》二先世《ノ》罪《ヲ》一。是《ノ》念佛三昧《ハ》、能《ク》除《ク》二種種《ノ》煩惱《ト》種種《ノ》罪《トヲ》一。

【論】復次に、念仏三昧は、能く種種の煩悩及び先世の罪を除く。余の諸の三昧には、能く婬を除けども、瞋を除くことを能はざるもの有り。能く瞋を除けども、婬を除くこと能はざるもの有り。

能く痴を除けども、婬と恚を除くこと能はざるもの有り。能く三毒を除けども、先世の罪を除くこと能はざるもの有り。是の念仏の三昧は、能く種種の煩悩と種種の罪とを除く。

【解説】『大論』の叙述は実際的で、三毒の「貪」が「淫」と表され、さらに癡（所知障）を除くことができても、婬と恚（煩悩障）を除くことができないという。しかもたとえ三毒すべてを除くことができても、過去の罪は除くことができない。現在の三毒は除けても、過去の罪は、生半可な三昧では、なかなか消えないのである。しかし念仏三昧を修することによって、これらのすべての煩悩と罪障を除滅することができる、というのである。

見方が穿ち過ぎかもしれないが、こういった叙述に、漢訳者羅什の長安に来るまでの悲しいエピソードを思い起こさせるものがある。梶山雄一・赤松明彦訳『大智度論』（『大乗仏典』中国・日本篇Ⅰ中央公論）「解説」三四七頁には、以下のようにこれを説明している。

三八四年、前秦の苻堅の将軍である呂光がクチャを降し、羅什を捕らえた。羅什が三十五歳の時である。呂光は、クチャの王女を妻とせよと強制し、酒を飲ませ、王女とともに密室に閉じ込めたので、羅什はついに戒を破ってしまった。羅什はその後も、出家でありながら女性と同棲していたようで、後年、長安に来てからも、姚秦王に子孫を残すよう要請され、妓女十人を受けて僧房の外に別宅を設けて居住したという。

【論】復次《ニ》、念佛三昧《ニハ》有《リテ》二大福德一、能《ク》度《ス》二衆生《ヲ》一。是《ノ》諸《ノ》菩薩《ハ》欲《ス》レ度《セント》二衆生《ヲ》一、諸《ノ》餘《ノ》三昧《ハ》、無《シ》レ如《ク》下此《ノ》念佛三昧《ノ》福德《ノ》、能《ク》速《ニ》滅《スル》二諸罪《ヲ》一者《ニ》上。

如《クンバ》レ説《クガ》、昔有《リ》二五百《ノ》估客一。入《リテ》レ海《ニ》採《ル》レ寶《ヲ》。値《フ》二摩伽羅魚王《ニ》一。開《ク》レ口《ヲ》、海水入《リ》レ中《ニ》、船去《ルコト》駃疾《ナリ》。船師、問《フ》二樓上《ノ》人《ニ》一。汝、見《ルト》二何等《ヲカ》一。答《ヘテ》言《ク》。見《ルト》二三日《ノ》出《デ》、白《キ》山羅列《シ》、水流《レテ》奔《リ》趣《クコト》、如《クナルヲ》レ入《ルガ》二大《ナル》坑《ニ》一。船師《ノ》言《ク》。是《レ》摩伽羅魚王《ノ》開《クナリ》レ口《ヲ》。一《ハ》是《レ》實《ノ》日、兩《ノ》日《ハ》是《レ》魚《ノ》眼、白《キ》山《ハ》是《レ》魚《ノ》齒、水《ノ》流《レテ》奔《リ》趣《クハ》、是《レ》入《ルナリ》二其《ノ》口《ニ》一。我曹了《リナン》矣。各各求《メテ》二諸《ノ》天神《ヲ》一以《テ》自《ラ》救濟《セヨト》。是《ノ》時、諸人《ハ》各各求《ムレドモ》二其《ノ》所《ヲ》レ事《フル》、都《テ》無《シ》レ所レ益《スル》。中《ニ》有《リ》二五戒《ノ》優婆塞一。語《ツテ》二衆人《ニ》一言《ク》。吾等當《ニ》三共《ニ》稱《ス》二南無佛《ト》一。佛《ハ》爲《リ》二無上一。能《ク》救《ヒタマフト》二苦厄《ヲ》一。衆人一心《ニ》同聲《ニ》、稱《ス》二南無佛《ト》一。是《ノ》魚《ハ》先世《ノ》是佛《ノ》破戒弟子《ニシテ》、得《タリ》二宿命智《ヲ》一。聞《イテ》二稱《フル》レ佛《ヲ》聲《ヲ》一、心自《ラ》悔悟《シ》、即便《チ》合《シ》レ口《ヲ》、船人得《タリ》レ脱《スルコトヲ》。以《テノ》二念佛《ヲ》一故《ニ》、能《ク》除《キ》二重罪《ヲ》一、濟《フ》二諸《ノ》苦厄《ヲ》一。何況《ンヤ》、念佛三昧《ヲヤ》。

【論】復次に、念仏三昧には大福徳ありて、能く衆生を度す。是の諸の菩薩、衆生を度せんと欲するも、諸の余の三昧は、此の念仏三昧の福徳の、能く速に諸罪を滅する者に如く無し。

説くが如し。昔、五百の估客(1)あり。海に入りて宝を採る。摩伽羅魚王に値ふ。（魚王）口を開くに、海水中に入り、船去ること駛疾なり。船師、楼上の人に問う、「汝、何等をか見る」と。答て言く、「三の日出で、白き山羅列し、水流れて奔り趣くこと、大なる坑に入るが如くなるを見る」と。船師言く、「是れ摩伽羅魚王の口を開くなり。一は是れ実の日、兩の日は是れ魚の眼、白き山は是れ魚の歯、水の流れて奔り趣くは、是れ其の口に入るなり。我曹了りなん。各各諸の天神を求めて以って自ら救済せよ」と。是の時、諸人は各各其の事ふる所を求むれども、都て益する所なし。中に五戒の優婆塞あり。衆人に語って言く、「吾等当に共に南無仏と称すべし。仏は無上たり。能く苦厄を救ひたまふ」と。衆人一心に同声に、「南無仏」と称す。是の魚は先世に是の仏の破戒弟子にして、宿命智を得たり。仏を称ふる声を聞いて、心自ら悔悟し、即便ち口を合し、船人脱することを得たり。念仏を以っての故に、能く重罪を除き、諸の苦厄を済ふ。何に況んや、念仏三昧をや。

【解説】次に述べられるのは、摩伽羅魚王の喩である。これと同じ喩例を『賢愚経』（大正四・三七九中）に見出すことができる。この喩例の中で重要なのは、五戒の優婆塞が衆人に称名を勧め、それによって衆人一心に同声に「南無仏」と称せば、魚王その声を聞いて、自ら悔悟し、全員が苦厄を免れることができたということである。したがってここには、念仏三昧、特にその中の称名に滅罪の功徳のあることが喩例されている、ということになる。

能仁正顕氏「『観無量寿経』の念仏三昧とその背景」（『印仏研究』四一・二、二九五頁以下の注）によれば、梵本『法華経』第二四章（観世音菩薩普門品）でも、この喩例が見え、観世音を「憶念するならば（smarato）」と説かれていると述べられる。

この梵本『法華経』第二四の観世音菩薩の章における「摩伽羅魚王の比喩」は、長行の部分と偈頌の部分の二つに分かれており、偈頌（第六偈）にマカラ魚が出てくるところでは、「観世音を憶念するならば(2)（smarato）」とあるが、それより前の船の難破の描写がある長行の部分では、「そのなかにだれか一人だけでも、助けを求めて観世音菩薩大士の名を呼ぶ（ākrandaṃ Kṛ）人がいれば(3)・・」とあって、その部分の羅什の漢訳は、「其中若有乃至一人、称観世音菩薩名者・・」（大正九・五六下）となっているから、これは語義からいえば、憶念というよりは称名である。したがって喩例の主旨全体からいえば、能仁氏が言われるように、憶念も称名も同一視してことばを用いていると考えるべきであろうと思われる。

『法華経』「観音普門品」のこの説話はかなり著名なもので、美術資料として残されているものもあり、中央公論『法華経』IIの口絵写真とそれに折り込まれた「付録14」の説明によれば、アウランガーバード第七窟に「観音八難救済図」というレリーフがあって、中央に観音菩薩の立像があり、その左右には向かって右上から、①獅子②蛇③象④魔女カーリーに襲われんとする人々、左上から⑤火事⑥剣⑦鎖⑧船の難破の危険にさらされている人々の図像が描かれている。この八難に対応する箇所が梵本や漢訳に一々見出されるわけではないが、これらの災厄に遭った時、人々が観音の名を称えれば、即座にその厄難を逃れることができたということは共通して説かれており、その訳語としては、「聞是観世音菩薩、一心称名」「称其名号」「聞其称観世音菩薩名者」「汝等応当一心称観世音菩薩名号」「衆商人聞倶発声、言南無観世音菩薩、称其名号故即得解脱」（いずれも大正九・五六下）など観音菩薩の救済を求める称名・聞名の思想が顕著に出ている。

しかしながら、ここで「解脱」というのは、あくまで災厄を逃れるという意味である。もちろんこの「観音菩薩普門品」には、その最後に、世自在王仏や法蔵比丘、それが仏となられた無量光如来、その浄土である西方極楽世界も登場するが、それはまた別の話であって、ここでの称名や聞名思想と直接の関係はない。

註（1）　「估客」とは商人のこと。

（2）　梵本『法華経』南条・ケルン本（四四八頁・第八行）。和訳『法華経』中央公論II二二七頁。漢訳の用語は「念彼観音力」の「念」一字である。『妙法蓮華経』巻七（大正九・五七下）。

（3） 南条・ケルン本（四三九頁・第六行）。和訳『法華経』II二二一頁。

4・念仏三昧の報恩の功徳（仏は法王・菩薩は法将）

【論】復次《ニ》、佛為《ハリ》二法王一、菩薩為《ハリ》二法將一。所レ尊《バレ》所《ハ》レ重《ンゼラルル》、唯《ダ》佛世尊《ノミナリ》。是《ノ》故《ニ》應《ニ》《シ》二常《ニ》念《ズ》レ佛《ヲ》。
復次《ニ》、常《ニ》念佛《スレバ》、得二種種《ノ》功德《ノ》利《ヲ》一。譬《ヘバ》如《シ》下大臣《ノ》特《ニ》蒙《ツテ》二恩寵《ヲ》一、常《ニ》念《ズルガ》中其《ノ》主《ヲ》上。菩薩《モ》亦《タ》如《ク》レ是《ノ》、知《リテ》二種種《ノ》功德、無量《ノ》智慧《ハ》、皆從《リ》レ佛得《ルト》一、知《ルガ》二恩重《ノ》《キコトヲ》一故《ニ》、常《ニ》念佛《ス》。
汝言《ハバ》二云何《ナレバ》常《ニ》念佛《シテ》不《ルヤト》レ行《ゼ》二餘《ノ》三昧《ヲ》一者、今言《フモ》二常《ニ》念《ズト》一、亦《タ》不レ言《ハ》レ不レ行《ハ》《ト》二餘《ノ》三昧《ハ》一。行《ズルコト》二念佛三昧《ヲ》一多《キガ》
故《ニ》、言《フノミト》二常《ニ》念《ズト》一。

【論】復次に、仏は法王たり。菩薩は法将たり。尊ばれ重んぜらるるは、唯だ仏世尊のみなり。是の故に応に常に仏を念ずべし。

復次に、常に念仏すれば、種種の功徳の利を得。譬えば大臣の特に恩寵を蒙って、常に其の主を念ずるが如し。菩薩も亦是の如く、種種の功徳、無量の智慧は、皆仏より得ると知りて、恩の重きことを知るが故に、常に念仏す。

汝（問うて）、云何んが常に念仏して、余の三昧を行ぜずやと言わば、今（答えて）常に念ずと

言うも、亦た余の三昧は行ぜずとは言わず。念仏三昧を行ずること多きが故に、常に念ずと言うのみと。

【解説】この項の解説については、本書第三章、「宗祖『本典』所引の『大論』」の第二項「念仏三昧の報恩の功徳の文」の項を参照されたい。

5．三三昧について

【論】復次《ニ》、先《ニ》雖《モ》レ説《クト》二空《ト》無相《ト》無作《ノ》三昧《ヲ》一、未《ダ》《ズ》レ説《カ》二念佛三昧《ヲ》一。是《ノ》故《ニ》、今說《クナリ》。

【論】復次に、先に空と無相と無作の三昧を説くと雖も、未だ念仏三昧を説かず。是の故に、今説くなり。

【解説】「先に」というのは、『大論』巻五「大智度初品中菩薩功徳釈論」第十の初めに所釈の経として「皆得陀羅尼及諸三昧、行空無相無作已得等忍」（皆な陀羅尼および諸の三昧を得、空・無相・無作を行じて、已に等と忍を得たり）（大正二五・九五下）とあり、それを釈して三三昧を解説するところ（同九六中、最終行「諸三昧者」以下）に相当すると思われる。

つまり『経』に「諸の三昧」とあり、その中ではすでに三三昧について説明したので、今この「仏土願釈論」では、念仏三昧について説き明かすのである、というのである。また巻五に続いて説かれる「等と忍」については、本書第二章の付論一、「無生法忍について」を参照されたい。

三三昧は、『大論』全体のメインテーマの一つであり、特に巻二十「釈初品中三三昧義第三十二」（同二〇六上〜二〇八上）に詳説されている。

また右に挙げた「菩薩功徳釈論」では、以下のように述べて、三解脱門のことを三三昧とも名づけると述べている。「諸の禅定法中、是の三定法を以て三解脱門と為す。亦た名けて三三昧と為す」（同九六下）。三三昧と三解脱門との違いは、「前者が有漏（世間）無漏（出世間）の双方を指すのに対して、後者は無漏の三三昧のみを指す」[1]というのが、通常の解釈である。しかし、この『大論』では、三三昧は小乗で説かれるさまざまな修道法（例えば三十七菩提分法）を大乗の道に転化せしめるはたらきを有し、その意味で三三昧を三解脱門と呼んでいることが知られている。[2]

その他、『大論』に説かれる三三昧については、拙稿「三解脱門の衆生利益」（渡邊隆生教授還暦記念論集『佛教思想文化史論叢』永田文昌堂一九九七、三百頁以下）を参照されたい。

その要点を二点述べれば以下の如くである。すなわち、『大論』巻三七「釈習相応品」第三之余

に、【経】仏告舎利弗、菩薩・摩訶薩、従初発意、行六波羅蜜、住空・無相・無作法、能過一切声聞・辟支仏地、住阿鞞跋致地、浄仏道。【論】問曰、入三解脱門、則到涅槃。今云、何以空・無相・無作、能過一切声聞・辟支仏地。答曰、無方便力故、入三解脱門、直趣涅槃。若有方便力、住三解脱門、見涅槃、以慈悲心故、能転心還起。（大正二五・三二二下〜）とある。

すなわち『論』は経説を承けて、菩薩は三三昧（三解脱門）に住しつつも、方便力・慈悲心をもって涅槃に入らず、「涅槃を見、能く心を転じ還起する」と説くのである。そしてこの文に続いて、『論』は以下のように、ユニークな箭の喩例を出して不住涅槃を説明する。

如後品中説、譬如仰射虚空、箭箭相不令堕地。菩薩如是。以智慧箭、仰射三解脱虚空、以方便後箭、射前箭、不令堕涅槃之地。（同・三二三上）

つまり後の箭（矢）で先の箭を次々と射続ければ、箭はいつまでも地に落ちることがない。それと同じく、智慧の箭をもって三解脱の虚空を射るとき、方便の後箭をもって前箭を射続ければ、涅槃の地に堕することはない、というのである。この喩例は『菩提資料論』巻四（大正三二・五三二中）の二偈にも出る。そこには、悔過・勧請・随喜・回向の四品が説かれ、続いて三解脱門が説かれる中にこの喩が見られるのである。さらに『往生論註』にも、この喩例に基づくと思われる表現がなされている。すなわち巻上「観察門」「国土荘厳」の「清浄功徳釈」の終りのところに、「続括の権（はかりごと）、勧めを待たずして弓を彎《ひ》く」とあるのがそれである。弓の名人が続けて矢を放ち、後の矢を前の矢の「括（かつ）」すなわち矢はず（矢の頭の部分）に次々に命中させれば、矢が地面に落ちることがない。そのように、菩薩は権（はかりごとすなわち方便）を用いて、他の衆生の要請を待たず、間髪を入れずに衆生を済度し続けるというのである。(3)

また無生法忍と三解脱門との関係も、『大論』巻一九「釈初品中三十七品義」第三一の中で以下のように示される。

観一切法空無我、是時作是念、一切諸法因縁生故、無有自性、是為実空。実空故無有相、無有相故無作、無作故不見法若生若滅。住是智慧中、入無生法忍門。（大正二五・二〇四上）

結論的に言えば、菩薩は初め三十七品等の諸禅定を修しているが、その菩薩が方便力や慈悲心を具している場合、三解脱門を修することによって一切法の不生不滅を知り、この智慧に住することによって、涅槃に入らずに無生法忍に入るのである。

註(1)　藤田祥道「瑜伽行派における三三昧」『仏教学研究』四四（龍谷大学仏教学会）昭六三年、註(3)参照。

(2)　貞包哲朗「智度論における三三昧について」『佐賀龍谷学会紀要』九・十合併号、昭三七年、一一一頁参照。

（3）相馬一意和上『曇鸞『往生論註』の考究』永田文昌堂、平成二十五年、一一六頁参照。

6・勧請について

【經】能請《クフ》二無量諸《ノ》佛《ニ》一。

【経】能く無量の諸仏に請う。

【解説】『経』「能請無量諸仏」の原語：aparimita-buddhādhyeṣaṇa-kuśalair の中 adhyeṣaṇa とは、Engl.；solicitation, asking for（instruction）.,（教えを）請うという意味である。本経の冒頭、菩薩・摩訶薩の種種の功徳を説くところは、多くの複合語の末尾に kuśala（能・善・益・巧などの意）が付され、その活用が常に具格（instrumental case）になっており、その複合語全体で主語の「菩薩」を修飾して、何々という功徳・能力・資質等を具えている菩薩という意味になる。故に今ここは、菩薩が無量の諸仏（aparimita-buddha）によく請う、請うことを善くする、というほどの意味となる。Mvy.861（翻訳名義集八六一.,経中所出の菩薩功徳名数の第五六番）にも、aparimita-buddhādhyeṣaṇa-kuśala「無量の諸仏に（説法を）勧請することにおいて巧みである」

とある。ただ実際には「説法を」という語は無いので、これだけでは、菩薩が諸仏に説法を請うのか、その久住を請うのか、あるいは諸仏の出現そのものを請うのか、よく分からないことになる。そこで『論』に釈して以下のように言う。

【論】請《ニ》有《リ》二二種一。一《ツニ》者、佛初《メテ》成《ジタマフトキ》レ道《ヲ》、菩薩《ハ》夜《ニ》三《タビ》晝《ニ》三《タビ》、六時《ニ》禮請《シ》、偏《ニ》袒《ヌギ》二右肩《ヲ》一合掌《シテ》言《サク》、十方佛土《ノ》無量《ノ》諸佛、初《メテ》成《ジタマフ》レ道《ヲ》時、未《ダ》レ轉《ジタマハ》二法輪《ヲ》一。我某甲、請《フ》二一切諸佛《ニ》一、爲《ニ》二衆生《ノ》一轉《ジテ》二法輪《ヲ》一度二脱《シタマハンコトヲト》一切《ヲ》一。二《ツニ》者、諸佛《ガ》欲《シタマフ》下捨《テテ》二無量《ノ》壽命《ヲ》一、入《ラント》中涅槃《ニ》上時、菩薩《ハ》亦《タ》夜《ニ》三時、晝《ニ》三時、偏《ニ》袒《ヌギ》二右肩《ヲ》一合掌《シテ》言《サク》、十方佛土《ノ》無量《ノ》諸佛《ヨ》、我某甲請《フ》、令《メタマハンコトヲト》下久《シク》住《シタマヒテ》二世間《ニ》一無央數劫《ニ》度二脱《シ》一切《ヲ》一、利中益《セ》衆生《ヲ》上。是《ヲ》名《ヅク》三能《ク》請《フト》二無量《ノ》諸佛《ニ》一。

【論】請に二種有り。一つには仏初めて道を成じたもうとき、菩薩は夜に三たび昼に三たび、六時に礼請し、偏えに右肩を袒ぬぎ合掌して言さく、「十方仏土の無量の諸仏、初めて道を成じたもう時、未だ法輪を転じたまわず。我某甲、一切諸仏に請う、衆生の為に法輪を転じて一切を度脱したまわんことを」と。二つには諸仏が無量の寿命を捨てて、涅槃に入らんと欲したまう時、菩薩は亦た夜に三時、昼に三時、偏えに右の肩を袒ぎ合掌して言さく、「十方仏土の無量の諸仏よ、我某甲請う、久しく世間に住したまいて、無央数劫に一切を度脱し、衆生を利益せしめたまわんことを」と。是を「能く無量の諸仏に請う」と名く。

【解説】二種類の「請」がある。一つには、仏の成道に際し、衆生の為に法輪を転ずることを請う。一つには、仏の命尽きんとする時、涅槃に入らずして、衆生利益の為に久しく世間に住したもうことを請う。

【論】問曰、諸佛之法ハ、必ズ應ニシ三説法シテ、廣ク度ス二衆生ヲ一。請フ與不ルトニセヨレ請ハ、法トシテ自ラまさニ應シレ爾ル。何ヲ以テカ須タンヤレ請フヲ。若シ於ヒテ二自前ニ一面《まのあたり》請フハ二諸佛ニ一則チ可ナリ。今十方無量佛ノ土ノ諸佛ハ亦タ不二自ラ見一、云何ンゾ可ケンヤレ請フ。

答曰、諸佛ハ雖モ三必ズ應ニ二説シト法シ一、不ルレ待タ二人ノ請フヲ一、請フ者ハ亦タ應ニシレ得レ福ヲ。如シ下大國王ニハ、雖モレ多シト二美膳一、有ラバ二人ノ請フ者一、必ズ得ルガ中恩福ヲ上。録スルガ二其ノ心ヲ一故ナリ。又如キハ三慈心ニシテ念ズルガ二諸ノ衆生ヲシテ令シメントレ得二快樂ヲ一、衆生ハ雖モレ無シトレ所レ得ル、念ズル者ハ大ニ得二其ノ福ヲ一。請フモ二佛ノ説法ヲ一、亦タ復如シレ是ノ。

【論】問曰。諸仏の法は、必ず応に説法して、広く衆生を度すべし。請うと請わざるとにせよ、法として自ら応に爾るべし。何を以てか請うを須たんや。若し自前に於て、面《まのあたり》り諸仏に請うは則ち可なり。今十方無量の仏土の諸仏は亦た自ら見ず、云何んぞ請う可けんや。

答曰。諸仏は必ず応に説法し、人の請うを待たざるべしと雖も、請う者は亦た応に福を得べし。大国王には、美膳多しと雖も、人の請うもの有らば、必ず恩福を得るが如し。其の心を録するが故なり。又慈心にして諸の衆生をして快楽を得しめんと念ずるが如きは、衆生は得る所無しと雖も、念ずる者は大に其の福を得。仏の説法を請うも、亦復た是の如し。

【解説】ここで「勧請」に関する第一の問答を置く。問いの中に、さらに二つの問いがあり、一つは、諸仏の法は、請われようと請われまいと、自ら爾るべく広がって、衆生を度していくものであろうから、菩薩は何故わざわざ諸仏に説法を請うのか、という問い。もう一つは、もし面前で、菩薩が諸仏に説法を請うのは可能であろうけれども、十方無量の仏土の諸仏ということになると、自ら直接拝見することはできない、どうやって請うのか、という問いである。

まずここでは前の問いに答え、後の問いには少し後で答えている。すなわち答えていう、たしかに諸仏は必ず説法し、人が請うのを待つことは無いけれども、請うた側の者が、請うことによって福徳を得るのである。譬えば、国王のもとには、善き料理人がいて、美味しい料理を多く作ることができるけれども、好みによって注文すれば、さらに美味しい料理を食べることができる。その好みにしたがって作ることができるからである。また菩薩が、慈悲の心から、衆生をして楽を得させようとするときは、衆生の方には得るところが無くとも、それを念じた菩薩の方に福徳が得られるのである。仏の説法を請うのも、そのようなものであると。

【論】復次《ニ》、有《リ》諸佛《ハ》無《ケレバ》人《ノ》請《フ》者、便《チ》入《リテ》涅槃《ニ》而不《ルコト》說《カ》法《ヲ》。

如《キハ》法華經《ノ》中《ノ》多寶世尊《ノ》、無《キガ》人《ノ》請《フコト》故《ニ》、便《チ》入《リ》涅槃《ニ》、後《ニ》化佛身及《ビ》七寶《ノ》塔《ガ》證《スルガ》說《クコトヲ》法華經《ヲ》故《ニ》、一時《ニ》出現《シタマヘリ》。

亦如《キハ》須扇多佛《ノ》、弟子《ノ》本行未《ダ》熟《セレバ》、便《チ》捨《テテ》入《リ》涅槃《ニ》、留《ムルコト》化佛《ヲ》一劫、以《テ》度《シタマヘリ》衆生《ヲ》。

今《ノ》是釋迦文尼佛《ハ》、得《タルノ》道《ヲ》後、五十七日、寂《トシテ》不說法《セ》。自《ラ》言《ハク》、我《ガ》法《ハ》甚深《ニシテ》、難《ク》解《シ》難《シ》知《リ》。一切衆生《ハ》縛著《シテ》世法《ニ》、無《シ》能《ク》解《スル》者。不如《カ》、默然《トシテ》入《ランニハト》涅槃《ノ》樂《ニ》。是《ノ》時《ニ》諸《ノ》菩薩及《ビ》釋提桓因・梵天王・諸天《ハ》、合掌敬禮《シテ》、請《ヘリ》佛《ニ》爲《ニ》諸衆生《ノ》初《メテ》轉《ジタマワンコトヲ》法輪《ヲ》。佛、時《ニ》默然《トシテ》受《ケ》請《ヲ》、後、到《リ》波羅奈《ノ》鹿林《ノ》中《ニ》、轉《ジタマヘリ》法輪《ヲ》。如《クンバ》是《ノ》云何《ンゾ》言《ハン》請《シテ》無《シト》所益《スル》。

【論】復次に、諸仏は人の請う者無ければ、便ち涅槃に入りて法を説かざること有り。

①『法華経』の中の多宝世尊の如きは、人の請うこと無きが故に、便ち涅槃に入り、後に化仏身

及び七宝の塔が『法華経』を説くことを証するが故に、一時に出現したまえり。

②亦た須扇多仏の如きは弟子の本行未だ熟せざれば、便ち捨てて涅槃に入り、化仏を留めること一劫、以て衆生を度したまえり。

③今是の釈迦文尼仏は、道を得たるの後、五十七日、寂として説法せず。自ら言はく、「我が法は甚深にして、解し難く知り難し。一切衆生は世法に縛著して、能く解する者無し。如かず、黙然として涅槃の楽に入らんには」と。是の時に諸の菩薩及び釈提桓因・梵天王・諸天は、合掌敬礼して、仏に諸の衆生の為に初めて法輪を転じたまわんことを請えり。仏、時に黙然として請を受け、後、波羅奈の鹿林の中に至り、法輪を転じたまえり。是の如くんば、云何んぞ請して益する所無しと言わん。

【解説】また次に、菩薩が諸仏に対し何故に説法を請うかといえば、諸仏は、請うものが無ければ、黙して涅槃に入り、法を説かないこともあるからである。その例として三つの経証を挙げる。

①『妙法蓮華経』「見宝塔品」第十一、巻四の終りの部分、法華の二処三会の説法中、第二虚空会の冒頭の部分（大正九・三三下）に、「爾の時大衆、二の如来（多宝如来と釈迦如来）の、七宝塔の中の師子座上に在して結跏趺坐したもうを見、各是の念を作さく、仏高遠に坐したまえり。唯願

わくは如来、神通力を以て我が等輩をして倶に虚空に処せしめたまえ」と請う場面がある。それに応じて釈迦如来は、自らの入涅槃の後、この『法華経』を付属し留まらしめんと宣言され、さらに重ねて一偈を説き、その中で、「若し此の経（法華経）を説かば、則ち、我（釈迦如来）と多宝如来と及び諸の化仏を見たてまつると為す」（同・三四上）とある。この箇所に相当すると思われる。

②『放光般若経』巻一七（大正八・一二四中）に、「譬如須延頭（須延頭者、晋言甚浄）如来転法輪、於三乗無有菩薩、可教発阿耨多羅三耶三菩者、便般泥後、令化仏教授衆生一劫」とある。ここにいう須延頭如来とは、『大論』の言う須扇多（Susānta）仏のこと。漢訳は「甚浄」である。

③釈尊成道後の説法躊躇とそれに続く梵天勧請の情景は、『増一阿含』巻十「勧請品」第十九（一）（大正二・五九三上）およびそれと対応する『相応部経典』第六「梵天相応」一の一「勧請」（南伝大蔵経、第十二巻、相応部経典一、二三四頁）に詳しく描写されている。ただしこの『大論』の叙述に正しく合致するものは見いだせなかった。

【論】復次《ニ》、佛法《ハ》等《シク》觀《テ》二衆生《ヲ》一、無《ク》レ貴《ブコト》、無《ク》レ賤《ムコト》、無《ク》レ輕《ンズルコト》、無《ク》レ重《ンズルコト》、有《レバ》二人《ノ》請《フ》者一、爲《ノ》二其《ノ》請《ノ》一故《ニ》、便《チ》爲《メニ》説《ク》レ法《ヲ》。雖《モ》三衆生《ハ》不《ト》二面《リ》請《ハ》レ佛《ニ》、佛《ハ》常《ニ》見《テ》二其《ノ》心《ヲ》一、亦《タ》聞《キタマフ》二彼《ノ》請《ヲ》一。假令《ヒ》諸佛《ハ》不レ聞《カ》不《トモ》レ見《エ》、請《ヘバ》レ佛《ニ》亦《タ》有《リ》二福德一。何《ニ》況《ンヤ》、佛悉《ク》聞見《シタマフニ》、而《モ》無《カランヤ》レ所レ益《スル》。

【論】復次に、仏法は等しく衆生を観て、貴ぶこと無く、賤む事無く、軽んずること無く、重んずること無く、人の請う者有れば、其の請の為の故に、便ち法を説く。衆生は面《まのあた》り仏に請わずと雖も、仏は常に其の心を見て、亦た彼の請を聞きたもう。仮令い諸仏は聞かず見えずとも、仏に請えば亦福徳有り。何に況んや、仏悉く聞見したまうに、而も益する所無からんや。

【解説】先の第二の問いにここで答える。仏は衆生に対して等心であることを旨とする。請うものがあれば、すなわち法を説き、また面と向かって請われずとも、仏の方が、常に衆生の心をみそなわして、その要請を聞いていて下さる。たとえ衆生の方からは聞こえず見えずとも、仏の方からすべてを見聞きして下さっているから、必ず利益がある。

【論】問曰、既《ニ》知《ル》二請《ヘバ》レ佛《ニ》有《ルコトヲ》レ益。何《ヲ》以《テカ》正《シク》以《テ》二二事《ヲ》一請《フヤ》。

答曰、餘《ハ》不レ須《ヒ》レ請《フヲ》、此《ノ》二事《ハ》要必《ズ》須レ請《フヲ》。

若《シ》不《ルニ》レ請《ハ》而《モ》説《カバ》、有《テ》二外道《ノ》輩一言《ハン》、體道《ハ》常《ニ》定《マレリ》、何《ヲ》以《テカ》著《シテ》レ法《ニ》多言多事《ナルト》。以《テノ》レ是《ヲ》故《ニ》須《テ》レ請《ヒヲ》而《シテ》説《ク》。

若《シ》有《リテ》レ人言《ハン》、若《シ》知《ラバ》二諸法《ノ》相《ヲ》一、不レ應《ルヲ》三貪《カラリ》レ壽《ヲ》、久《シク》住《ス》二世間《ニ》一、而《モ》不《ルト》三早《ク》入《ラ》二涅槃《ニ》一。以《テノ》レ是《ヲ》故《ニ》須《ツベシ》レ請《ヲ》。

若《シ》不《ルニ》レ請《ハ》而《モ》説《カバ》、人《ハ》當《ニ》《シ》レ謂《フ》、佛《ハ》愛二著《シテ》於レ法《ニ》欲《スト》レ令《メムト》二人《ニ》知《ラ》一。以《テ》レ是《ヲ》故《ニ》、要《ズ》待《チテ》二人《ノ》請《フヲ》一而轉《ズルナリ》二法輪《ヲ》一。

諸ノ外道ノ輩ハ自ラ著シ㆑於㆑法ニ、若クハ請ヒ若クハ不ルニハ㆑請、而モ自ラ為ニ㆑人ノ説ク。佛ハ於テ㆓諸法ニ㆒不㆑著セ不㆑愛セ、為ノ㆑憐㆓愍スル衆生ヲ㆒故ニ、有ラバ㆘請フ㆓佛説ヲ㆒者㆖、佛ハ便チ為ニ説キタマフ。諸佛ハ不㆔以テ㆑無キヲ㆑請、而モ初メテ轉ジタマハ㆓法輪ヲ㆒。如シ㆓偈ニ説クガ㆒。

諸佛ノ説ハ何レガ實、何者ガ是レ不實ナルヤ。實之與ノ㆓不實㆒、二事ハ不可得ナリ。
如キハ㆑是ノ眞實ノ相ニシテ、不㆑戯レ㆑於㆓諸法ニ㆒、憐㆓愍スルガ衆生ヲ㆒故ニ、方便シテ轉ズ㆓法輪ヲ㆒。

【論】問曰、既に仏に請えば益有ることを知る。何を以てか正しく二事を以て請うや。
答曰、余は請うを須いず、此の二事は要《かな》らず請うを須う。

①若し請わざるに而も説かば、外道の輩有りて言わん、「体道は常に定まれり、何を以てか法に著して多言多事なる」と。是を以ての故に請いを須って而して説く。

②若し人有りて言わん、「若し諸法の相を知らば、寿を貪り久しく世間に住すべからざるを、而も（何故に）早く涅槃に入らざる」と。是を以ての故に請いを須つべし。

③若し請わざるに而も説かば、人は当に謂うべし、「仏は法に愛著して人に知らしめんと欲す」と。是を以ての故に、要らず人の請うを待って法輪を転ずるなり。

諸の外道の輩は自ら法に著し、若くは請い若くは請わざるに、而も自ら人の為に説く。仏は諸法に於て著せず愛せず、衆生を憐愍する為の故に、仏説を請う者有れば、仏は便ち為に説きたもう。

諸仏は請無きを以て、而も初めて法輪を転じたまわず。偈に説くが如し。
諸仏の説は何れが実、何れが是れ不実なるや。実の不実との、二事は不可得なり。
是の如きは真実の相にして、諸法に戯れず、衆生を憐愍するが故に、方便して法輪を転ず。

【解説】ここで「勧請」に関する第二の問答を置き、さらに一偈を説く。

二事とは、この勧請の項の最初に「請に二種あり」といわれたその二を指す。すなわち法輪を転ずることと、久しく世間に住して涅槃に入らぬことである。この二事は、他事とは異なり、必ず衆生の請を要すというのである。答の中の①②がこの二に当る。①は、要請なしに説かば、外道の輩が言うであろう「さとりの在り方は常に定まっている、何故法に著して多言を弄するのか」と。②は、要請なしに説かば、人有って言うであろう「諸法の実相を知るものなら、寿命を貪りいつまでも世間に留まるべきではないのに、何故に早く涅槃に入らないのか」と。さらに③として付け加えて言う、要請なしに説かば、人は言うであろう「仏は法に愛著して人に知らしめようとしているのだ」と。

まとめて答える。外道の輩は法に著し、請われても請われなくても説く。しかし仏は法に対する愛着無く、衆生を憐愍する故に、請う者あれば説き、無ければ説かない。偈をもって重ねて言う、いずれが実体あるものであり、いずれが実体のないものであるか、この二つは把握することができない。これが諸法の真実相であるから、諸法に対する戯論を離れ、ただ衆生を憐愍する故に、諸仏は方便して法を説く。

【論】復次《ニ》、佛《ニシテ》、若《シ》無《クシテ》レ請《ハルルコト》而《モ》自《ラ》説《クトセ》レ法《ヲ》者、是《レ》爲《ス》二自顯、自執《ノ》法《ト》一。應《ニ・キナリ》三必《ズ》答《フ》二十四《ノ》難《ニ》一。今、諸天《ガ》請《フハ》二佛《ノ》説法《ヲ》一、但《ダ》爲《ニシテ》レ斷《ズルガ》二老・病・死《ヲ》一無《シ》二戲論《スル》處一。是《ノ》故《ニ》不《トモ》レ答《ヘ》二十四《ノ》難《ニ》一無《シ》レ咎。以《テ》二是《ノ》因縁《ヲ》一故《ニ》、須《テ》レ請《ヲ》而轉《ジタマフ》二法輪《ヲ》一。

【論】復次に、仏にして、若し請わるること無くして而も自ら法を説くとせば、是れ自顕、自執の法と為す。応に必ず十四難に答うべきなり。今、諸天が仏の説法を請うは、但だ老・病・死を断ずるが為にして戯論する処無し。是の故に十四の難に答えざれども咎無し。是の因縁を以ての故に、請を須って法輪を転じたまう。

【解説】「十四難」とは、「マールンクヤ経」（『中部経典』第六三「摩羅迦小経」、『南伝大蔵経』巻十、二二二頁）もしくは「箭喩経」（『中阿含経』第二二一、巻六十、大正一・八〇四上）等に説かれる十四無記のこと。この『大論』にも、巻二（大正二五・七四下）に既に説かれている。それによると、十四難とは、外教徒が釈尊に対して問いかける十四の難詰の意で、①世界および我は常であるか、②無常であるか、③常にしてかつ無常であるか、④非常にしてかつ非無常であるか、⑤世界および我は有辺であるか、⑥無辺であるか、⑦有辺かつ無辺であるか、⑧非有辺にしてかつ非無辺であるか、⑨死後に神（霊魂のこと）は去ってしまうのか、⑩去らないのか、⑪去りかつ去らないのか、⑫去ることもなくかつ去らないこともないのか、⑬肉体と精神は一か、⑭異か、という十四である。これらの中、『南伝』「マールンクヤ経」も『阿含』「箭喩経」もともに、③④と⑦⑧を欠き、十項目となっているが、全体としての意味は変わらない。マールンクヤは、もしこれらの問いに答えてくれないなら、自分は修学を捨てて還俗するといって釈尊に迫るのであるが、これに対し釈尊は有名な「毒矢の喩」を説いて彼を諭すのである。『大論』巻二では、毒矢の喩は登場せず、このような問いに答えることは、例えば牛の角を搆きまわして乳を搾ろうとするようなものである、と述べている。

今ここの『大論』では、仏は請われないのに法を説かれることはない、ということの証拠に、請われても答えられなかった（無記）という例を挙げていることになる。つまり、もし仏が請われずとも法を説くのであれば、それは自顕・自執の法となって、この十四難にも答えなければならないことになるというのである。その後に示されるのが、この項の結論であり、仏教が問題とすることの範囲の設定である。すなわち仏教が問題とするのは、生・老・死の苦を断ずることであり、それ以外は戯論であるという。また請う者も、外教徒ではなく諸天である。

【論】復次《ニ》、佛《ハ》在《テ》ニ人中《ニ》一生《レ》、用《フルガ》ニ大人《ノ》法《ヲ》一故《ニ》、雖《モ》レ有《リト》ニ大悲一、不《ンバ》レ請《ハ》不レ説《キタマハ》。若《シ》不《ルニ》レ請《ハ》而《モ》説《カバ》、外道《ノ》所《ナリ》レ譏《ル》。以《テノ》レ是《ヲ》故《ニ》、初《メハ》要《ズ》須《ツナリ》レ請《ヲ》。又復《タ》外道《ハ》宗ニ事《ス》梵天《ニ》一。梵天自《ラ》請《フトキハ》、則《チ》外道《ノ》心伏《ス》。

【論】復次に、仏は人中に在りて生まれ、大人の法を用うるが故に、大悲有りと雖も、請わずんば説きたまわず。若し請わざるに而も説かば、外道に譏る所なり。是を以ての故に、初は要らず請を須つなり。又復た外道は梵天に宗事す。梵天自ら請うときは、則ち外道の心伏す。

【解説】この項では、外教徒のことにもどって少し触れている。外教徒たちは、梵天に事えているので、梵天が自ら仏に請うときには、外教徒もこれに信伏するというのである。

7．懺悔・随喜・勧請の三品について

【論】復次《ニ》、菩薩《ノ》法《ハ》、晝《ニ》三時、夜《ニ》三時、常《ニ》行《ズ》二三事《ヲ》一。一者《ツニ》清旦《ニ》偏《ヘニ》袒《ヌギ》二右肩《ヲ》一、合掌《シテ》禮《シテ》二十方《ノ》佛《ヲ》一言《サク》、我某甲、若《クハ》今世、若《クハ》過世、無量劫《ノ》身・口・意《ノ》惡業《ノ》罪《ヲ》、於《テ》二十方現在《ノ》佛前《ニ》一懺悔《シタテマツル》。願《クハ》令《メンコトヲト》三滅除《シテ》、不《ラ》二復《タ》更《ニ》作《ラ》一。中・暮・夜《ノ》三《モ》亦如《シ》レ是《ノ》。二者《ツニ》、念《ジ》二十方三世《ノ》諸佛《ノ》所《ノ》レ行《ジタマフ》功徳、及《ビ》弟子衆《ノ》所《ノ》レ有《スル》功徳《ヲ》一、隨喜《シ》勸助《ス》。三者《ツニ》、勸三請《シ》現在《ノ》十方《ノ》諸佛《ノ》初《メテ》轉《ジタマハンコトヲ》二法輪《ヲ》一、及《ビ》、請《フ》下諸佛《ガ》久《シク》住《シテ》二世間《ニ》一無量劫《ニ》度中脱《シタマワンコトヲ》一切《ヲ》上。菩薩行《ハズレバ》二此《ノ》三事《ヲ》一、功徳無量《ニシテ》轉《タ》近《ヅクナリ》レ得《ルニ》レ佛《ヲ》。以《テノ》レ是《ヲ》故《ニ》須《フ》レ請《ヲ》。

【論】復次に、菩薩の法は、昼に三時、夜に三時、常に三事を行ず。一には清旦に偏えに右の肩を袒ぎ、合掌して十方の仏を礼して言さく、「我、某甲、若くは今世、若くは過世、無量劫の身・口・意の悪業の罪を、十方現在の仏前に於て懺悔したてまつる。願くは滅除して、復た更に作らざらしめんことを」と。中・暮・夜の三も亦是の如し。二には十方三世の諸仏の行じたもう所の功徳、及び弟子衆の有する所の功徳を念じ、随喜し勧助す。三には現在の十方の諸仏の初めて法輪を転じたまわんことを勧請し、及び、諸仏が久しく世間に住して、無量劫に一切を度脱したまわんことを請う。菩薩は此の三事を行ずれば、功徳無量にして転た仏を得るに近づくなり。是を以ての故に請

を須う。

【解説】ここで『大論』は、勧請の項のまとめとして、懺悔・随喜・勧請の三事（三品）を説く。三事（三品）については、まず『三品経』といういきわめて古いいわゆる原始大乗の経典を挙げることができる。これは後漢の霊帝（168-188）のときに安玄が訳出した『法鏡経』（大正一二、一八下）の中に言及されている。『三品経』自体は残っていないが、西暦三〇三年に竺法護が訳した『舎利弗悔過経』がその内容を保存しているといわれている。(1) その内容とは、在家の菩薩が十方諸仏を礼拝するとき、心に念ずることとして、自分が無始以来犯してきた罪を懺悔し、諸仏・菩薩及びあらゆる衆生が積んできた善行を随喜し、十方諸仏に対して入滅することなく衆生のために説法するようにと勧請するということである。そしてこの三品の功徳をあらゆる衆生が仏道を得るために廻施するということが説かれている。

またこれと同時代に西晋の聶道真が訳した『三曼陀跋陀羅菩薩経』という経典の存在がある。そこには、懺悔・随喜・勧請の三品を、サマンタバドラ菩薩すなわち普賢菩薩の所行と位置づけ、しかもそれを一切衆生に施与（すなわち廻向）して須呵摩提（スカバティ）阿弥陀仏刹に生まれさせるということが説かれている。したがってここには、「三品」と「普賢行」が阿弥陀仏信仰と共に説かれているということになる。[2] また『大乗集菩薩学論』（法護・日称等訳）は、ずっと後の七世紀のインドにおいて、Śāntideva（寂天）が著したものであるが、ここでもはっきりとこの三品と普賢行を結びつけて論じられている。[3] そしてこの三品が増拡された形のものが、『普賢行願讃』等に説かれる普賢の十大願で、三品はその第三、第四、第五に相当する。

さらに『十住毘婆沙論』では、三品に「廻向」を加えて四品となり、その四品の順序が、懺悔・勧請・随喜・廻向となっている。『十住毘婆沙論』第十「除業品」（大正二六、四五上〜四七上）では、四品（四功徳）がこの順序で詳しく説示されている。また次の第十一「分別功徳品」（同四七中〜四九中）では、特にその中の懺悔の功徳が強調されている。

三品に廻向を加えて四品となった形のものは、龍樹の真撰とされている『菩提資糧論』巻四の偈（大正三二、五三一上）にも説かれ（この論でも四品の順序が、懺悔・勧請・随喜・廻向となる）、また『大乗荘厳経論』「述求品」[4]（大正三一、六一六中）および「覚分品」（同、六四五上）の世親釈や、『阿毘達磨集論釈』[5]（大正三一、七六四上）にも示される。

さらに、後代の善導の『往生礼讃』（真聖全一・六六五〜六六六頁）（浄聖全一・九三三〜九三五）では、もう一つ「発願」を加えて五品となる。この「発願」の加わった五品の形のものは、『普賢行願讃』において普賢の十大願とは別の箇所で説かれており、したがってその前身である『文殊師利発願経』にも説かれている。

以上が、これら三品、四品、五品といわれる主として在家の菩薩の行法を示した思想の大まかな流れであるが、ここでわれわれが注目しなければならないのは、今この『大論』と『十住毘婆沙論』とが、この三品もしくは四品に関して、非常に類似した叙述をなしているということである。両論の該当箇所に傍線を付して白文の形で対比すると以下のようになる。

A『大論』羅什(四〇五年訳出)

〔経〕能請無量諸仏（大正二五・一〇九中）

〔論〕……復次菩薩法、昼三時夜三時、常行三事。一者、清旦偏袒右肩、合掌礼十方仏言、我某甲、若今世若過世、無量劫身口意悪業罪、於十方現在仏前懺悔。願令滅除不復更作。中暮夜三亦如是。二者、念十方三世諸仏所行功徳及弟子衆所有功徳、随喜勧助。三者、勧請現在十方諸仏初転法輪、及請諸仏久住世間無量劫度脱一切。（同一一〇上）----以上「三品」

〔経〕遊戯出生百千三昧（同一一〇中）

〔論〕……菩薩心生諸三昧、欣楽出入自在、名之為戯。非結愛戯也。戯名自在。如師子在鹿中、自在無畏。故名為戯。（同一一〇下）----以上「菩薩の遊戯」

〔経〕其名曰、颰陀婆羅菩薩、秦言善守。刺名伽羅菩薩、秦言宝積。導師菩薩・那羅達菩薩（同一一〇下）……

〔論〕……復次是中二種菩薩、居家出家。善守等十六菩薩、是居家菩薩。颰陀婆羅居士菩薩、是王舎城旧人。（同一一一上）……

……問曰、善守菩薩有何殊勝最在前説。若最大在前、応説、遍吉・観世音・得大勢菩薩等。若最小在前、応説、肉身初発意等。

答曰、不以大不以小。以善守菩薩是王舎城旧人、白衣菩薩中最大。仏在王舎城、欲説般若波羅蜜、以是故最在前説。復次是善守菩薩、無量種種功徳。如般舟三昧中、仏自現前讃其功徳。（同一一一上）――以上「在家の菩薩」

B『十住毘婆沙論』羅什（四〇八年頃訳出）「分別功徳品」（大正二六・四七中）

問曰、懺悔・勧請・随喜・廻向、応云何作、於昼夜中幾時行。答曰、以右膝著地、偏袒於右肩、合掌恭敬心昼夜各三時。……如三支経除罪業品中説……。――以上「四品」

四法品（同六六下）

何等為四。一者、信解空法、亦信業果報。二者、楽無我法、而於一切衆生生大悲心。三者、心在涅槃、而行在生死。四者、布施為欲成就衆生、而不求果報。――以上「菩薩遊戯」

念仏品（同六八下）

跋陀婆羅、是在家菩薩、能行頭陀。仏為是菩薩、説般舟三昧経。――以上「在家の菩薩」

この両論の対比は、三品・四品に関してばかりではなく、本論のその後に出ている菩薩の遊戯自在の行、そしてそれらがすべて『般舟三昧経』に説かれる在家の菩薩の行法を取り入れたものであることを等を示すためである。先に述べたように、この『大論』の「仏土願釈論」は、『般若経』に説かれる「念無量仏土諸仏三昧常現在前」を釈して、「念仏三昧」が「諸仏現前三昧」すなわち「般舟三昧」であることを説示しているのであるが、それ以降、処々に『般舟三昧経』の所説を引いている（三兄弟と三女人の比喩など）。また最後のところも『般若経』の颰陀婆羅菩薩（善守菩薩）以下、弥勒菩薩まで二十人の菩薩を登場させているが、特にその中の颰陀婆羅菩薩（善守菩薩）を在家の菩薩としてその徳を強調している点、『般舟三昧経』の思想を強く意識しているのが注目される。

ただ、三品に話をもどせば、『般舟三昧経』それ自身においては、三品のうち随喜と勧請は大々的に説かれるが、何故か懺悔（悔過）はあまり詳しく説かれていない。『般舟三昧経』の三巻本では、「請仏品」と「勧助品」（勧助とは随喜のこと）は品として存在するが、懺悔については慚愧という表記でわずかに説かれているにすぎない。『般舟三昧経』の異訳である『大方等大集経賢護分』で見ても同様である。

すなわち『般舟三昧経』三巻本の「授決品」の末尾の偈に、「不貪男女及所有　遠離慢並妻妾　居家修道常慚愧　然後学誦是三昧」（大正十三・九一二中）とある。ここで「是三昧」というのはもちろん般舟三昧のことである。これを『大集経賢護分』では五戒や八戒斎を説いた後に、「不当耽著衆婦妾　勿愛児女及珍財　住優婆塞行羞慚　但当憶持此三昧」（同・八八五下）と言っている。また『賢護分』では「見仏品」の偈の末尾に「成就信慚具三昧　悉捨一切世語言　常以慈心慧他説　要当到斯寂浄地」（同・八七八中）と言うが、これを三巻本では、偈ではない形で「仏言、如阿弥陀仏刹、諸菩薩常見不可計仏。如是菩薩得三昧、以常見不可計仏、所信常有哀心、譬如渇者欲得飲。常有極大慈、棄捐世俗事」などと説くが、三巻本には、慚や愧の文字は見られない。

註（1）『舎利弗悔過経』の該当箇所は以下のようである。「常以平旦・日中・日入・人定・夜半・鶏鳴時、澡漱整衣服、叉手礼拝十方、自在所向当悔過言。（大正二四・一〇九〇上）」本経全体の内容は静谷正雄教授『初期大乗仏教の成立過程』、（一一八—一二六頁）に詳しい。それによれば、『舎利弗悔過経』は大正蔵経では後漢・安世高訳となっているが、これは誤りであって、最も信頼すべき『出三蔵記』は、竺法護が太安二年（三〇三）に訳出したと記載しており、訳語の上から見ても竺法護訳であることは疑いがない、といわれる（同上書一二二頁）。

（2）『三曼陀跋陀羅菩薩経』西晋居士聶道真訳、「三曼陀跋陀羅報文殊師利菩薩、若有善男子善女人欲求菩薩道者、当整衣服昼夜各三稽首十方諸仏、作礼悔過、悔諸所作悪諸所当忍者忍之、諸所当礼者礼之、諸所当願楽者願楽之、諸所当勧請者勧請之、（大正一四・六六六下）……今某施与、令如三曼陀跋陀羅菩薩所行、持是功徳、令一切与、某莫堕泥黎中薜茘禽獣勤苦八悪道中生、皆令生有仏処有菩薩処、皆令生須呵摩提阿弥陀仏刹。（同六六八上）」

――以上下線の部分には、三品が含まれ、それを三曼陀跋陀羅菩薩所行と位置づけ、その功徳をもって一切に施して、須呵摩提阿弥陀仏刹に生まれさせる、と説かれている。

（3）『大乗集菩薩学論』（大正三二・一三〇中）「又最上問経云、昼夜六時著新浄衣、礼敬諸仏常生尊重、次第修作成普賢行。又三聚経説、頭面接足礼敬諸佛、即能懺除一切罪垢。三聚者、謂、懺悔・勧請・随喜福等。」――ここで最上問経とは『郁伽長者所問経』のこと、三聚経とは三品経のことである。別々に挙げられているようであるが、下の梵文によれば、一つのこととして説明されているのがわかる。

“Śikṣāsamuccaya”（『最上問経』（または『最上授所問経』）・Ugradatta-paripṛcchā-sūtra）の引用を含む）

bhadracāryavidhiḥ kāryā vandanādiḥ sadādarāt（25偈,ab句）
āryogradatta-paripṛcchāyāṃ hi trī rātreḥ trir divasasya ca śuceḥ śuci-vastra-prāvṛtasya ca tri-skandhaka-pravartanam uktam /
tatra trayaḥ skandhāḥ pāpadeśanā-puṇyānumodanā-buddhādhyeṣaṇākhyāḥ puṇya-rāśitvāt /（Buddhist Sanskrit Text No.11, by. P. L. Vaidya, p.152, 24行-26行）　恭敬等の

普賢行の儀規を、常に熱心に行うべきである。(25偈,ab)

実に聖なる『郁伽長者所問経(最上授所問経)』には、昼に三回、夜に三回、浄衣を着して身を清めて、三種の修習次第を為すと説かれている。ここで三種というのは、懺悔と福徳の随喜と仏陀への勧請である。功徳の積集となるから。

(4) Mahāyānasūtrālaṃkāra (MSA) 第11章「求法章」(漢訳は第十二「述求品」)に菩薩の四十四種作意を説く中、第七「随修作意」(四種随修)として示される。(第11章62偈の世親釈)

paramabodhi-prāptaye vipakṣe pratipakṣe ca caturvidha-pratipatti-manasikāraḥ/ dānādi-vipakṣāṇāṃ ca mātsaryādInāṃ pratideśanā pratipakṣāṇāṃ ca dānādīnām anumodanā tad-a * dhipateya-dharma-deśanārthaṃ ca buddhādhyeṣaṇā/ tāsāṃ ca bodhau pariṇāmanā/(MSA., S.Levi ed.Rinsen Buddhist Text Series IV-1,p.71,23行-p.72,2行)

無上菩提を得るために、所対治と能対治において、四種の随順の作意がある。まず布施等(の六波羅蜜)によって対治されるところの慳貪に関する懺悔と、また能対治である布施等(の六波羅蜜)を随喜することと、そしてそれに関係する法を説いてもらうために仏に勧請すること、さらにそれらを菩提に廻向することである。

(5) 『大乗阿毘達磨雑集論』巻十四(大正三一・七六四上)「速証(疾)神通(通慧)善巧者、謂日夜六時発露諸悪、随喜功徳、勧請諸仏、廻向善根等。広説如聖者弥勒所問経。」ただしこれを知り得たのは、袴

谷憲昭・荒井裕明校註『大乗荘厳経論』「新国訳大蔵経-瑜伽唯識部12」四二四頁補注による。

8．煩悩論（見と纏）

【經】能《ク》斷《ズ》㆓種種《ノ》見・纏及《ビ》諸《ノ》煩惱《ヲ》㆒。

【経】能く種種の見・纏及び諸の煩悩を断ず。

nānā-dṛṣṭy-anuśaya-paryavasthāna-kleśa-praśamana-kuśalaiḥ

【解説】（菩薩は）種種の見（偏った見解）・随眠（気質・性向）・纏縛（人を支配する感情）といった諸煩悩を鎮めることに巧みである。Mvy. 862に経の原文と全く同じ文が出ている。

【論】見《ニ》有《リ》㆓二種㆒。一《ツニ》者常、二《ツニ》者斷《ナリ》。常見者《ト》見《テ》㆓五衆《ノ》常《ヲ》㆒心《ニ》忍樂《ス》。斷見者《ト》見《テ》㆓五衆《ノ》滅《ヲ》㆒心《ニ》忍樂《ス》。一切《ノ》衆生《ハ》多《ク》墮《ス》㆓此《ノ》二見《ノ》中《ニ》㆒。菩薩《ハ》自《ラ》斷《ジ》㆓此《ノ》二《ヲ》㆒、亦能《ク》除《イテ》㆓一切衆生《ノ》二見《ヲ》㆒、令《ム》㆑處《ラ》㆓中道《ニ》㆒。復《タ》有《リ》㆓二種《ノ》見㆒、有見《ト》無見《トナリ》。復有《リ》㆓三種《ノ》見㆒、一切法忍《ト》、一切法不忍《ト》、一切法亦忍亦不忍《トナリ》。復有《リ》㆓四種《ノ》見㆒、世間常《ト》、世間無常《ト》、世間亦常亦無常《ト》、世間亦非常亦非無常《トナリ》。我及《ビ》世間《ノ》有邊無邊《モ》亦如《シ》㆑是《ノ》。有《リ》㆓死後如去㆒、有《リ》㆓死後不如去㆒、有《リ》㆓

死後如去不如去一、有《リ》二死後亦不如去亦不不如去一。復有《リ》二五種《ノ》見一、身見《ト》、邊見《ト》、邪見《ト》、見取《ト》、戒取《トナリ》。如《キ》レ是《ノ》等《ノ》種種《ノ》諸《ノ》見、乃至六十二見《ヲ》斷《ズ》。如《キ》レ是《ノ》諸《ノ》見《ハ》種種《ノ》因縁《ヨリ》生《ジ》、種種《ノ》智門《ヨリ》觀《ゼラレ》、種種《ノ》師《ノ》邊《ニ》聞《カル》。如《キ》レ是《ノ》種種《ノ》相《ハ》能《ク》爲《リ》二種種《ノ》結使《ト》一、作《ツテ》レ因《ト》、能《ク》與《フ》二衆生《ニ》種種《ノ》苦《ヲ》一。是《ヲ》名《ク》二種種《ノ》見《ト》一。見《ノ》義《ハ》後《ニ》當《ニ》二廣《ク》說《ク》一。

【論】見に二種有り。一には常、二には断なり。常見とは五衆の常を見て心に忍楽す。断見とは五衆の滅を見て心に忍楽す。一切の衆生は多く此の二見の中に堕す。菩薩は自ら此の二を断じ、亦能く一切衆生の二見を除いて、中道に処らしむ。復た二種の見有り、有見と無見となり。復た三種の見有り、一切法忍と、一切法不忍と、一切法亦忍亦不忍となり。復た四種の見有り、世間常と、世間無常と、世間亦常亦無常と、世間亦非常亦非無常となり。我及び世間の有辺無辺も亦是の如し。死後如去有り、死後不如去有り、死後如去不如去有り、死後亦不如去亦不不如去有り。復た五種の見有り、身見と、辺見と、邪見と、見取と、戒取となり。是の如き等の種種の諸の見、乃至六十二見を断ず。是の如き諸の見は種種の因縁より生じ、種種の智門より観ぜられ、種種の師の辺に聞かる。是の如きの種種の相は能く種種の結使と為り、因と作って、衆生に種種の苦を与う。是を種種の見と名く。見の義は後に当に広く説くべし。

【解説】まとめると、以下のようになる。二種の見、①常見、②断見。その基盤となるのが五衆すなわち五蘊である。また二種、①有見、②無見。常断の二見と有無の二見との違いは、概念の広狭の違い。前者は、五蘊すなわち身と心の常住もしくは断滅を執する見、後者は広く有もしくは無に偏する見。三種の見、①一切法を忍ずる、②忍じない、③忍じかつ忍じない。忍とは右の「心に忍楽す」の意か。すなわち「心所忍楽」（『五分戒本』大正二二・一九五中）といい、心に認め欲求すること。四種の見、我（精神的存在者、霊魂）と世間（身体をはじめとする物質的存在を含む）に関して四句分別を用いて見を分類する。すなわち我および世間の常・無常等、あるいは同じく有辺・無辺等、あるいは同じく死後の精神がどこかへ去り往く、去り往かない等である。これが最後に広く六十二見にまとめられている。五種の見とは、①身見（有身見・我有りとする見解）、②辺見（断とか常とかの偏った見解）、③邪見（因果の道理を否定する見解）、④見取見（自己の見解を正しいとする見解）、⑤戒禁取見（正しくない戒にとらわれて涅槃への戒行であると執着すること）である。結と使は、いずれも煩悩の異名。衆生の身心を緊縛するから結といい、衆生を駆使するから使という。

さらにこの項の末尾に「見の義は後に当に広く説くべし」とある「見の義」とは、おそらく巻七十「釈仏母品第四十八之余」（大正二五・五四五中以下）に説かれる「六十二見」のことかと思われる。

『大論』も、このあたりになると、経説の引用部分が大きなスペースを占めるようになるが、『論』もその内容に関して詳しく説明して「六十二見」と名付けている。すなわち『経』の巻十四「仏母品第四十八」（大正八・三二四中以下）をみると、色・受・想・行・識の五蘊中、まず色に依る見として、「神および世間」を①常、②無常、③常亦無常、④非常亦非無常と見る四つの見を数える。「神」とは精神的主体、いわば霊魂の意である。さらにその「神および世間」を受・想・行・識のそれぞれに依って常・無常・常亦無常・非常亦非無常と見る見を合わせて、四×五で、合計二十見となる。この二十が過去の五蘊における見である。つまり過ぎ去ったものに関して、それを常と見たり、無常と見たりして、正見を得ることができないことをいうのである。次に神および世間の①有辺、②無辺、③有辺・無辺、④非有辺・非無辺について、それぞれ五蘊に依る見があると数えて二十見、これが現在の五蘊における見である。現在法に関して有辺と見たり無辺と見たりすることをいう。また次に神および世間が、死後に、①如去、②無如去、③如去・無如去、④非如去・非無如去と見る見が、それぞれ五蘊に依っていると数えて二十見、これが自分の死後すなわち未来に関して起こる見である。以上、三世合計して六十見、それにプラス神と身との一異の二見を加えて六十二見とするのである。

またこれは前に述べた十四無記すなわち十四難ともぴったり重なる。すなわち常・無常等の四見、有辺・無辺等の四見、如去・無如去等の四見を、合わせて十二、それに神と身との一異の二見を加えて十四となるのである。よって小乗のマールンクヤ経等の十四難の所説を受け、それを六十二に増広してまとめたものが、『大論』の六十二見であるといえるのである。

【論】纏《ト》者十纏《アリ》、瞋纏・覆罪纏・睡纏・眠纏・戲纏・掉纏・無慚纏・無愧纏・慳纏・嫉纏《ナリ》。復次《ニ》、一切《ノ》煩惱《ハ》結二繞《スルガ》心《ヲ》一故《ニ》、盡《ク》名《ケテ》爲《ス》レ纏《ト》。煩惱《ト》者能《ク》令《ムルガ》二心《ヲ》煩《ハシ》一、能《ク》作《サ》レ惱《ヲ》故《ニ》名《ケテ》爲《ス》二煩惱《ト》一。煩惱有《ニリ》二二種一。内著《ト》外著《トナリ》。内著《ト》者五見《ト》疑《ト》慢等《ナリ》。外著《ト》者婬・瞋等《ナリ》。無明《ハ》内外共《ナリ》。復有《タリ》二二種《ノ》結一。一《ツニハ》屬《シ》レ愛《ニ》、二《ツニハ》屬《ス》レ見《ニ》。復有《タリ》二三種一。屬《シ》レ婬、屬《シ》レ瞋、屬《ス》レ癡。是《ヲ》名《ク》二煩惱《ト》一。纏《ト》者有人《ノ》言《ク》、十纏《アリト》。有人《ノ》言《ク》、五百纏《アリト》。煩惱《ヲ》名《ク》二一切結使《ト》一。結《ニ》有《リ》二九結一、使《ニ》有《リ》レ七、合《シテ》爲《ス》二九十八結《ト》一。如《シ》二迦旃延子《ノ》阿毘曇義《ノ》中《ニ》說《クガ》一。十纏《ト》九十八結《トヲ》爲《ス》二百八煩惱《ト》一。犢子兒《ノ》阿毘曇《ノ》中《ニハ》、結使《ハ》亦同《ジク》、纏《ニ》有《リト》二五百一。

【論】纏とは十纏あり、瞋纏・覆罪纏・睡纏・眠纏・戯纏・掉纏・無慚纏・無愧纏・慳纏・嫉纏なり。復次に、一切の煩悩は心を結繞するが故に、尽く名けて纏と為す。煩悩とは能く心を煩わし、能く悩を作さしむるが故に名けて煩悩と為す。煩悩に二種有り。内著と外著となり。内著とは五見と疑と慢等なり。外著とは婬・瞋等なり。無明は内外共なり。復た二種の結有り。一は愛に属し、二は見に属す。復た三種有り、婬に属し、瞋に属し、癡に属す。是を煩悩と名く。纏とは有人の言く、十纏ありと。有人の言く、五百の纏ありと。煩悩を一切結使と名く。結に九結有り、使に七有り、合して九十八結と為す。迦旃延子の阿毘曇の義の中に説くが如し。十纏と九十八結とを百八の煩悩と為す。犢子兒の阿毘曇の中には、結使は亦た同じく、纏に五百有りと。

【解説】 梵文の『経』には、見と纏の間に anuśaya（随眠）があるが、漢訳には見えず、『大論』も釈していない。纏（paryavasthāna）も随眠も、ともに煩悩の異名である。特に部派によっては纏を表面に顕れた煩悩、随眠を潜在的な煩悩と区別する場合があるという(1)。

はじめに十纏を挙げ、またこの項の終りの方に、「纏とは有人の言く、十纏ありと」と言っているのは、少し未整理の感がある。『倶舎論』巻二十一「分別随眠品第五之三」（大正二九・一〇九中）には、先に『品類足論』（大正二六・六九三下）の八纏（八随煩悩）を挙げ、さらに「毘婆沙宗」（『婆沙論』四七および五〇）（大正二七・二四二中および二五八下）の二を追加して、十纏としている。本論との対照を示すと以下の通り。

『大論』	『品類足論』	『倶舎論』
十纏	八纏（八随煩悩）	十纏

①瞋纏	①沈	①無慚（自ら恥じず）
②覆罪纏	②掉挙	②無愧（他に恥じず）
③睡纏	③睡眠	③嫉（嫉妬）
④眠纏	④悪作	④慳（吝嗇）
⑤戯纏	⑤嫉	⑤悔（悪作に同じ・，自らの善を悔やむ）
⑥掉纏	⑥慳	⑥眠（心の闇昧）
⑦無慚纏	⑦無慚	⑦掉挙（高ぶった心）
⑧無愧纏	⑧無愧	⑧沈（落ち込んだ心）
⑨慳纏	『婆沙論』二纏	⑨忿（憤慨）
⑩嫉纏	①忿	⑩覆（自らの罪を隠蔽するもの）
	②覆	

この表によって見ると、『倶舎論』の第五の「悔」は、自ら「悔とは即ち悪作なり」（大正二九・一〇九中）といっているから、その十纏は、『品類足論』の八纏に『婆沙論』の二纏をプラスしたものとぴったり合致する。しかるに『大論』では、その悔（悪作）に相当するものが無く、その代わりに戯纏がある。また沈に当るものが無く、その代わりに睡眠を睡と眠の二つに数えている。

次に「煩悩に二種有り。内著と外著となり。内著とは五見と疑と慢等なり。外著とは婬・瞋等なり。無明は内外共なり」とは、これらをすべて合わせると、『倶舎論』巻十九「分別随眠品第五之一」（大正二九・九九上〜中）所説の十随眠（いわゆる十大煩悩）となる。すなわち貪（婬）、瞋（怒）、無明（癡）の三大煩悩に、疑と慢と悪見を加えて六大煩悩（六随眠）（同九八中）となり、この悪見を先に述べた五見（身見・辺見・邪見・見取・戒取）に開いて加えると十大煩悩となるのである。さらに次に出る九結や七使は、以下のごとくに示されている。『倶舎論』巻二十一（大正二九・一〇八下）に、九結＝①愛結、②恚結、③慢結、④無明結、⑤見結、⑥取結、⑦疑結、⑧嫉結、⑨慳結とあり、『雑阿含』（大正二・一二七上）に、七使＝①貪欲使、②瞋恚使、③有愛使、④慢使、⑤無明使、⑥見使、⑦疑使とある。また十纏に九十八結を加えて百八煩悩となる等については、『阿毘曇甘露味論』巻上「陰持入品第五」（大正二八・九六八下）に「三界有百八煩悩。九十八結・十纏是煩悩何処生」とあるが、本論の叙述との関係など詳しいことはわからない。

註（1）　水野弘元『仏教要語の基礎知識』春秋社、二二二頁。

9.『般舟三昧経』の引用（三兄弟の喩）

【論】如《ク》レ是《ノ》諸《ノ》煩惱《ヲ》、菩薩《ハ》能《ク》種種《ニ》方便《シテ》自《ラ》斷《ジ》、亦《タ》能《ク》巧《ニ》方便《シテ》斷《ゼシム》二他人《ノ》諸《ノ》煩惱《ヲ》一。
如《キハ》二佛在《ス》時《ノ》三人《ノ》一、爲《リ》二伯、仲、季一。聞《クナラク》毘耶離國《ニ》姪女人《アリ》、名《ク》二菴羅婆利《ト》一。舍婆提《ニモ》有《リ》二姪女人一、名《ク》二須曼那《ト》一。王舍城《ニモ》姪女人《アリ》、名《ク》二優鉢羅槃那《ト》一。有《リテ》四三人各各、聞《ク》三人《ノ》讚《ズルヲ》二三女人《ハ》端正無比《ナリト》一、晝夜《ニ》專念《シ》心《ニ》著《シテ》不レ捨《テ》。便《チ》於《テ》二夢中《ニ》一夢《ム》二與《ニ》從《フヲ》レ事《ニ》。覺《メ》已《ッテ》心《ニ》念《ズラク》、彼《ノ》女《モ》不レ來《ラ》、我《モ》亦《タ》不レ往《カ》、而《モ》姪事得レ辨《ズルコトヲ》。因《ッテ》レ是《ニ》而悟《レリ》、一切諸法《モ》皆如《キ》レ是《ノ》耶《ト》。於《テ》レ是《ニ》、往《キテ》到《リ》二颰陀婆羅菩薩《ノ》所《ニ》一問《フ》二是《ノ》事《ヲ》一。颰陀婆羅答《ヘテ》言《ク》、諸法《ハ》實《ニ》爾《ナリ》。皆《ナ》從《リテ》レ念《ニ》生《ズト》。如《ク》レ是《ノ》種種《ニ》爲《ニ》二此《ノ》三人《ノ》一方便《シテ》巧《ニ》説《ク》二諸法《ノ》空《ナルヲ》一。是《ノ》時三人即《チ》得《タリ》二阿鞞跋致《ヲ》一。是《ノ》諸《ノ》菩薩《モ》亦《タ》復如《ク》レ是《ノ》、爲《ニ》二諸《ノ》衆生《ノ》一種種《ニ》巧《ニ》説法《シテ》、斷《ズ》二諸《ノ》見・纏・煩惱《ヲ》一。是《ヲ》名《ク》三能《ク》斷《ズト》二種種《ノ》見・纏及《ビ》諸《ノ》煩惱《ヲ》一。

【論】是の如く諸の煩悩を、菩薩は能く種種に方便して自ら断じ、亦た能く巧に方便を以て他人の諸の煩悩を断ぜしむ。

仏在します時の三人の如きは、伯・仲・季たり。聞くならく、毘耶離（ヴァイシャーリー）国に淫女人あり、菴羅婆利（アームラパーリー・アンバパリー）と名く。舍婆提（シュラーヴァスティー）にも淫女人有り、須曼那（スマナー・妙意）と名く。王舍城にも婬女人あり、優鉢羅槃那（ウトパラヴァルナー、蓮華色）と名く。三人各々、人の三女人は端正無比なりと讃ずるを聞く有りて、昼夜に専念し心に著して捨てず。便ち夢中に於て與に事に従うを夢む。覚め已って心に念ずらく、「彼の女も来らず、我も亦往かず、而も淫事辦ずることを得。是に因りて悟れり、一切諸法も皆な是の如きや」と。是に於て、往きて颰陀婆羅（バドラパーラ）菩薩の所に到り、是の事を問う。颰陀婆羅（バドラパーラ）答て言く、「諸法は実に爾なり。皆な念に従りて生ず」と。是くの如く種種に此の三人の為に方便して巧みに諸法の空なるを説くに、是の時三人即ち阿鞞跋致を得たり。是の諸の菩薩も亦復た是くの如く、諸の衆生の為に種種に巧みに説法して、諸の見・纏・煩悩を断ず。是を「能断種種見纏及諸煩悩」と名く。

【解説】この三兄弟の喩は、『般舟三昧経』の引用に拠るものである。すなわち『般舟三昧経』一巻本（大正十三、八九九上）、同三巻本（同、九〇五上〜中）、『大方等大集経賢護分』（同、八七六上）、林純教和訳『チベット訳般舟三昧経』（大東出版）（二一〜二二頁）に出ている。

『般舟三昧経』当面では、いずれのテキストにおいても、三人の男達が、夢を見た後に無上正等菩提を求めて退転しない地位に入り、忍（無生法忍）を悟ること。またこの比喩によって喩えられている菩薩たちが、般舟三昧を具足して阿弥陀仏（無量寿仏）のことを聞き、阿弥陀仏を憶念し、阿弥陀仏に見えることが説かれている。

小玉大圓教授は、「称名念仏の始原」―般舟三昧経を中心に―（『龍谷史壇』八一・八二合併号、昭五八年）という論文において、「淫女のたとえの中での、〈ただ名前と姿と容色を聞いただけで〉というくだりと、仏の観想を説く中での、〈ただかの如来の名号と姿と功徳を聞いただけで〉のくだりとは明らかに対応する。それぞれに引用されている言葉を対照すると次のようになる」と述べられて、女人の側のチベット語の①miṅ（名前）②gzugs（姿）③kha dog（容色）という三語が、仏の側の①mtshan（名号）②gzugs（姿）③yon tan（功徳）という三語に内容として一致する、といわれる。特に①mtshan（名号）は、miṅ（名前）の敬語の形、②のgzugs（姿）は同じ語、③のkha dogは顔のきれいなことを意味するから、仏の功徳と比喩的に内容が一致している、といわれるのである。

しかしながら『大論』においては、比喩の三美人の描写等は『般舟経』とよく似ていても、喩えられる法の内容はかなり異なっている。たしかに三人の兄弟たちが、三美人の夢を見て、颰陀婆羅（バドラパーラ・善守）菩薩の所に赴き、「諸法は爾なり」と聞いて不退転の位に住することを得た、というところまでは似かよっている。しかし、この比喩によって喩えられる諸の菩薩においては、『般舟三昧経』のように、諸仏現前三昧に入りて阿弥陀仏を聞き、阿弥陀仏を念じ、阿弥陀仏に見えることができた、といったことまでは『大論』のこの箇所には出てこないのである。

『大論』が強調するのは、あくまでも諸法の空なることであり、菩薩が諸法の空を知ることによって、自ら見・纏および諸煩悩を断じ、またもろもろの衆生のために種種に説法して、諸見・諸纏を断ぜしめる、ということである。

したがって『大論』がこの比喩を取り入れたねらいは、小玉先生が『般舟経』において指摘されたこととは少々違って、三人の男が、別々の女性に対し、同時に同様の事を夢に見るということで、だれもが必ず体験せねばならない空しさ、といったものを強調することである、と思われる。一つの空間の中で、三人の人が同じ体験をしたと言えば、それだけ起こったことのリアリティが増すのである。『般舟経』が、この次に挙げている喩例では、一人の男が曠野を行くうちに空腹によって眠りに落ち、夢を見てその中で一度満腹になり、さらにもう一度腹を空かせるという物語がでてくる。つまり夢中で事が終わるとすぐに夢から覚めるのではなく、一つの夢の中で何度も同じ経験がなされると示すことによって、現実の人生も夢も同様のリアリティを持つものであること（夢と現実との等価性）が示されている。夢から覚めてもやはり空腹であることに気付いた男は、その時無生法忍を得る。このように得無生法忍とは、一つの空間の中で、自と他との同一を知ること、あるいは一つの時間の中で、有（満腹）と無（空腹）との等価性を知ることである。

いずれにせよ、この『大論』「仏土願釈論」と『般舟三昧経』とは、内容的に非常に密接な関係にあることが知られる。本章のはじめに述べた念仏三昧、念仏三昧により現前に諸仏に見えること、懺悔・随喜・勧請の三品（その中で懺悔は『般舟経』では別扱い）、三人の女性における誘惑と夢（これは直接引用している）、跋陀和菩薩などの対告衆、在家菩薩による一生補処、正法久住の伝持などが共通している。しかし『般舟経』の一巻本、三巻本、『大方広大集経賢護分』に、いずれも登場する無生法忍を得ること、この世で阿弥陀仏（の名）を聞き、阿弥陀仏を憶念し、阿弥陀仏を見て、それによって遂に阿弥陀仏の国に生ずることは、この「仏土願釈論」には出てこない。ただしここでは出てこないけれども、『大論』の他の箇所では頻繁に出るし、ここでも「仏土願」というタイトルが付けられ、先に述べた「浄世界の願（仏国土を浄める願）」が説かれていることから考えると、あるいはそこから進んで願生仏国の意味あいが含意されているのかもしれない。また次章で述べる得無生法忍は、『大論』全体におよぶ主要なテーマの一つである。「釈発趣品」では、いわゆる「般若の十地」のうち、初地、第四地、第七地に登場している。

10・菩薩の遊戯について

【經】遊㆓戯、出㆔生ス百千ノ三昧ニオヒテ㆒。

【論】諸《ノ》菩薩《ハ》、禪定《ノ》心調《ヒ》、清淨《ノ》智慧・方便力《ノ》故《ニ》能《ク》生《ズ》二種種《ノ》諸《ノ》三昧《ヲ》一。何等《ヲカ》爲《スヤ》二三昧《ト》一。善心一處《ニ》住《シテ》不《ル》レ動《ゼ》、是《ヲ》名《ク》二三昧《ト》一。復《タ》有《リ》二三種《ノ》三昧一、有覺有觀《ト》無覺有觀《ト》無覺無觀三昧《トナリ》。復《タ》有《リ》二四種《ノ》三昧一、欲界繫三昧《ト》色界繫三昧《ト》無色界繫三昧《ト》不繫三昧《トナリ》。是《ノ》中、所《ノ》レ用《フル》二菩薩《ノ》一三昧《ハ》如《シ》二先《ニ》說《クガ》一。於《テハ》二佛《ノ》三昧《ノ》中《ニ》一、未《ダ》レ滿《ゼ》、勤行勤修《スルガ》故《ニ》、言《フ》二能《ク》出生《スト》一。

【経】百千の三昧において遊戯、出生す。

原文　samādhi-vikrīḍita-śata-sahasra-nirhāra-kuśalaiḥ

和訳　（菩薩は）三昧によって百千の遊戯（自在なる教化）を引き出すことに巧みである。

【論】諸の菩薩は、禅定の心調い、清浄の智慧・方便力の故に、能く種種の諸の三昧を生ず。何等をか三昧と為すや。善心一処に住して動ぜざる、是を三昧と名く。復た三種の三昧有り、有覚有観と無覚有観と無覚無観三昧となり。復た四種の三昧あり、欲界繫三昧と色界繫三昧と無色界繫三昧と不繫三昧となり。是の中、用いる所の菩薩の三昧は先に説くが如し。仏の三昧の中に於ては、未だ満ぜず、勤行勤修するが故に、「能く出生す」と言う。

【解説】『経』の漢訳は、「遊戯出生百千三昧」となっているので、これを梵文と整合させて矛盾なく読むとすれば、「百千の三昧において遊戯、出生す」とか「三昧において遊戯出生、百千なり」とでも読む他は無いことになる。

ここにまず三昧の一般的な定義が出ている。三昧とは善心が一処に住して動じないことである、というのである。

次に三種の三昧と四種の三昧が出ているが、この二つは互いに意味の領域が重なっている。すなわち欲・色・無色の三界における三昧で、もともとは小乗有漏の三昧である。有覚有観、無覚有観、無覚無観の三三昧とは、それぞれ『倶舎論』巻二八「分別定品第八之二」（大正二九・一四九下）所説の「有尋有伺三摩地（savitarka-savicāra-samādhi）」「無尋唯伺三摩地（avitarka-vicāra-mātra-samādhi）」「無尋無伺三摩地（avitarka-avicāra-samādhi）」に当る。覚・観は旧訳の用語、尋・伺は新訳の用語である。

この三三昧と三界との関係は、『倶舎論』同品（大正二九・同右）に次のように示される。

論じて曰く、有尋有伺三摩地とは、謂わく、尋・伺と相応する等持なり。此れ初静慮及び未至の摂なり。無尋唯伺三摩地とは、謂わく、唯だ伺とのみ相応する等持なり。此れ即ち静慮中間地の摂なり。無尋無伺三摩地とは、謂わく、尋・伺と相応するに非ざる等持なり。此れ第二静慮の近分より、乃至、非想非非想の摂なり。

つまり、有尋有伺三摩地とは、心作用としての尋（粗なる表象作用）と伺（微細な表象作用）がまだ残っている三昧で、初静慮すなわち色界第一の初禅天の根本定とその未至定をいう。また無尋唯伺三摩地とは、伺のみ残っている三昧で、初禅天の根本定と第二禅天の近分定の中間にある定（初禅天最後の大梵天の果報）をいう。さらに無尋無伺三摩地とは、尋・伺の心作用がともに止息した禅定で、第二禅天以上、無色界の非想非非想処に至るまでの七根本定と七近分定をいう。

これらの用語についてさらに説明すると、色界の四静慮（初禅天から第四禅天までの定）と無色界の四無色定において、それぞれ修惑を抑えて得る八近分（ごんぶん）定と修惑を断じて得る八根本定がある。初禅の定を得るための準備段階の禅定を特に未至定といい、他の禅定の場合の準備段階の定である近分定と区別する。また初禅天と第二禅天の中間にある定、これのみを特に中間（ちゅうげん）定と呼ぶ。八解脱（八背捨）あるいはその依処である八勝処もすべてこれらに関係する。『観無量寿経』中上品に出る。

さらに、次に説かれる四種の三昧であるが、そのうち色界繫三昧と無色界繫三昧とは、それぞれ色界に属する三昧、無色界に属する三昧の意であるから、右にいう有尋有伺・無尋唯伺・無尋無伺の三三昧とその意味の領域が重なる。不繫三昧はそれより高度の三昧で、要するに無漏の三昧である。欲界繫三昧とは、欲界に属する三昧であるが、これには種種の異説があり、欲界には散乱した心しか無いから禅定は無く、欲界定とは右の未至定を指すという説、あるいは欲界にも多少の定心はあるから、それを欲界定と名付けるという説などがある。

この項の最後に「用いる所の菩薩の三昧は先に説くが如し」と説かれるのは、ここで述べてきた三種三昧や四種三昧は、主として小乗の三昧であるから、菩薩の三昧ということになれば、この「仏土願釈論」で先に説かれた念仏三昧や、空・無相・無作の三三昧ということになるのであろう。それが仏の三昧としてはまだ満足されていないので、さらに勤修すべき点から、菩薩はその三昧を「能く出生す」というのである。

【論】問曰、諸《ノ》菩薩《ハ》、何以《ヲテノ》故《ニ》、出二生《シ》遊三戯《スルヤ》是《ノ》百千種《ノ》三昧《ヲ》一。
答曰、衆生無量《ナレバ》、心行不レ同《ジカラ》。有《リ》レ利有《リ》レ鈍、於《テ》二諸《ノ》結使《ニ》一、有《リ》レ厚《キ》有《リ》レ薄《キ》、是《ノ》故《ニ》菩薩《ハ》行《ジ》二百千種《ノ》三昧《ヲ》一、斷《ズ》二其《ノ》塵勞《ヲ》一。譬《ヘバ》如《シ》丁為《ニ》二諸《ノ》貧人《ノ》一欲《セバ》レ令《メムト》二大富《ナラ》一、當《ニ》丙《キガ》備《ヘ》二種種《ノ》財物《ヲ》一、一切備具《シテ》、然《ル》後乃《チ》能《ク》濟《フ》乙諸《ノ》貧者《ヲ》甲。又復《タ》如《シ》下人《ノ》欲《セバ》三廣《ク》治《セント》二諸病《ヲ》一、當《ニ》備《ヘテ》二種種《ノ》衆藥《ヲ》一、然《ル》後《ニ》能《ク》治《スルガ》上。菩薩亦《モ》如《ク》レ是《ノ》、欲《スルガ》三廣《ク》度《セント》二衆生《ヲ》一故《ニ》、行《ズ》二種種百千《ノ》三昧《ヲ》一。

【論】問曰、諸の菩薩は、何を以ての故に、是の百千種の三昧を出生し遊戯するや。

答曰、衆生無量なれば、心行同じからず。利有り鈍有り、諸の結使に於て、厚き有り薄き有り、是の故に菩薩は百千種の三昧を行じ、其の塵労を断ず。譬えば諸の貧人の為に大富ならしめんと欲せば、当に種種の財物を備え、一切を備具して、然る後乃ち能く諸の貧者を済うべきが如し。又復た人の広く諸病を治せんと欲せば、当に種種の衆薬を備えて、然る後に能く治するが如し。菩薩も亦是の如く、広く衆生を度せんと欲するが故に、種種百千の三昧を行ず。

【解説】この項の『論』の説明を見ると、最初のところの漢文は、「問曰、諸菩薩、何以故、出生遊戯是百千種三昧」となっているので、ここの解釈は、「菩薩は（衆生のために）、百千種の三昧を出生し遊戯する」と読むしかないことになる。つまり『経』においては、「出生」（nirhāra＝Engl. taking out, extracting）とは、菩薩が自らの三昧から種種の遊戯神通の力を引き出すことであるが、『論』では、種種の三昧そのものを引き出すという意味になっている。

いずれにせよ、ここからまた問答が始まる。菩薩は何のために種種の三昧を行ずるのかといえば、菩薩は衆生の機根に応じて、種種の智慧を蓄え、種種の方便力を備え、衆生の塵労（煩悩のこと；色・声・香・味・触・法の六塵が心に労苦を起こさせること）を断ずるために、三昧を行ずるというのである。

【論】問曰、但《ダ》當《ニ》三出二生《ス》此《ノ》三昧《ヲ》一、何《ヲ》以《テノ》故《ニ》復《タ》遊二戯《スルヤ》其《ノ》中《ニ》一。

答曰、菩薩、心《ニ》生《ジ》二諸《ノ》三昧《ヲ》一、欣樂《シテ》出入自在《ナルヲ》、名《ケテ》レ之《ヲ》為《ス》レ戯《ト》。非《ザル》二結愛《ノ》戯《ニハ》一也。戯《ヲ》名《ク》二自在《ト》一。如《シ》下師子《ハ》在《ッテ》二鹿《ノ》中《ニ》一、自在《ニ》無《キガ》上畏。故《ニ》名《ケテ》為《ス》レ戯《ト》。是《ノ》諸《ノ》菩薩《ハ》、於《テ》二諸《ノ》三昧《ニ》一、有《ッテ》二自在力《一》、能《ク》出《デ》能《ク》入《ルコトモ》亦能《ク》如《シ》レ是《ノ》。餘人《ハ》於《テ》二三昧《ノ》中《ニ》一、能《ク》自在《ニ》入《レドモ》、不レ能《ハ》二自在《ニ》住《シ》自在《ニ》出《ヅルコト》一。有《ルモ》二自在《ニ》住《スルモノ》一、不レ能《ハ》二自在《ニ》入《リ》自在《ニ》出《ヅルコト》一。有《ルモ》二自在《ニ》出《ヅルコト》一、不レ能《ハ》二自在《ニ》住《シ》自在《ニ》入《ルコト》一。有《ルモ》二自在《ニ》入《リ》自在《ニ》住《スルコト》一、不レ能《ハ》二自在《ニ》出《ヅルコト》一。有《ルモ》二自在《ニ》住《シ》自在《ニ》出《ヅルコト》一、不レ能《ハ》二自在《ニ》入《ルコト》一。是《ノ》諸《ノ》菩薩《ハ》能《ク》三種自在《ナルガ》故《ニ》、言《フ》四遊二戯、出三生《スト》百千《ノ》三昧《ニオヒテ》一。

【論】問曰、但だ当に此の三昧を出生すべし、何を以ての故に復た其の中に遊戯するや。

答曰、菩薩、心に諸の三昧を生じ、欣楽して出入自在なるを、之を名づけて戯と為す。結愛の戯には非ざるなり。戯を自在と名く。師子は鹿の中に在って、自在に畏なきが如し。故に名けて戯と為す。是の諸の菩薩は、諸の三昧に於て、自在力有って、能く出で能く入ることも、亦復た是の如し。余人は三昧の中に於て、能く自在に入れども、自在に住し自在に出づること能わず。自在に住するもの有るも、自在に入り自在に出づること能わず。自在に出づること有るも、自在に住し自在に入ること能わず。自在に入り自在に住すること有るも、自在に出づること能わず。自在に住し自在に出づること有るも、自在に入ること能わず。是の諸の菩薩は能く三種自在なるが故に、「百千の三昧において遊戯、出生す」と言う。

【解説】第二の問答で、「遊戯」の意義を問う。遊戯とは、衆生の教化において、出入自在であること、もしくは出・入・住の三が自在であることをいう。「菩薩の遊戯」は、華厳経典にもよく登場するタームであって、例えば唐訳『八十華厳』「離世間品」には、「涅槃界に於て生死の身を示現して而も生死に著せず、是れ菩薩の遊戯なり。生死界に於て、涅槃を示現して亦た究竟して涅槃に入らず、是れ菩薩の遊戯なり。三昧に入りて而も行住坐臥の一切の業を示現し、亦た正受三昧を捨てず、是れ菩薩の遊戯なり」（大正十・二九五中）と説かれている。また「師子は鹿の中に在って、自在に畏なきが如し」という喩例は、『論註』巻下の、「遊戯に二の義あり。一には自在の義、菩薩、衆生を度することは、譬えば、師子の鹿を搏つに、所為難らざるが如し。遊戯のごとし」という箇所に受け継がれている。

11・『般若経』の対告衆について

【經】諸ノ菩薩ハ如キレ是ノ等ノ無量ノ功徳ヲ成就ス。

【経】諸の菩薩は是の如き等の無量の功徳を成就す。

【解説】梵文に相当部分無し。また漢訳も聖語蔵本には「諸菩薩」の語無し。したがってここで、「是の如き等の無量の功徳を成就す」と言うのは、ここまでの全体を補って、菩薩の諸々の功徳をまとめる漢訳のみの表現かと思われる。

【論】是《ノ》諸《ノ》菩薩《ハ》共《ニ》レ佛《ト》住《シ》、欲《スルモ》レ讃《ゼント》二其《ノ》功德《ヲ》一無量億劫《ニシテ》不レ可《カラ》レ得レ盡《スコトヲ》。以《テノ》レ是《ヲ》故《ニ》言《フナリ》二無量《ノ》功德《ヲ》成就《スト》一。

【論】是の諸の菩薩は仏と共に住し、其の功徳を讃ぜんと欲するも無量億劫にして尽くすことを得べからず。是を以ての故に、「無量の功徳を成就す」と言うなり。

【解説】右に述べたように、もし『経』のこの部分が漢訳にしかないなら、その釈である『論』のこの部分は、龍樹菩薩の作ではありえないことになる。

また『論』の叙述だけで考えるなら、「菩薩が、仏と共に住し、その仏の功徳を讃ぜんと欲しても、無量億劫を経てなお讃じ尽くすことができない」という意となり、その解釈のほうがよほどしっくりする。しかしそれだと、次の「是を以ての故に、無量の功徳を成就すと言うなり」という語と合わない。『経』には、「諸菩薩が無量の功徳を成就す」とあるからである。

したがって、妥当な解釈としては、これらの諸の菩薩は、この後にも出るように、仏と共に耆闍崛山中に住するほどの上首の菩薩であるから、われわれ、もしくは『大論』の著者が、それらの菩薩の功徳を讃嘆しようと欲しても、無量億劫を経てもなお讃嘆し尽くすことができない。故に「無量の功徳を成就す」と言うのである、という意味に理解するしかないことになる。しかしそれでもあまり釈然とはしない。

【經】其《ノ》名《ヲ》曰《フ》二颰陀婆羅菩薩（秦言善守）・刺那伽羅菩薩（秦言寶積）・導師菩薩・那羅達菩薩・星得菩薩・水天菩薩・主天菩薩・大意菩薩・益意菩薩・増意菩薩・不虚見菩薩・善進菩薩・勢勝菩薩・常勤菩薩・不捨精進菩薩・日藏菩薩・不缺意菩薩・觀世音菩薩・文殊尸利菩薩（秦言妙徳）・執寶印菩薩・常擧手菩薩・彌勒菩薩《ト》一。如《キ》レ是《ノ》等《ノ》、無量千萬億那由他《ノ》諸菩薩摩訶薩《ハ》、皆是《レ》補處《ニシテ》紹《グ》二尊位《ヲ》一者《ナリ》。

【経】其の名を①颰陀婆羅菩薩（Bhadrapāla）（秦に善守と言う）②刺那伽羅菩薩（Ratnākara）（秦に宝積と言う）③導師菩薩（Sārthavāha）④那羅達菩薩（Naradatta）⑤星得菩薩（Śubhagupta）⑥水天菩薩（Varuṇadatta）⑦主天菩薩（Indradatta）⑧大意菩薩（Uttaramati）⑨益意菩薩（Viśeṣamati）⑩増意菩薩（Vardhamānamati）⑪不虚見菩薩（Amoghadharśin）⑫善進菩薩（Susaṃprasthita）⑬勢勝菩薩（Suvikrāntavikrāmin）⑭常勤菩薩（Nityodyukta）⑮不捨精進菩薩（Anikṣiptadhūra）⑯日蔵菩薩（Sūryagarbha）⑰不欠意菩薩（Anupamacintin）⑱観世音菩薩（Avalokiteśvara）⑲文殊尸利菩薩（Mañjuśrī）（秦に妙徳と言ぅ）⑳執宝印菩薩（Ratna-mudrāhasta）㉑常挙手菩薩（Nityotkṣiptahasta）㉒弥勒菩薩（Maitreya）と曰ぅ。是の如き等の、無量千万億那由他の諸の菩薩摩訶薩は、皆是れ補処にして尊位を紹ぐ者なり。

【解説】ここに『般若経』の対告衆である二十二菩薩の名が挙げられる。梵文と対照すると、右のように二十二菩薩すべて対応するが、⑤の星得菩薩（Subhagupta）と、⑥の水天菩薩（Varuṇa-datta）が梵文では語順が逆になっているのと、梵文にあるMahāsthāmaprāpta（大勢至菩薩）とVajramati（金剛意菩薩？）が漢訳には無い。

またこの二十二菩薩の中に、『般舟三昧経』に登場する八人の在家の菩薩（八大菩薩）、および正依の『無量寿経』「証信序」や『法華経』等に登場する十六人の在家の菩薩（十六正士）がほとんどすべて含まれる。表にすれば以下の如し。

『般若経』	『梵文法華経』ケルン&南条本,p.3,l.10～		『般舟経三巻本』
①颰陀婆羅菩薩（Bhadrapāla）	Bhadrapāla	すぐれた守護者	颰陀和菩薩
②刺那伽羅菩薩（Ratnākara）	Ratnākara	宝を生じるところ	羅隣那竭菩薩
③導師菩薩（Sārthavāha）	Susārthavāha	善き商隊長（導師）	摩訶須薩和菩薩
④那羅達菩薩（Naradatta）	Naradatta	祖先から授かった	那羅達菩薩
⑤星得菩薩（Śubhagupta）	Guhyagupta	グハ神から授かった	憍曰兜菩薩
⑥水天菩薩（Varuṇadatta）	Varuṇadatta	ヴァルナ神から授かった	和輪調菩薩
⑦主天菩薩（Indradatta）	Indradatta	インドラ神から授かった	因坻達菩薩
⑧大意菩薩（Uttaramati）	Uttaramati	最上の智慧のある	※須深（Susīma）
⑨益意菩薩（Viśeṣamati）	Viśeṣamati	すぐれた智慧のある	菩薩は『般若経』
⑩増意菩薩（Vardhamānamati）	Vardhamānamati	増大する智慧のある	『法華経』に
⑪不虚見菩薩（AmoghadharSin）	Amoghadharśin	実りのある見解	見当たらない
⑫善進菩薩（Susaṃprasthita）	Susaṃprasthita	端然として坐す	
⑬勢勝菩薩（Suvikrāntavikrāmin）	Suvikrāntavikrāmin	きわめて勇敢に敵を討つ	
⑭常勤菩薩（Nityodyukta）			

⑮不捨精進菩薩（Anikṣiptadhūra）
⑯日蔵菩薩（Sūryagarbha）　Sūryagarbha　太陽を孕む
⑰不欠意菩薩（Anupamacintin）　Anupamamati　並ぶものなき智慧のある
Dharaṇidhara　陀羅尼を保つ（この菩薩は『般若経』に無し）
⑱の観世音菩薩（Avalokiteśvara）以下は、『大論』の説明によれば、他方仏土より来った菩薩、あるいは出家の菩薩であるから、対照表から除く。

【論】如《キ》レ是《ノ》等《ノ》諸《ノ》菩薩《ハ》、共《ニ》レ佛《ト》住《ス》ニ王舍城《ノ》耆闍崛山《ノ》中《ニ》一。

問曰、如《キ》レ是《ノ》菩薩《ハ》衆多《ナリ》、何《ヲ》以《テカ》 獨《リ》説《クヤ》ニ二十二菩薩《ノ》名《ヲ》一。

答曰、諸《ノ》菩薩《ハ》無量千萬億《ニシテ》、説《ヒテ》 不レ可《カラ》レ盡《クス》。若《シ》都《テ》説《カ》者、文字《ノ》所《ナリ》レ不《ル》レ能《ハ》レ載《スルコト》。復次《ニ》、是《ノ》中《ニ》、二種《ノ》菩薩《アリ》、居家《ト》出家《トナリ》、善守等《ノ》十六《ノ》菩薩《ハ》、是《レ》居家《ノ》菩薩《ナリ》。颰陀婆羅居士菩薩《ハ》、是《レ》王舍城《ノ》舊人、寶積王子菩薩《ハ》、是《レ》毘耶離國《ノ》人、星得長者子菩薩《ハ》、是《レ》瞻波國《ノ》人、導師居士菩薩《ハ》、是《レ》舍婆提國《ノ》人、那羅達婆羅門菩薩《ハ》、是《レ》彌梯羅國《ノ》人、水天《ハ》優婆塞《ノ》菩薩《ナリ》。慈氏・妙徳菩薩等《ハ》、是《レ》出家《ノ》菩薩《ナリ》。觀世音菩薩等《ハ》、從《リ》ニ他方《ノ》佛土一來《レリ》。若《シ》説《カバ》ニ居家《ヲ》一攝《ス》ニ一切《ノ》居家《ノ》菩薩《ヲ》一。出家《ト》他方《トモ》 亦如《シ》レ是《ノ》。

問曰、善守菩薩《ハ》有《リテ》ニ何《ノ》殊勝一最《モ》在《ラシメテ》レ 前《ニ》説《クヤ》。若《シ》最大《ナルモノヲ》 在《ラシムルナラバ》レ 前《ニ》、應《ニ》《シ》レ説《ク》ニ遍吉・觀世音・得大勢

菩薩等《ニ》一。若《シ》最小《ナルモノヲ》在《ラシムルナラバ》レ前《ニ》、應《シ》レ説《ク》二肉身《ニシテ》 初發意《ナル》 菩薩等《ニ》一。

答曰、不レ以《テセ》レ大《ヲ》不レ以《テセ》レ小《ヲ》、以《テナリ》二善守菩薩《ハ》是《レ》王舍城舊人《ノ》、白衣菩薩《ノ》中《ニテ》 最大《ナルヲ》一。佛、在《シテ》二王舍城《ニ》一、欲《ス》レ説《キタマハント》二 般若波羅蜜《ヲ》一。以《テノ》レ是《ヲ》故《ニ》最《モ》在《ラシメテ》レ 前《ニ》説《クナリ》。

復次《ニ》、是《ノ》善守菩薩《ハ》無量《ノ》種種《ノ》功徳《アリ》。如《ク》二般舟三昧中《ノ》一《ノ》、佛、自《ラ》現前《ニ》讃《ジタマヘリ》二 其《ノ》功徳《ヲ》一。

問曰、若《ごときハ》二 彌勒菩薩《ノ》一應《シ》レ稱《ス》二補處《ト》一。諸餘《ノ》菩薩《ハ》、何《ヲ》以《テカ》 復《タ》言《フヤ》下紹《グ》二尊位《ヲ》一者《ト》上。

答曰、是《ノ》諸《ノ》菩薩《ハ》、於《テ》二十方《ノ》佛土《ニ》一皆《ナ》補《セバナリ》二 佛處《ヲ》一。

【論】是の如き等の諸の菩薩は、仏と共に王舎城の耆闍崛山の中に住す。

問曰、是の如きの菩薩は衆多なり、何を以てか独り二十二菩薩の名を説くや。

答曰、諸の菩薩は無量千万億にして、説いて尽くすべからず。若し都て説かば、文字の載すること能わざる所なり。

復次に、是の中に、二種の菩薩あり、居家と出家となり。善守等の十六の菩薩は是れ居家の菩薩なり。颰陀婆羅居士菩薩は是れ王舎城の旧人、宝積王子菩薩は是れ毘耶離国の人、星得長者子菩薩は是れ瞻波國の人、導師居士菩薩は是れ舍婆提国の人、那羅達婆羅門菩薩は是れ弥梯羅国の人、水天は優婆塞の菩薩なり。慈氏・妙徳菩薩等は是れ出家の菩薩なり。観世音菩薩等は他方の仏土従り来れり。若し居家を説かば一切の居家の菩薩を摂す。出家と他方とも亦是の如し。

問曰、善守菩薩、何の殊勝有りて最も前に在らしめて説くや。若し最大なるものを前に在らしむるならば、応に遍吉・観世音・得大勢菩薩等に説くべし。若し最小なるものを前に在らしむるならば、応に肉身にして初発意なる菩薩等に説くべし。

答曰、大を以てせず小を以てせず、善守菩薩は是れ王舍城の旧人、白衣の菩薩の中にて最大なるを以てなり。仏、王舍城に在して、般若波羅蜜を説きたまわんと欲す。是を以ての故に最も前に在らしめて説くなり。

復次に、是の善守菩薩は無量の種種の功徳あり。般舟三昧の中の如く、仏、自ら現前に其の功徳を讃じたまえり。

問曰、弥勒菩薩の若《ごと》きは応に補処と称すべし。諸余の菩薩は、何を以てか復た尊位を紹ぐ者と言うや。

答曰、是の諸の菩薩は、十方の仏土に於て皆な仏処を補せばなり。


【解説】以上が『般若経』の対告衆である二十二菩薩に関する本論の説明であるが、これらは明らかに『法華経』や『般舟三昧経』の所説を参照しながらなされている。なぜなら「二十二菩薩の名を説く」といいながら「善守等の十六の菩薩」といって、『法華経』等に出る「十六正士」の十六という数を意識しているからである。

また本論は、善守等の六人の菩薩の出身地や来歴を挙げているが、その六人全部が『般舟三昧経』の対告衆である八大菩薩に含まれており、その出身地も両経一致している。両経の説処が王舎城であるから、その対告衆の中心人物である善守すなわち颰陀婆羅菩薩がともに王舎城の人とあるのは当然としても、宝積王子すなわち刺那伽羅菩薩は毘耶離国（ヴァイシャーリー）の人、星得長者の子は瞻波国（チャムパー）の出身、導師居士は舎婆提国（シュラーヴァスティー）の人と、ここまで両経一致している。次の那羅達婆羅門菩薩は本論では弥梯羅国（ミティラー）の人、『般舟経』では波羅斯大国（バーラーナシー）の出身となっており、また水天は本論では単に「優婆塞の菩薩なり」というのみであるが、『般舟経』では沙祇大国（サーケータ）の出身になっている。このように若干の違いはあるにしても、本論による『般若経』の対告衆の説明が、『般舟三昧経』に拠っていることは明らかである。したがって、ここで「是の善守菩薩は無量の種種の功徳あり。般舟三昧の中の如く、仏、自ら現前に其の功徳を讃じたまえり」といい、善守菩薩の無量の功徳を讃え、それを「般舟三昧の中の如く」というのは、これを「『般舟三昧経』に説くが如く」という意味に解することができる。

『般舟三昧経』三巻本は、支婁迦讖によって、西暦一七九年に漢訳されたというのが定説となっている。その中、巻中「授決品」（大正十三・九一一上）には、以下のような興味ある内容が説かれている。

①仏、颰陀和菩薩に告げたまわく、我、般涅槃の後、是の三昧は当に現在すること四十歳。其の後復た現ぜず。却って後、乱世に仏経且く断ぜんと欲する時、諸比丘復た仏教を承用せず。然して後、乱世の時、国国相い伐たん。是の時に於て、是の三昧、当に復た閻浮利の内に現ずべし。仏の威神を用いるが故に、是の三昧経復た出を為すと。

②颰陀和菩薩・羅隣那竭菩薩、坐より起ちて衣服を正し、仏前に叉手して仏に白さく、仏、般涅槃の後、乱世の時、我が曹（ともがら）共に是の三昧を護り、是の三昧を持ち、具足して人の為に之を説き、是の経巻を聞かしめて、厭極有ること無からんと。

③時に摩訶須薩和菩薩、憍曰兜菩薩、那羅達菩薩、須深菩薩、因坻達菩薩、和輪調菩薩、共に仏に白して申さく、仏、般泥洹し去って、却って後、乱世の時、是の経巻をば、我が輩（ともがら）自ら共に護持し、仏道をして久しく在らしめん。其の未だ聞かざる者有らば、我が輩、当に共に為に説いて是の深経を教授すべし。世間に信ずる者有ること少なからんも、我が曹（ともがら）は悉く之を受けんと。

④時に五百人、坐より起つ。比丘・比丘尼・優婆塞・優婆夷、皆仏前に叉手して、往きて仏に申さく、仏般泥洹の後、乱世の時、是の三昧を聞て、悉く自ら持護し願持せん。我ら五百人、是の八菩薩に嘱累すと。

⑤時に仏、笑みて口中より金色の光を出し、十方不可計の仏国に至って悉く照明し、還りて身を遶ること三匝して、頭上より入れり。

ここには、釈尊の懸記の形で、颰陀和菩薩（善守菩薩または賢護菩薩）、羅隣那竭菩薩（宝生処菩薩）など八人の在家の菩薩たちが、乱世において国々が相争い仏教が用いられなくなった時に、この経を授けられ、仏前において般舟三昧を行じ、仏道の久住を願うということが説かれている。

これは、先の「三品」の中の「勧請」において、菩薩が仏の寿命の延長を願い、法輪を転ずることを請うということにも関係する。

この経説を五段に分けてみると、①は釈尊自らの懸記・仏涅槃の後、四十年はこの般舟三昧は廃れないが、その後現れず、さらに後（この間を隋訳『大方等大集経賢護分』では「五百年の末一百歳の中」（大正十三・八八四中）としている）仏経断ぜんとする時、諸比丘が仏教を用いなくなり、さらに乱世の時、国々が相争っている時に、この三昧が現れ、仏の威神力によってこの経が再び用いられるようになるであろうと仏が当来を予告される。②は仏前において、颰陀和菩薩・羅隣那竭菩薩という二人の在家の菩薩が、仏の懸記に基づいて、この三昧およびこの三昧経を護り保持し衆生に聞かしめることにおいて厭倦なきことを誓う。③は八菩薩の残りの六人が、同様に誓う。④はさらに五百人の比丘・比丘尼・優婆塞・優婆夷が、同様に誓う。⑤は仏笑みて口中より金色の光を放ち、十方不可計の仏国を照らし、その光が還ってきて仏の身体を遶ること三匝して頭上より入ると説かれる。これは『無量寿経』「往観偈」の一節(1)を彷彿とさせるが、ただここでは仏とは釈尊、「往観偈」では弥陀仏という違いは残されていると思われる。

ここで『大論』の叙述にもどれば、この「仏土願釈論」は、まず冒頭、菩薩が無量の仏土を念じ、つづいて念仏三昧として、無量の諸仏の常現在前を念じるところから始まる。それは釈尊滅後、無仏の世に刀杖の時代を経てきた仏教徒たちが、仏の威神力を受けて、経巻を保持し、新たな信仰を産み出して、再び仏道を歩み始める、というこの『般舟三昧経』の精神を受けたものと考えられる。随訳『大集経賢護分』に説く「五百年」というのは、望月信亨博士『国訳一切経』「解題」では、バクトリアのデメトリウス王の北インド侵入からその後の塞迦族および大月氏の侵入へと続く西暦紀元前後のことといわれ、大乗仏教興起の時期とピッタリ重なる。

最後に一生補処の菩薩を、弥勒菩薩のみでなく、それ以外の諸菩薩もそうであるとしている点であるが、『大論』では常にそのような扱いをしているようである。例えば巻三十三「初品中到彼岸

義」第五十（大正二五・三〇三中）には、

大眷属とは、舎利弗・目揵連・摩訶迦葉・須菩提・迦旃延・富楼那・阿泥盧豆等の諸聖人、及び弥勒・文殊師利・颰陀婆羅の諸の阿毘跋致・一生補処の菩薩等なり。是を大眷属と名く。

と述べている。これらの諸菩薩は、みな「尊位を紹《つ》ぐ者」、すなわち釈迦仏の後を継ぐものとされる。颰陀婆羅等の在家の菩薩も同様に、阿毘跋致の菩薩、特にその中の一生補処の菩薩とされている。なぜなら、その問答にあるように、これらの諸菩薩はみな、十方の仏土において、すなわち十方の仏土に生じて「仏処を補す」位を得ているからである。つまりすでに仏土にあって、あと一生の後に必ず仏となる菩薩たちなのである。

註（1）　応時無量尊　動容発欣笑　口出無数光　偏照十方国　廻光囲繞身　三帀従頂入（浄聖全一・四五）

付論一、念仏三昧について

1. 念仏三昧という用語

まず念仏三昧という用語そのもの、あるいはそのもとにある念仏三昧の思想の、成立過程および意味の変遷について、考えなければならない。

念仏三昧という語の原語は、本経によれば、例えば、巻十「法称品」（大正八・二九二中）に、「是善男子善女人行般若波羅蜜、亦応以法相、修念仏三昧」とあって、その原文は、

tena kulaputreṇa vā kuladuhitrā vā prajñāpāyāṃ caratā buddhānusmṛtir bhāvayitavyā.

(T. KIMURA, Skt. Text II・III, p. 96, ll. 21–22)

となっているので、念仏三昧の原語は、buddha-anusmṛti であって、そこに特に三昧（samādhi）という語は付加されていないことが知られる。

櫻部健博士は念仏三昧という語について精査され、この『般若経』「法称品」と、晋訳『華厳経』のチベット訳から buddha-anusmṛti を想定された上で、次のように述べられる。

「buddha-anusmṛti はその本質として三昧であり、また三昧に入る門とも見なされるのであるから、それが「念仏三昧」と訳されること自体に不審はないといってよいけれども、幾人もの訳者が、期せずして斉しく、ことさらに原文に無い三昧の語を附加する訳し方をとっているとすれば、その事実はやはり注目すべきものである」と（「念仏三昧という語について」『増補 仏教語の研究』一五五頁）。

つまり、念仏と三昧という二つの語は、ある意味で同義語であって、buddha-anusmṛti は、単に念仏と訳すのが普通であるけれども、そこに三昧という同種の語を付すことによって、意味を補強したものと考えることができるので、もともとそこに、samādhi という原語があったと想定する必要はないということである。

この『大論』には、「念仏三昧」という語は、全部で二十箇所にわたり、三十五回登場する。そのうち経に出るのは、右に挙げた『般若経』「法称品」一箇所のみである。

しかるに、いまわれわれが見ている『大論』「仏土願釈論」では、所釈の『般若経』の語として、「念無量仏土諸仏三昧常現在前」（大正二五・一〇八下）とあり、その原語は、

asaṃkhyeya-lokadhātu-buddhānusmṛti-samāhita-satatasamitābhimukhī-bhūtair

（T. KIMURA Skt. Text I-1, p. 1, ll. 28–29）となっている。よって、原語の複合語を解釈しな

がら、漢訳語と対照しつつ和訳してみると、「無量の仏土（asaṃkhyeya-lokadhātu）と諸仏（buddha）を念ずる（anusmṛti）三昧（samāhita）によって、（諸仏は）常に（satatasamita）現じて前に在り（abhimukhī-bhūta）」となり、ほとんど原語の順に漢訳語を並べているだけであると理解することができる。したがってここでは、櫻部博士の言われるbuddhānusmṛti＝念仏三昧という成語で解するのではなく、それにsamāhita（samādhiのもとの動詞samādhāの過去受動分詞形）が加わって、三昧の主体を菩薩とし、「菩薩、無量の仏土および諸仏を念じ、その三昧によって（その諸仏がたが）常に現在前する」というように理解されるべきであろう。漢訳の語順からいえば、三昧の主体を諸仏として、「菩薩が諸仏の三昧を念ずる」と読みたいところ（実際『国訳一切経』「釈経論部　一」一七四頁ではそう読んでいる）であるが、それは間違いである。

繰り返しになるが、『経』の意味は「（菩薩の）無量の世界（仏土）および諸仏を念ずる三昧によって、（諸仏は）常に現じて（その菩薩の）前に在る」となる。したがって、これに対する『論』の解釈も、すなわち念ずる主体は菩薩であり、その念の対象は「無量の仏土」および「諸仏」であり、ここでは特に諸仏であって、あたかもそこに諸仏が現前するかのように、菩薩は心眼をもって三昧に住する、といわれているのである。

ちなみに、晋訳および唐訳の『華厳経』「入法界品」では、善財童子が最初に出会う善知識である功徳雲比丘に、菩薩道の何たるかについて教えを請うた時、与えられる法門が「念仏三昧門」である。晋訳『六十華厳』巻四十六（大正九、六八九下～六九〇中）では、善財が彼の比丘を詣して、「云何、学菩薩行、修菩薩道、乃至、具普賢行」（六八九下）と問い、彼の比丘はそれに対して「我唯知、此普門光明観察正念諸仏三昧」（六九〇上）と答え、以下二十一種の念仏三昧門が説かれる。

その第一は、「諸大菩薩得円満普照念仏三昧門」と言われ、それを得れば、「悉く能く一切諸仏及び其の眷属厳浄仏刹を覩見する」と言われている。功徳雲比丘の善財童子に対する答えのところが重要であり、それに当る原語を以下に示すと、

asyāhaṃ kulaputra samantamukhaṃ sarvāraṇamba [ārambaṇa?] vijñapti-samavasaraṇālokāyāṃ buddhānusmṛter lābho, kiṃ mayā śakyaṃ bodhisattvānām ananta-jñāna-maṇḍala-viśuddhānāṃ caryā jñātuṃ guṇā vā vaktuṃ /

(THE GANDAVYUHA SUTRA ed.by D.T.SUZUKI Part I and Part II, p.61, ll. 6-7)

となる。唐訳『華厳経』では、この部分に相当する箇所が、

善男子、我唯得此憶念一切諸仏境界、智慧光明普見法門。豈能了知諸大菩薩無遍智慧清浄行門。

（大正十、三三四中）とあり、梶山雄一博士は、この漢訳によって語彙を補いつつ、このサンスクリット原文を次のように和訳されている。

善男子よ、（このように）私は、ただ一切（諸仏）の境界を顕現させ、（その）集合する様を（照らし出す）普門の光明という念仏（門）（憶念一切諸仏境界智慧光明普見法門）を獲得しているだけである。どうして私に、無限の智の輪（マンダラ）が清浄である菩薩たちの行を知り、その（広大な）功徳を語ることができようか。（梶山雄一監修『さとりへの遍歴』上、華厳経入法界品、一一二頁）

（（　）内も梶山訳のまま）

原文にある āraṇamba とは、恐らくはハイブリッドサンスクリットの ārambaṇa、正統サンスクリットでは ālambaṇa のことで、所縁の境の意であり、唐訳でいうところの「境界」に当る。よって sarvārambaṇa「一切諸仏境界」とは、ここでは、「一切諸仏が所縁の境である」という意味である。一切諸仏が所縁の境となって顕現（vijñapti）し、それを光明智慧普見法門として憶念することを、晋訳では念仏三昧（buddhānusmṛti）といっている。晋訳では、ここの箇所がコンパクトに示され、菩薩は、普門の光明という念仏門に入って、諸仏を正念し観察する、と説いている。功徳雲比丘は、善財童子に菩薩道を教示する最初の善知識として、ただこの念仏門（二十一種ある）のみを伝えるのである。

2．念仏三昧による見仏

以上、『般若経』も『華厳経』も、菩薩が諸仏を念ずる三昧に住することによって諸仏が現前に顕れるという、同様の内容を有していることが知られたのである。簡単にいえば両経ともに因行としての念仏三昧と行果としての般舟三昧を説いているといえよう[1]。

『般舟三昧経』自身にも、「諸仏が現前に顕れる菩薩の三昧」（チベット訳）という経のタイトルを表す語が頻出して、そのことによっても、『大品般若』の「念諸仏三昧」は、菩薩が「諸仏の三昧を念ずる」という意味ではなく、「諸仏を念ずる菩薩の三昧」という意味に解さねばならないことが知られる。

そして、このようなことが経典の初め（華厳経「入法界品」も一つの経典の始めと見ることができる）になぜ言われるのかといえば、それは仏になることを目指す菩薩が、三昧の中で仏に見え、それによって導かれて仏に代わって法を説くこと、すなわち衆生のために大乗の法を説き、自ら成仏の道を歩むことを強調するためである、と知られる。

それは大乗に対する「非仏説」の批判にも関係する。大乗非仏説は、江戸期・明治期[2]に始まるのではなく、インドで大乗仏典の登場した当初から指摘されていたことがらである。

丘山新先生は「経典はなぜ絶対なのか」[3]という文の中で、「初期仏教系の伝統経典類は歴史上のゴータマ・ブッダをその起源とする。これに対して大乗仏教の経典は仏の加持力を受けた菩薩たちが三昧の中で永遠の如来に直接出会い、聞法したことを（見仏聞法）そのままに経典として伝えたものである。初期大乗仏典の一つである『般舟三昧経』がそのことを如実に証している。大乗経典は「非釈尊説」ではあるが、確かに「如来説」「仏説」なのである」といわれている。

つまり大乗経典は、『般舟経』はもちろんのこと、『華厳経』においても、さらにそれより遡る今われわれが取りあげている『般若経』においても、菩薩が仏に代わって仏の法を説くという基本的態度で一貫しているのである。すなわち大乗経典は、歴史的に釈尊の説かれたものであると主張するというよりは、菩薩が、仏を念ずる三昧（念仏三昧）の中で、仏に遇い、仏の加持力を受けて聞法したことを、そのまま「仏説」として残したものである。

今われわれが取りあげる『般若経』の注釈書たる『大論』でも、その基本的態度は如実に表明されている。すなわち『大論』の冒頭、「序初品中縁起義釈論」巻一に次のように言われている。「復次に、菩薩、念仏三昧を修するあり。仏は彼等の為に、此の三昧に於て、増益を得せしめんと欲するが故に、般若波羅蜜経を説きたもう。般若波羅蜜経初品の中に説くが如し。仏は神足を現じて金色の光明を放ち、遍く十方恒河沙等の世界を照し、大身を示現し、清浄の光明と種種の妙色をもて、虚空の中を満たせり。仏の衆中に在すや、端正殊妙にして、能く及ぶ者なく、譬えば須弥山王の大海に処るが如し。諸の菩薩は、仏の神変を見たてまつりて、念仏三昧に於て倍復す増益す。是の事を以ての故に、般若波羅蜜経を説きたまえり。」（大正二五・五八上）

この後は、「復次」とあって、菩薩の化儀、すなわち釈尊の生涯に准えた菩薩の行法が説かれるのであるから、いま引用した部分は独立した内容を有しているのであるが、最後の「是の事を以ての故に、般若波羅蜜経を説きたまえり」とは、『般若経』を説くのが仏であるのか、菩薩であるのかわからない、微妙な言い回しになっている。いずれにせよ、念仏三昧あるいは般舟三昧は、大乗経典が説かれるための最初のキーワードの一つであると知られるのである。

右に述べたように、『般若経』や『華厳経』に見られる念仏三昧は、まさに菩薩が諸仏を念ずる三昧であって、その因縁によっていずれかの仏国に生まれるということは説かれていない。しかし『般舟三昧経』に説かれる般舟三昧は、菩薩がその三昧に入れば、即ち阿弥陀仏の国に生ずるを見る、と示されている。つまりどちらも、念仏、あるいはそれより進んで見仏を説くのであるが、その見仏の機会の一つとして、般舟三昧の場合は、阿弥陀仏国に生まれる時、と説いているのである。

この『大論』には、随所に『般舟三昧経』を引用しているが、そのうち最も長く引用し、かつ念仏三昧と般舟三昧の意味を近づけて、ほぼ同義として解釈しているところがある。それは次の箇所である。

復次に、菩薩は常に善く念仏三昧を修する因縁の故に、生るる所、常に諸仏に値いたてまつる。般舟三昧の中に説くが如し。菩薩は是の三昧に入れば、即ち阿弥陀仏の国に生ずるを見る。便ち其の仏に問う。「何の業因縁の故に、彼の国に生ずることを得たるや」と。仏即ち答えて言わく。「善男子よ、常に念仏三昧を修し、憶念して、廃せざるが故に、我国に生ずることを得たり」と。（大正二五・二七六上）

ここでは、念仏三昧と般舟三昧を同義とみなし、[4]この三昧に入ることによって阿弥陀仏の国に生ずることを得る、と明示されている。この文は、三巻本『般舟三昧経』の「行品」の引用で、右の文よりまだ少し長く引用される。それについては、この後の付論2で詳しく検討するので参照されたい。

3．念仏三昧と観仏

以上で、念仏三昧という用語およびその思想のうち、『大論』以前の系譜（小乗経典を除く大乗経典の大まかな系譜）とその思想の流れを垣間見ることができた。次は『大論』から『安楽集』『観経疏』そして宗祖本典にいたる流れを見るのであるが、その前に、念仏三昧とは別の系譜に属する観仏の系譜についても一瞥しておかねばならない。

観仏とは、通常は仏像を媒介として三昧を行じ、その結果、仏の相好（三十二相八十随形好）を観察することである。著名な経論では、『観無量寿経』（以下『観経』）や『十住毘婆沙論』（以下『十住論』）「助念仏三昧品」に説かれる行法である。ところが『観経』にも『十住論』にも、この観仏と同時に念仏三昧も説かれている。両者に共通する内容として、三十二相を観察する観仏（もしくは観仏三昧）、念仏三昧、般舟三昧（諸仏現前三昧）、そして果利益としての無生法忍を提示することができる。

念仏三昧と観仏三昧の違いは、前者が、すでに述べたように、大乗経典の初期からある行法として、菩薩が仏を念じて三昧に入り、仏に値見した後、仏に代わって法を説くという、非常に広い概念を指す。後者は、それよりも少し概念の幅を狭めて、仏の相好を観察することである。もちろん仏の相好を単に憶想することも観仏であるが、特に仏像を通して像観として観察することを観仏というと思われる。

能仁正顕氏は、論文「『観無量寿経』の念仏三昧とその背景」（『印仏研究』四一・二、二九七頁）において、念仏三昧の本来的な定義とその背景について論述しておられる。またそこに『大論』についても言及しておられるので引用しておきたい。

念仏三昧は原始仏教以来の「六念」や「十念」中の念仏にその由来を求めることができる。元来、念仏は恐怖の滅除（『雑阿含』九八一経）や見仏（『雑阿含』八五七経）を目的として説かれ、その内容は多陀阿伽度・阿羅呵・三藐三仏陀などの十号によって象徴される仏陀の諸功徳を記憶し思い浮かべることであった。そこに三十二相八十随形好や十八不共仏法などといった要素が次第に付加される。この点に関しては『大智度論』巻二一の八念中の念仏を解釈する箇所にうかがうことができる。（大正二五・二一八下）

その箇所を見ると、能仁氏の示された通り、以下のように仏の功徳が列挙されている。

【経】仏を念じ、法を念じ、僧を念じ、戒を念じ、捨を念じ、天を念じ、入出の息を念じ、死を念ず。（大正二五・二一八下）

【解説】この経文（八念）を釈して、『大論』は、まず「念仏」について、「仏は是れ多陀阿伽度なり、阿羅呵なり、三藐三仏陀なり、乃至婆伽婆なり」（大正二五・二一九上）と仏の十号を挙げて説明している。続いて「念法」や「念僧」の功徳が説明され、次に「復た次に、一切種種の功徳は悉く仏に在り」（大正二五・二一九下）と述べて、釈尊の身体的特長に準えた仏の三十二相八十随形好に関して説く。そして最後に以下のようにまとめて述べている。

【論】復た次に、仏の一切智、一切知見、大慈、大悲、十力、四無所畏、四無礙智、十八不共法等

を念じ、仏の知りたもう所の如き無量不可思議の諸の功徳を念ず、これを念仏と名く。是の念は七地の中に在りて、或いは有漏、或いは無漏なり。有漏は有報にして、無漏は無報なり。三根相応の楽・喜・捨根は、行徳と亦た果報徳なり。行徳とは、此の間の国中にて、念仏三昧を学ぶが如く、果報徳とは、無量寿仏国の人の、生ずれば便ち自然に能く仏を念ずるが如し。是の如き等は、阿毘曇の中に広く分別するが如し。（大正二五・二二一中）

能仁氏は、先の文章に続けて、『大論』のさらに少し後の箇所に、念仏三昧の対象を拡げて次のように説いていると述べられる。

【論】三世十方の諸仏及び諸仏の初発意より、乃至法尽まで、其の中間に於て所作するところの功徳神力、皆な是れ念仏三昧の所縁なり。（大正二五・二二三中）

すなわち、三世十方の諸仏のありとあらゆる功徳および威神力がみな菩薩の念仏三昧の対象であるというのである。能仁氏は、ここで『大論』が仏像に関して全く言及しない点を注目しておられる。

ここで二つの用語、すなわち念仏三昧と観仏三昧とが、セットで示されている文について検討しておくことにしたい。それは取りも直さず、善導「玄義分」の念観両宗の文である。申すまでもなくこれは、宗祖『本典』「化身土文類本」の「観経隠顕釈」に引用されているので、ここでは「化身土文類」によって文を挙げておきたい。

又云、今此の『観経』は即ち観仏三昧を以て宗とす、亦た念仏三昧を以て宗と為す。一心に廻願して浄土に往生するを体とす。教の大小と言うは、問曰、此の『経』は二蔵の中には、何の蔵にか摂する、二教の中には何の教に収むるや。答曰、今此の『観経』は菩提蔵に収む。頓教の摂なりと。（浄聖全二・一八九）（真聖全二・一四八）

この文を『六要鈔』第六本（浄聖全四・一二六六）（真聖全二・三八九）には、次のように解釈している。長文であるが、生ずるべき問題点をよく押さえ、平易に解説しているので全文引用しておく。

「又云今此観経」等とは、宗旨門の釈なり。「観仏」と言うは真身観の意なり。これ則ち心を摂して彼の仏の相好光明及び依正等を観想す。「念仏」と言うは、同じき観の意に於て称名を選び取る。是れ則ち念仏衆生摂取不捨の本願の宗源に帰入す。問う、観仏・念仏は一法の異名なり。故に念仏の名、観と称とに通ず。これ諸経論の通例なり。何ぞ両宗とする。答う、此れは是れ浄土不共の妙談なり。彼の諸教通途の談の如きは正助未だ別ならず。今は観称を分て称を正業と名く。仏の本願に順ず。観行は助業、仏の本願に非ず。此の門を立るに就て両三昧あり。問う、観仏に於ては観もし成ぜば則ち見仏すべし、故に三昧と称すること其の義然るべし。念仏に於ては散称の行、見仏することを得ず、何ぞ三昧と称する。答う、縦い散称なりと雖も心を一境に繫て声々連注すれば、功行積累して念仏定を得て見仏することを得べし。『観念門』に「口称三昧」と云う、蓋し此の義なり。又現身に念仏定を得ざる人、命終の時に臨んで必ず見仏すべし、当得の益に約して予め三昧と名く、これ則ち因中説果の義なり。「宗」とは妙楽大師釈して（『法華玄義釈籤』巻二）云く、「宗は猶尊の如く也、国に二の主なし」已上。また度律師、三義を以て解す、所謂、独尊・綩接・帰趣の義、是なり。問う、宗は主たらば何ぞ二宗ある。答う、若し釈迦に依らば、定散の要門、真身の観仏を其の宗旨と為す、観仏三昧を宗と為す是れなり。若し弥陀に依らば、別意の弘願、念仏衆生摂取不捨をその宗旨となす、念仏三昧を宗と為す是れなり。而に流通付属の意に依れば、念仏は立のためにして而も説き、定散は廃のためにして而も説く。若し此の義に依れば、遂に念仏三昧の一宗に帰す。故に独尊の義、違諍するところなし。是れ則ち又隠顕の義に約して宜しく其の意を得べし。若し顕の義に依らば、両三昧あり、若し隠の義に依らば、ただ一宗なり。

この一文には、これまで本章で見てきた念仏三昧の意味の変遷、あるいは念仏三昧と観仏三昧との区別など微妙な問題点が盛り込まれている。それは当然、念観合論、念観両宗、あるいは念観廃立といった浄土門内の問題に関連する。

六要主の解説で、少し疑問に思うのは、右記の傍線部分の解釈である。すなわち問として、観仏三昧ならば、それが達成されれば見仏の果が得られるのだから、三昧の語を付して観仏三昧といってよいと思うが、念仏は心が散乱している状態での称名念仏だから、三昧の語を付すのはおかしいのではないか、という問に対して、答えて、たとえ心が散乱している状態での称名念仏であっても、一声一声専注して続けて念仏すれば、その行功が積み重なって、やがて念仏定を得て見仏の果が得られるのである、よって念仏三昧といってよいのだ、というところである。しかしながら、それではこの念仏三昧は、定散要門の方便の念仏になってしまって、六要主が最後に結論付けておられる、弘願の一宗に帰せられる念仏三昧ではないことになってしまう。そもそも宗祖はその著作の中で、「念仏三昧」の語を用いられるとき、決して単なる方便の念仏とはみなされず、むしろ弘願真実の称名として用いられることが多いように思われる。次にその例を、二つ挙げておきたい。

第一は、元照の『観無量寿経義疏』に引かれる慈雲法師（遵式）の念仏三昧の文であり、以下のように『本典』「行文類」に引用されている。

慈雲法師（天竺寺遵式）の云く、唯だ安養の浄業捷真なり、修すべし。若し四衆有りて復た速やかに無明を破し、永く五逆・十悪・重軽等の罪を滅せんと欲わば、当に此の法を修すべし。大小の戒体、遠く復た清浄なることを得しめ、念仏三昧を得しめ、菩薩の諸波羅蜜を成就せんと欲わば、当に此の法を学すべし。臨終に諸の怖畏を離れしめ、身心安快にして衆聖現前し、授手接引せらるることを得、初めて塵労を離れて便ち不退に至り長劫を歴ず即ち無生を得んと欲わば、当に此の法等を学すべし。古賢の法語に能く従うこと無らん乎。（以下略）（浄聖全二・四五）（真聖全二・三〇）

この文は文当面では、念仏三昧が修すべき法の要目ではないかもしれないが、宗祖はそれを中心の浄業に据えておられると考えられる。それを得れば、速やかに破無明の益と滅罪の益が得られる。またそれを得れば、臨終に聖衆現前し、便ち不退に至り、無生法忍を得ると示されている。後者の方は、六要主の言われる、命終の時に臨んで見仏するという当得の益に当たると思われるが、念仏三昧そのものは現今に修するのであるから、宗祖の引意としては、六要主の言われるところの当得の益に約して三昧の語が付されているというわけではない。

第二の例は、宗祖が『首楞厳経』（『大仏頂如来密因修証了義諸菩薩万行首楞厳経』）に和讃された文である。『尊号真像銘文』にも同様の主旨の文がある。ここでは『和讃』の文のみを挙げ、『銘文』の文は適宜参照して、要点のみ述べることにしたい。なお黒田覚忍師『聖典セミナー浄土和讃』（三帖和讃Ⅰ）四〇四頁以下と、普賢保之和上『尊号真像銘文講読』九一頁以下を、随時参照させていただいたことを最初におことわりしておく。

『首楞厳経』によりて大勢至菩薩和讃したてまつる　八首

勢至念仏円通して　五十二菩薩もろともに
すなはち座よりたゝしめて　仏足頂来せしめつゝ
教主世尊にまふさしむ　往昔恒河沙劫に
仏世にいでたまへりき　無量光とまふしけり
十二の如来あひつぎて　十二劫をへたまへり
最後の如来をなづけてぞ　超日月光とまふしける
超日月光この身には　念仏三昧おしへしむ
十方の如来は衆生を　一子のごとく憐念す
子の母をおもふがごとくにて　衆生仏を憶すれば
現前当来とをからず　如来を拝見うたがはず
染香人のその身には　香気あるがごとくなり
これをすなはちなづけてぞ　香光荘厳とまふすなる
われもと因地にありしとき　念仏の心をもちてこそ
無生忍にはいりしかば　いまこの娑婆界にして
念仏のひとを摂取して　浄土に帰せしむるなり

大勢至菩薩の　大恩ふかく報ずべし
已上大勢至菩薩
源空聖人御本地也
まずこの『和讃』のこころを領解するための最初の要点は、超日月光といわれる仏が、阿弥陀如来の別名であるということである。それは阿弥陀如来の十二光の最後が超日月光であるからである。『銘文』には「十二如来とまふすは、すなわち阿弥陀如来の十二光の御名なり」(浄聖全二・六一三)と示されている。
次の要点は、この超日月光仏が、念仏三昧をこの経の主人公である勢至菩薩に「おしへしむ」ということである。『銘文』には「彼仏教我念仏三昧とまふすは、かの最後の超日月光仏の念仏三昧を、勢至にはおしえたまふとなり」(同右)といわれている。したがってここでいう念仏三昧とは、もはや仏を念ずる自力の修行としての念仏三昧ではなく、阿弥陀如来たる超日月光仏が、因位の時に修行せられた念仏三昧であり、その三昧の徳を阿弥陀如来の名号に具わる徳として、勢至菩薩に授けられたと言われているというべきである。
第三の要点は、勢至菩薩に授けられた弥陀の念仏三昧の徳が、さらに衆生に至り届いて、もし衆生が心に仏を憶し仏を念ずれば、「現前当来とをからず　如来を拝見うたがはず」と言われていることである。『銘文』には「今生にも仏をみたてまつり、当来にもかならず仏をみたてまつるべしとなり。仏もとおざからず、方便おもからず、自然に心にさとりをうべしと也」（浄聖全二・六一四）と示されている。したがってこれは臨終時に弥陀聖聚が現前来迎するという意ではなく、現世においては名号に具わる功徳が念仏する者に頂かれ、来世には浄土に往生して『般舟三昧経』に説かれているような見仏の利益を頂くという意味であろうと思われる。

第四の要点は、『経』において、勢至菩薩が「われもと因地にして、念仏の心をもって無生忍に入る。いまこの界において、念仏の人を摂して浄土に帰せしむる」と言っておられるところである。つまり勢至菩薩も阿弥陀如来と同じように、因位にあった時、念仏三昧をもって無生法忍に入ったのであるが、それと同様に、自らもこの娑婆世界において念仏の衆生を摂取して、必ず弥陀の浄土に生ぜしめ、仏と成らしめようと、釈尊に申し上げている、ということである。

すなわちこの『和讃』および『銘文』には、これまで『大論』を中心に考察してきた念仏三昧の行、般舟三昧の果、得無生法忍の利益が、そろって説示されているのである。それこそ大乗仏教の始まりから浄土真宗まで一貫して受け継がれ、仏から菩薩へ、菩薩から衆生へともたらされていく成仏道の大きな流れと言い得るのではないだろうか。

いずれにせよ、「行文類」に引用された元照の『観無量寿経義疏』に引かれる慈雲法師の念仏三味の文も、また『勢至菩薩和讃』および『銘文』に述べられた念仏三昧も、弘願の一宗に帰せられる念仏であると見て誤りはないと思われる。「観経隠顕釈」で、念仏三昧に三昧の語を付せられた理由について、六要主の説明では納得できない旨を述べたが、それについて、梯實圓和上は、「種々の説がある」と言われ、以下のように述べておられる。

なお称名念仏に三昧の語を付けられたことについて、種々の説があるが、鮮妙師の『宗要論題決択編』一（三二丁）には、「これ法徳自然に三昧を成ぜしむ。阿弥陀仏大寂定たる三昧常寂智慧無碍の徳を一句の尊号に成就したまふ。行者この法に帰して信心称名するときは、識らず覚へざるに、この三昧の徳を成ず」といっている。要するに真宗義でいえば本願を信じ念仏する者には、如来所成の三昧の徳が与えられているということを表しているというのである。つぎに「いまこの『観経』は菩薩蔵に収む。頓教の摂なり」といわれたのは、浄土の法門が大乗仏教であると同時に速やかに生死を超えることのできる最高の成仏道であると判定された言葉である。（梯和上『顕浄土方便化身土文類講讃』三〇九頁）

4・『安楽集』の念仏三昧と宗祖『本典』の引用

道綽禅師の『安楽集』は、周知のように、数々の経論を引いて念仏三昧の功徳を讃仰している。

その中心は、本書第三章「宗祖本典所引の『大智度論』」で最初に述べる、巻下「第四大門」二の「諸経所明念仏」であるが、その他の箇所でも諸処に念仏三昧の功徳について讃述している。ここではその一例として、巻上「第一大門」の次の文を挙げる。

又彼の『経』（晋訳華厳経巻五九意）云く、譬えば人有りて、翳身薬を持て、処処に遊行するに、一切の余人、是の人を見ざるが如し。若し能く菩提心の中に念仏三昧を行ずれば、一切の悪神、一切の諸障、是の人を見ず。所詣の処に随って、能く遮障すること無き也。何が故に、能く爾るとならば、此の念仏三昧は、即ち是一切三昧の中の王なるが故也。（浄聖全一・五七九）（真聖全一・三八二）

宗祖は、この『安楽集』の文を『本典』「行文類」に引用されるに当たり、微妙に字句を改変させておられる。その中で重要なものと考えられるのは、「念仏三昧を念ずる」という表現である。すなわち、『安楽集』の当面では、

何が故に、能く爾るとならば、此の念仏三昧は、即ち是一切三昧の王なるが故なりと。

と読むのに対し、宗祖「行文類」の読みは、

何が故ぞとならば、能く此の念仏三昧を念ずるは、即ち是一切三昧の王なるが故なりと。（浄聖全二・三〇）（真聖全二・一八）

と読まれるのである。『親鸞聖人真蹟集成』巻一（七二頁）によれば、『安楽集』の「爾」という文字の省略形の「尓」という字を、あえて「念」と読み、「何が故」のあとの送り仮名を「ぞとならば」と朱で訂正し、「念」のところと「念仏三昧」のところの一二点も朱で訂正しておられる。したがって、どのように見ても、『安楽集』の読み方を変えて「念仏三昧を念ずる」と読まれたとみなさざるを得ないのである。

それについて、宗祖の意図を拝察するに、法蔵菩薩所修の「念仏三昧」を衆生が「念ずる」という考え方、もしくは「念仏三昧を念ずる」というのが信を指すという考え方が成り立つであろう。どちらの考え方も同じ考え方であり、いずれにせよ、そのような考え方を取らなければ、ここの解釈が成立しない。

諸講録をみると、芳英『集成記』のみが「能念の菩提心、所念の念仏三昧⑸」となっていて、他の多くの講録は、『安楽集』の「爾」を「念」の字に写誤したのであろうと解釈している。しかし『真蹟集成』を見るかぎり、一字のみの改変ではなく、返り点までも朱で訂正されているのであるから写誤とはいえない。よって『集成記』の言われるごとく、「念仏三昧を念ずる」の「念ずる」は、「能念の菩提心」すなわち信心、またその「念仏三昧」は所念の法すなわち名号大行ということになるのではないだろうか。

以上のように、本節の考察では、念仏三昧の意味が徐々に変化し拡大して、宗祖『本典』「化身土文類本」の「観経隠顕釈」では、弘願の一宗に帰せられる念仏三昧となり、「勢至菩薩和讃」や『尊号真像銘文』では阿弥陀如来から勢至菩薩に授与される念仏三昧となり、「行文類」ではついに如来所成の約仏の念仏三昧として、衆生の所信としての念仏三昧となったのである。

註（1）　櫻部健博士は論文「念仏と三昧」（『増補 仏教語の研究』所収、一四八頁）において、「こういう念仏すなわち観仏三昧は、その功徳として見仏、すなわち（諸）仏に値見すること、という果をもたらすことが、しばしば説かれている」と述べられ、

①「智者住於此三昧　摂念行於経行所　能見千億諸如来　亦値無量恒沙仏」（『月灯三昧経』巻一、大正一五・五五三上）

②「安住念仏三昧、常得見仏」（『如幻三摩地無量印法門経』大正一二・三六三上）

③「得念仏三昧、常見阿弥陀仏」（『観世音菩薩授記経』大正一二・三五七上）

④「唯見仏身、余無所見、歓喜踊躍而便獲於念仏三昧」（『大宝積経幻師跋陀羅記会』大正一一・四八八中）

という四例を挙げられて、「してみれば、この念仏（すなわち観仏）三昧を般舟三昧と結びつけて考えないわけにはゆかない」と述べておられる。

(2) 江戸中期の思想家富永仲基(一七一五―一七四六)の『出定後語』を端緒として、明治期以降のいわゆる近代仏教学では常識となった。
(3) 本願寺派総合研究所が『聖典全書』編纂報告として出された〈彙報〉「浄土真宗聖典全書について」(平成二十五(二〇一三)年三月)五頁
(4) 般舟三昧のことを明瞭に念仏三昧と称しているのはこの『大論』と『大乗大義章』(大正四五・一三四)である。ただしこれを知り得たのは林純教『梵文蔵訳般舟三昧経』二六八頁。
(5) 『教行信証集成記』巻十(真全三二・一八〇上)「後の能念の下は、念仏三昧を釈して所念の法と為し、菩提心を以て能念と為す也」。

付論二、『般舟三昧経』と『大智度論』

梶山雄一博士は、講談社『浄土仏教の思想』(二)所収の「般舟三昧経―阿弥陀仏信仰と空の思想―」の「序説」の中で、付録1として「大智度論における阿弥陀仏への言及」を、また付録2として「大智度論における『般舟三昧経』への言及」をそれぞれ表にして挙げておられる。それを参照すれば、『大論』には、十箇所に亘って『般舟三昧経』が引用されることが知られるが、その中、最も長く引用している箇所(1)は、『大論』巻三十「初品中迴向釈論」第四十五の末尾の部分である。重要な部分であるので、以下に引いて検討していく。

復次に、菩薩は常に善く念仏三昧を修する因縁の故に、生ずる所に常に諸仏に値ひたてまつる。般舟三昧の中に説くが如し。菩薩は是の三昧に入れば、即ち阿弥陀仏の国に生ずるを見る。便ち其の仏に、何の業因縁の故に彼の国に生ずることを得るやと問う。仏即ち答えて言わく、善男子、常に念仏三昧を修し、憶念して廃せざるが故に我が国に生ずることを得と。①

問曰、何者か是れ、念仏三昧して彼の国に生ずることを得るや。

答曰、仏を念ずるとは、仏の三十二相②・八十随形好の金色身を念ず。身より光明を出して、遍く十方に満つ②。閻浮檀金を融せる如く、その色明浄なり。

また須弥山王、大海中に在って、日③光照らす時、其の色、明を発するが如し。行者は是の時、余の色想、所謂、山地樹木等、都て無く、但だ虚空中に諸仏の身相を見るのみ。真瑠璃④の中より赤金外に現ずるが如し。

亦た比丘、不浄観に入れば、但だ身体の膖脹爛壊のみを見、乃至、但だ骨人のみを見るに、この骨人は作者有ること無く、また来去も無く、憶想を以ての故に見るが如く、菩薩摩訶薩、念仏三昧に入りて悉く諸仏を見たてまつるも、亦復た是の如し⑤。摂心を以ての故に、心清浄なるが故なり。

譬えば、人の其の身を荘厳して、浄水の鏡に照らせば、悉く見ざるは無く、此の水鏡の中にも亦た形相無く、明浄なるを以ての故に、其の身像を見るが如し⑥。諸法は本より以来、常に自から清浄なり。菩薩は善く浄心を修するを以て、意に随って悉く諸仏を見る。

其の所疑を問えば、仏所問に答えたまい、仏の所説を聞いて、心大いに歓喜し⑦、三昧より起ちて是の念を作して言く、「仏は何れの所より来りたもうや、我が身も亦た去らずや」と。即時に便ち「諸仏はより来りたもう所無く、我も亦た去る所無し⑧」と知って、復た是の念を作す、「三界の所有は皆な心の所作なり。何を以ての故に。心の念ずる所に随って、悉く皆な見ることを得ればなり。心を以て仏を見、心を以て仏を作す。心即ち是れ仏、心即ち我が身なり。心は自ら知らず、亦た自ら見ず。若し心相を取らば、悉く皆無智なり。心亦た虚誑にして、皆な無明より出づ。是の心相に因って即ち諸法実相に入る。所謂、常空なり」と⑨。

是の如く三昧と智慧を得已って、二行の力の故に、意の願う所に随って、諸仏を離れず。金翅鳥の王の二翅具足するが故に、虚空中に於て至る所自在なるが如し。菩薩も是の三昧と智慧の力を得るが故に、或は今身にて、意に随って諸仏を供養したてまつり、命終して亦復た諸仏に値遇したてまつる。是を以ての故に、(『経』に)「菩薩常に諸仏を離れざらんとせば、当に般若波羅蜜を学すべし」と説く。

三巻本『般舟三昧経』(以下この項では『経』と略称)巻上の「行品」の中ほどのところに、先に述べた「三女人」の比喩が出ているが、それはこの講本で取りあげている『大論』巻七の「仏土願釈論」に引用された比喩であって、ここには出てこない。然るに『経』「行品」では、その三女人の比喩によって喩えられているのは、「阿弥陀仏を聞き、数数《しばしば》(阿弥陀仏を)念ず」ることによって「阿弥陀仏を見たてまつる」ことであり、さらにその念を持して「阿弥陀仏の国に生ず」ることであって、そこのところから、この『大論』「迴向釈論」は引いているのである。右の傍線①のところがそれに当る。その中で、『大論』において菩薩が問うところの「其の仏」、菩薩に「即ち答え」たまうところの仏とは、『経』によれば阿弥陀仏自身である。

その次に、『大論』でも『経』でも、仏身の「三十二相」具足や「光明遍照」(『経』では「光明徹照」)が出る点が共通している。(傍線②)

その次に傍線を付したのは、「須」「海」「日」という三文字である(傍線③)。『経』には、ここで唐突に「仏告颰陀和、乃往過去時、有仏、名須波日」とあって、そのあとはすぐに、大空澤の中に入る旅人の話に続いていく。したがって、「過去世に仏有まして須波日と名く」だけでは何の物語にもならないので、この経説は何か表記を欠いているのかもしれない。チベット訳にもここの箇所は存在しない。よって「須波日」という仏名と、『大論』の「須」「海」「日」という三文字が何か関係があるかもしれないと考えたのであるが。全くの見当違いかもしれない。

その次に『経』に出るのは、大空澤の中に入って空腹のまま夢を見る旅人の物語である。これについては本章本文解説の9・『般舟三昧経』の引用のところで、すでに述べた。

次に出る両者の共通項は、瑠璃の喩（傍線④）であるが、どちらも短く述べられていて、同じ喩えであるかどうか分からない。『論』は「真瑠璃の中より赤金外に現ずる」。『経』は「珍宝を持って瑠璃の上に置く」とある。

その次は、不浄観の喩であって、その中の骨相観をピックアップする点が共通している。骨相観の内容も、『経』には「其の骨持ち来るものあることなく、亦た是の骨あることもなく、亦たより て来る所もなし。是れ意の作す所の想あるのみ」とあって、両者よく似ている。またこれによって喩えられることがらは、『経』には

菩薩、是の如く、仏の威神力を持さば、三昧中に於て（仏）立ちたもう。見んと欲する所に在れば、何れの方の仏も、見んと欲せば即ち見たてまつる。何を以ての故に。是の如く颰陀和よ、是の三昧は、仏力の所成なるがゆえなり。「仏の威神力を持さば、三昧中に於て（仏）立ちたもう」とは、三事有り。仏の威神力を持し、仏の三昧力を持し、本功徳力を持す。この三事を用いるが故に、仏を見たてまつることを得。

とあって、これをまとめて『大論』は、「菩薩摩訶薩、念仏三昧に入りて悉く諸仏を見たてまつるも、亦復た是の如し」と述べているということができる。

重要なことは、『経』に言う「仏の威神力によって」あるいは「仏力の所成によって」「仏を見たてまつる」ということである。それは本稿ではじめに述べたところの、丘山新先生のいわれる「大乗仏教の経典は仏の加持力を受けた菩薩たちが三昧の中で永遠の如来に直接出会い、聞法したことを（見仏聞法）そのままに経典として伝えたものである。初期大乗仏典の一つである『般舟三昧経』がそのことを如実に証している」ということを実際に顕わしている箇所であるということができる。それをこの本論「迴向釈論」では、「念仏三昧に入りて諸仏を見たてまつる」というように短くまとめているというのである。今われわれが検討している本論「仏土願釈論」も、まさしくそれと同様のまとめかたをしているといい得る。

またそれに続いて『経』が言う「三事」すなわち「仏威神力」「仏三昧力」「本功徳力」の三は、とりもなおさず善導『観念法門』（浄聖全一・八八六）（真聖全一・六三一）にいうところの阿弥陀仏の三念願力すなわち「大誓願力」「三昧定力」「本功徳力」に当る。『観念法門』は広範囲に『般舟三昧経』を引用しているが、その場合重要なことは、善導は自分の教理を立証するためにこの経典を用いているのではなく、凡夫往生の実践の経典としてこれを用いているということである。(2) それは、右の三念願力を、菩薩自身の力ではなく、阿弥陀仏の加被力に帰せしめていることによっても知られるし、また『経』に全部で八箇所ある「菩薩」という語を、五箇所にわたって、「衆生」「学者」「四衆」と改めていることによっても知られる。

さて『大論』「迴向釈論」に出る『般舟経』「行品」の次の引用は、水鏡の比喩である（傍線⑥）。『経』はさまざまな種類の鏡を挙げて、三昧によって仏を見ることの例証としているが、『大論』の方はシンプルに水の鏡のみを挙げ、そして最後に「諸法は本より以来、常に自から清浄なり。菩薩は善く浄心を修するを以て、意に随って悉く諸仏を見る」と、あたかも如来蔵の論書であるかのような説明の一句を付け加えている。

また『観無量寿経』（以下『観経』）「序分」の最後「定善示観縁」に、「如来今者《いま》、韋提希および未来世の一切衆生を教えて西方極楽世界を観ぜしむ。仏力を以ての故に、当に彼の清浄の国土を見ることを得べし。明鏡を執りて自ら面像を見るが如し。彼の国土の極妙の楽事を見て、心歓喜するが故に、時に応じて即ち無生法忍を得ん」（浄聖全一・八二）と説かれている。『観経』定善の観法の目的とその得益を、この短い文にまとめているといえよう。『大論』「迴向釈論」のここまでの叙述と比較すると、『観経』では、西方極楽世界を観ずるのであって、仏身を見るのではないが、それは大きな違いではなく、「仏力を以て」観ずるというところも、「明鏡を執りて自らの面像を見る」

という喩例も両者共通している。また、その得益である「得無生法忍」も、いまこの「迴向釈論」には無いが、『大論』全体の最大の得益の一つであることを考え合わせると、両者よく一致しているといえる。

その次の傍線⑦の箇所は、今度は『経』の方が簡明にテンポよく、「仏を見んと欲すれば即ち見、見れば即ち問い、問えば即ち報えたもう。経を聞いて大いに歓喜し、是の念を作す」と説いている。そして「是の念を作す」の内容として、『経』『論』ともに、仏の不来・不去を説く（傍線⑧）。すなわち『経』には、「仏、何れの所より来り、我れ、何れの所に到るとなしたもうや」と問い、「仏、従来する所無く、我もまた至る所無し」と答えている。『論』もほぼ同じで、「到」もしくは「至」の文字が「去」に代わっているだけである。仏や衆生あるいは我の不来・不去は原始経典から説かれ、また龍樹『中論』の帰敬偈いわゆる「八不の偈」を想起させるが、梶山博士は、この『般舟経』「行品」の経説は、特に『道行般若経』巻九末尾（大正八・四七三中）の薩陀波倫（サダープラルディタ）菩薩と曇無竭（ダルモードガタ）菩薩の問答の部分に受け継がれている、と述べておられる。両経とも問答の形になっているので、特にそう想われるのであろう。これによって博士は、『般舟経』「行品」の方が、『道行般若経』「薩陀波倫菩薩品」や「曇無竭菩薩品」(5)よりも先に成立したという末木文美士博士の説を紹介され、それに同意しておられる。(6)

さて次に、傍線⑨の箇所には、「復た是の念を作す」とあって、その最初に「三界の所有は皆な心の所作なり。何を以ての故に。心の念ずる所に随って、悉く皆な見ることを得ればなり」とあるので、そこは確かに『華厳経』「十地品」の「三界唯心」の思想や、喩伽行派の唯識思想を想い起こさせるのであるが、[7] それよりもさらに重要なのは、その次に「心を以て仏を見、心を以て仏を作す。心即ち是れ仏、心即ち我が身なり」とあって、『観経』「定善」第八「像想観」のいわゆる「法界身」の説示と酷似した内容がそこに説かれている、ということである。『般舟経』「行品」では、そこが「我所念即見。心作仏。心自見。心是仏。心是怛薩阿竭。心是我身」（我が所念によって即ち見る。心、仏と作る。心、自ら見る。心、是れ仏。心、是れ怛薩阿竭（タターガタ）。心、是れ我が身なり）となっている。

さらに続く『大論』の、「心は自ら知らず、亦た自ら見ず。若し心相を取らば、悉く皆無智なり。心亦た虚誑にして、皆な無明より出づ。是の心相に因って即ち諸法実相に入る。所謂、常空なり」というところは、『経』では、「心、仏を見る。心、自ら心を知らず。心、自ら心を見ず。心に想有れば癡と為り、心に想無ければ是れ泥洹なり。是の法、楽うべき者無し、皆な念の為す所なり。設い念ぜしむるも、空と為すのみ。説い念有るも、また所有無しと了す」となっている。表現は異なるが、両者同じことを説いている。つまり『経』で「心に想有れば癡と為る」と簡単に言うところを、『論』では「若し心相を取らば、悉く皆無智なり。心亦た虚誑にして、皆な無明より出づ」と説明し、『経』に「心に想無ければ是れ泥洹なり」「設い念ぜしむるも、空と為すのみ」等と説くところを、『論』では「是の心相に因って即ち諸法実相に入る。所謂、常空なり」と結論している。

能仁正顕氏は、『観経』「第八像想」の文に関して、次のように考察している。「(第八像想の)もう一つの特色は、般舟三昧を教理的根拠として見仏へと導入する点である。「法界身」という表現は『般舟三昧経』には見られないが、意味するところ、諸仏は「法界」(法性、真如や空性といったあらゆる存在の根源的なもの)を身体とする、あるいは法界より現れ出た身体、つまり法身であり、法身が衆生に働きかけるとき、三十二相を具足した色身の仏陀として現れる。それ故に、心に仏を想うとき「是心作仏、是心是仏」といわれ、そうした心の観想より実は諸仏のさとりの智慧が生じているのだというのであろう。だから仏を観ぜよという。般舟三昧では、見仏によって得られる空性の智慧を重視する傾向にある。『十住毘婆沙論』(以下『十住論』)「助念仏三昧品」に、念仏の色身、法身、実相へと深まるべきことを説くのはそうした般舟三昧説を承けて思想展開したものである(8)」と。

ここにいわれる「念仏の色身、法身、実相へと深まるべきこと」とは、『十住論』「助念仏三昧品」冒頭(大正二六・八六上)に般舟三昧を達成する方法として説かれる「念色身仏」「念法身仏」

「実相念仏」という三種の念仏のことである。[9] この中、第一の「念色身仏」とは、仏像等を媒介として三十二相・八十随形好の仏の身相を念ずることであり、第二の「念法身仏」とは、仏の種種の功徳を念ずる念仏であって、『十住論』では「助念仏三昧品」より前に置かれる仏の「四十不共法」に関する六品[10]に詳しく説かれている。

『大論』には第二の「念法身仏」については示されず、能仁氏のいわれる「色身、法身、実相という念仏の深まり」は、ここでは表れていないが、それでも『般舟三昧経』の説示に沿って、仏の色身を念ずることによって空性の諸法実相を知るという道程を的確に言い表しているといえるであろう。

以上が、『大論』に出る『般舟三昧経』(三巻本)の「行品」の引用といわれる部分である。最後の一段の「是の如く」以下は、この項の『大論』のまとめであって、経の引用ではない。梶山博士も引用とは見なしておられない。

註(1) 梶山前掲本、三一二頁。

(2) 成瀬隆純「『観念法門』に引用された『般舟三昧経』」『印仏研究』二五巻・二号、二五五頁下

(3) 能仁正顕「善導浄土教における般舟三昧説について」―『観念法門』成立問題に関連して―中西智海先

生還暦記念論文集『親鸞の仏教』一九九四年、六五五頁
（4）成瀬前掲論文、二五六頁下
（5）この両品は常啼菩薩の求法物語を説いた独立した部分であり、他から添加された部分であることが知られている。『大乗経典解説事典』北辰堂、六三頁下参照。
（6）梶山前掲書、二五六頁および二五七頁。
（7）玉城康四郎「『般舟経』における念仏三昧の考察」勝又博士古稀記念論集『大乗仏教から密教へ』所収、百頁。本部圓静「般舟三昧経におけるさとりの周辺」『印仏研究』二五・一、一五八頁。
（8）能仁正顕「『観無量寿経』の念仏三昧とその背景」『印仏研究』四一・二、二九六頁。
（9）能仁正顕「観仏三昧論」『仏教と人間社会の研究―朝枝善照博士還暦記念論文集―』所収、五九九頁）
（10）瓜生津隆真校註『十住毘婆沙論』II『新国訳大蔵経』「釈経論部」十三、二八四頁、冠注三。

第二章、「釈発趣品」講読

一、『大智度論』「釈発趣品」本文

『大智度論』「発趣品」

1、『般若経』「発趣品」の初め

【經】佛、告《ゲタマハク》㆓須菩提《ニ》㆒、汝問《ハフ》、云何《ガ》菩薩摩訶薩、大乘《ニ》發趣《スルヤト》。若《シ》菩薩摩訶薩、行《ズル》㆓六波羅蜜《ヲ》㆒時、從《リ》㆓一地㆒至《ル》㆓一地《ニ》㆒、是《ヲ》名《クト》㆓菩薩摩訶薩、大乘《ニ》發趣《スト》㆒。須菩提、白《シテ》㆑佛《ニ》言《サク》、世尊、云何《ガ》菩薩摩訶薩、從《リ》㆓一地㆒至《ルヤト》㆓一地《ニ》㆒。佛言《ハク》、菩薩摩訶薩知《ハル》㆘一切法《ニ》無《ク》㆓來去相《ノ》㆒、亦《タ》無《キヲ》㆖有《ルコト》㆓法《ノ》若《シハ》來《リ》、若《シハ》去《リ》、若《シハ》至《リ》、若《シハ》不《ルモノ》㆑至《ラ》。諸法《ノ》相《ノ》不滅《ナルガ》故《ナリ》。菩薩摩訶薩、於《テ》㆓諸地《ニ》㆒、不㆑念《ゼ》、不㆓思惟《セ》㆒、而《モ》修㆓治《シ》地業《ヲ》㆒、亦《タ》不㆑見㆑地《ヲ》。何等《カ》菩薩摩訶薩、治《スヤ》㆓地業《ヲ》㆒。

2、『般若経』初地の提示

菩薩摩訶薩、住《スル》二初地《ニ》一時、行《ズ》二十事《ヲ》一。一《ツニ》者、深心堅固是《レ》不可得《ナルガ》故《ニ》。二《ツニ》者、於《テ》二一切衆生《ノ》中《ニ》一等《シクス》レ心、衆生不可得《ナルガ》故《ニ》。三《ツニ》者、布施、與レ人受人《ト》不可得《ナルガ》故《ニ》。四《ツニ》者、親二近《シテ》善知識《ニ》一亦不二自《ラヲ》高《クセ》一。五《ツニ》者、求《ム》レ法《ヲ》、一切法不可得《ナルガ》故《ニ》。六《ツニ》者、常《ニ》出家《ス》、家不可得《ナルガ》故《ニ》。七《ツニ》者、愛二樂《ス》佛身《ヲ》一、相好不可得《ナルガ》故《ニ》。八《ツニ》者、演二出《ス》法教《ヲ》一、諸法分別不可得《ナルガ》故《ニ》。九《ツニ》者、破《ス》二憍慢《ヲ》一、法《ノ》生《ズルコトヲ》レ慧不可得《ナルガ》故《ニ》。十《ツニ》者、實語、諸語不可得《ナルガ》故《ニ》。菩薩摩訶薩、如《ク》レ是《ノ》初地《ノ》中《ニ》住《シテ》、修二治《シ》十事《ヲ》一、治《ス》二地業《ヲ》一。（中略）

3、『般若経』七地の提示

復次、須菩提、菩薩摩訶薩、住《シテ》二七地《ノ》中《ニ》一、二十《ノ》法《ニ》所《ナリ》レ不《ル》レ應《カラ》レ著《ス》。何等《ヲカ》二十《トス》。一《ツニ》者、不レ著《サ》レ我《ニ》。二《ツニ》者、不レ著《サ》二衆生《ニ》一。三《ツニ》者、不レ著《サ》二壽命《ニ》一。四《ツニ》者、不レ著《サ》二衆數乃至知者見者《ニ》一。五《ツニ》者、不レ著《サ》二斷見《ニ》一。六《ツニ》者、不レ著《サ》二常見《ニ》一。七《ツニ》者、不レ應《カラ》レ作《ス》レ相《ヲ》。八《ツニ》者、不レ應《カラ》レ作《ス》二因見《ヲ》一。九《ツニ》者、不レ著《サ》二名色《ニ》一。十《ツニ》者、不レ著《サ》二五衆《ニ》一。十一《ニ》者、不レ著《サ》二十八界《ニ》一。十二《ニ》者、不レ著《サ》二十二入《ニ》一。十三《ニ》者、不レ著《サ》二三界《ニ》一。十四《ニ》者、不レ作《ラ》二著處《ヲ》一。十五《ニ》者、不レ作《ラ》二所期《ノ》處《ヲ》一。十六《ニ》者、不レ作《ラ》二依處《ヲ》一。十七《ニ》者、不レ著《サ》二依《ル》レ佛《ニ》見《ニ》一。十八《ニ》者、不レ著《サ》二依《ル》レ法《ニ》見《ニ》一。十九《ニ》者、不レ著《サ》二依《ル》レ僧《ニ》見《ニ》一。二十《ニ》者、不レ著《サ》二依《ル》レ戒《ニ》見《ニ》一。是《ノ》二十《ノ》法《ハ》所《アリ》レ不《ル》レ應《カラ》レ著《ス》。

復有《タリ》三二十法《ノ》應《ニ》《キモノ》二具足《シ》滿《タス》一。何等《ヲカ》二十《トス》。一《ツニ》者、具二足《ス》空《ヲ》一。二《ツニ》者、無相《ヲ》證《ス》。三《ツニ》者、知《ル》二無作《ヲ》一。四《ツニ》者、三分清淨《ナリ》。五《ツニ》者、一切衆生中《ノニ》具二足《ス》慈悲智《ヲ》一。六《ツニ》者、不レ念《ゼ》二一切衆生《ヲ》一。七《ツニ》者、一切法等觀《ヲジ》、是中《ノニ》亦不レ著《サ》。八《ツニ》者、知《リテ》二諸法實相《ヲ》一、是事《ノヲ》亦不レ念《ゼ》。九《ツニ》者、無生法忍。十《ツニ》者、無生智。十一《ニ》者、説《ク》二諸法一相《ヲ》一。十二《ニ》者、破《ス》二分別相《ノヲ》一。十三《ニ》者、轉《ズ》二憶想《ヲ》一。十四《ニ》者、轉《ズ》レ見《ヲ》。十五《ニ》者、轉《ズ》二煩惱《ヲ》一。十六《ニ》者、等定慧地。十七《ニ》者、調レ意。十八《ニ》者、心寂滅。十九《ニ》者、無礙智。二十《ニ》者、不レ染《マ》レ愛《ニ》。須菩提、是名《ヲク》下菩薩摩訶薩《ハ》住《シテ》二七地中《ノニ》一應《ニシト》レ具二足《ス》二十法《ヲ》一。

4、『般若経』八地の提示

復次《ニ》、須菩提、菩薩摩訶薩《ハ》住《シテ》二八地中《ノニ》一應《シニ》レ具二足《ス》五法《ヲ》一。何等《カ》五《ナルヤ》。順二入《シ》衆生心《ノニ》一、遊二戲《シ》諸神通《ノニ》一、觀《テ》二諸佛國《ノヲ》一、如《ク》二所《ノ》レ見《ル》佛國《ノ》一自《ラ》莊二嚴《シ》其國《ノヲ》一、如《ク》三實《ニ》觀《ズルガ》二佛身《ヲ》一自《ラ》莊二嚴《ス》佛身《ヲ》一。是名《ヲク》二五法《ヲ》具足滿《シスト》一。復次《ニ》須菩提、菩薩摩訶薩《ハ》住《シテ》二八地中《ノニ》一、復《タ》具二足《ス》五法《ヲ》一。何等《カ》五《ナルヤ》。知《リ》二上下諸根《ノヲ》一、淨《メテ》二佛國土《ヲ》一、入《リ》二如幻三昧《ニ》一、常入《リテ》二三昧《ニ》一、隨《ヒテ》二衆生所應善根《ノニ》一受《ク》レ身《ヲ》。須菩提、是爲《ヲス》下菩薩摩訶薩住《シテ》二八地中《ノニ》一具中足《スト》五法《ヲ》上。（中略）

5、『大論』「釈発趣品」の初め

【論】釋曰、須菩提、上問《ニヒ》二摩訶衍《ヲ》一、佛、種種答《ニヘタマヘリ》二摩訶衍相《ノヲ》一。上又問《ニタヒ》下發二趣《スル》大乘《ニ》一者《ヲ》上、今答《ハヘタマフ》下發二趣《スル》大乘《ニ》一相《ヲ》上。菩薩摩訶薩、乘《ジテ》二是乘《ノニ》一、知《ルガ》二一切法從《ノリ》レ本已來、不來不去、無動無發、法性常住《ヲ》一故《ニ》、又《タ》以《テノ》二大悲心《ヲ》一故《ニ》、精進波羅蜜《ノ》故《ニ》、方便力《ノ》故《ニ》、還《リテ》修《シ》二諸《ノ》善法《ヲ》一、更《ニ》求《メ》二勝地《ヲ》一、而《モ》不レ取《ラ》二地相《ヲ》一、亦《タ》不《ルナリ》レ見二此《ノ》地《ヲ》一。

問曰、應《ニ》《シ》レ答《フ》三發二趣《スルヲ》大乘《ニ》一。何《ヲ》以《テ》説《クヤ》レ發二趣《スルト》地《ニ》一。

答曰、大乘《ハ》即《チ》是《レ》地《ナリ》。地《ニ》有《リ》二十分一。從《リ》二初地一至《ル》三二地《ニ》一。是《ヲ》名《ク》二發趣《スト》一。譬《ヘバ》如《シ》二乘《リテ》レ馬《ニ》趣《キ》レ象《ニ》、捨《テテ》レ馬《ヲ》乘《リ》レ象《ニ》、乘《リテ》レ象《ニ》趣《キ》レ龍《ニ》、捨《テテ》レ象《ヲ》乘《ルガ》レ龍《ニ》。

問曰、此《ノ》中《ニ》、是《レ》何等《カ》十地《ナルヤ》。

答曰、地《ニ》有《リ》二二種一。一《ツニ》者、但菩薩地。二《ツニ》者、共地《ナリ》。共地《ト》者、所謂、乾慧地乃至佛地《ナリ》。但菩薩地《ト》者、歡喜地、離垢地、有光地、增曜地、難勝地、現在地、深入地、不動地、善根地、法雲地《ナリ》。此《ノ》地相《ハ》、如《シ》二十地經《ノ》中《ニ》廣《ク》説《クガ》一。

6、『大論』初地の釈

入《リテ》二初地《ニ》一、菩薩《ハ》、應《ニ》《シ》レ行《ズ》二十法《ヲ》一。深心乃至實語《ナリ》。須菩提《ハ》雖《モ》レ知《ルト》、爲《ノ》レ斷《ズル》二衆生《ノ》疑《ヲ》一故《ニ》、問《フ》二世尊《ニ》一。云何《ナル》是《レ》深心《ナルト》。佛答《ヘタマハク》、應《ズル》二薩婆若《ニ》一心《モテ》、集《ムルコトナリト》二諸《ノ》善根《ヲ》一。薩婆若《ノ》心《ト》者、菩薩摩訶薩《ハ》、初《メテ》發《シテ》二阿耨多羅三藐三菩提《ノ》意《ヲ》一、作《サク》二是《ノ》願《ヲ》一、我於《テ》二未來世《ニ》一、當《ニ》《シト》二作佛《ス》一。是《ノ》阿耨多羅三藐三菩提《ノ》意、即《チ》是《レ》應《ズル》二薩婆若《ニ》一心《ナリ》。應《ズト》者、繫《ケテ》レ心《ヲ》、願《フナリ》三我當《ニ》《ベシト》二作佛《ス》一。若《シ》菩薩、利根《ナラバ》、大《ニ》集《メ》二福德《ヲ》一、諸《ノ》煩惱薄《ク》、過去《ノ》罪業少《ク》、發意《シテ》即《チ》得二深心《ヲ》一。

深心者《ト》、深《ク》樂《シミ》二佛道《ヲ》一、世世於《テ》二世間《ニ》一心薄《シ》。是《ヲ》名《ク》下應《ズル》二薩婆若《ニ》一心《ト》上。所《ノ》レ作《ス》一切《ノ》功德《ノ》、若《ハ》布施、若《ハ》持戒、若《ハ》修定等《ヲモテ》、不レ求《メ》二今世・後世《ノ》福樂・壽命・安隱《ヲ》一、但《ダ》爲《ニス》二薩婆若《ノ》一。譬《ヘバ》如《シ》下慳貪《ノ》人《ノ》、無《ケレバ》二因緣一、乃至一錢《ヲモ》不レ施《コサ》、貪惜《シ》積聚《シテ》、但《ダ》望《ムガ》中增長《スルヲ》上。菩薩《モ》亦《タ》如《ク》レ是《ノ》。福德《ノ》、若《ハ》多、若《ハ》少、不レ向《ケ》二餘事《ニ》一、但《ダ》愛惜《シ》積集《シテ》向《ク》二薩婆若《ニ》一。

問曰、是《ノ》菩薩、未《ダ》レ知《ラ》二薩婆若《ヲ》一、不レ得二其《ノ》味《ヲ》一。云何《ガ》能《ク》得《ルヤト》二深心《ヲ》一。

答曰、我先《ニ》已《ニ》說《ケリ》。此《ノ》人、若《シ》利根《アラバ》、諸《ノ》煩惱薄《ク》、福德純厚《ニシテ》不レ樂《シマ》二世間《ヲ》一、雖《モ》レ未《ダ》レ聞《カ》《ト》三讃二歎《スルヲ》大乘《ヲ》一、猶《ホ》、不レ樂《シマ》二世間《ヲ》一、何《ニ》況《ムヤ》已《ニ》聞《ケルヲヤ》。如《キハ》二摩訶迦葉《ノ》一、娶《リテ》二金色《ノ》女《ヲ》一爲《スモ》レ妻《ト》、心《ニ》不二愛樂《セ》一、棄捨《シテ》出家《セリ》。又、如《キハ》二耶舍長者子《ノ》一、中夜見《ニテ》二衆《ノ》婇女《ノ》、皆如《クナル》レ死《ノ》狀《ヲ》一、捨《テ》二直《あたい》十萬兩金《ノ》寶屐《ほうげきヲ》一、於《テ》二水岸邊《ニ》一、直《ニ》渡《リテ》趣《ケリ》レ佛《ニ》。如《キ》レ是《ノ》等、諸《ノ》貴人、國王《ニモ》、厭捨《テル》二五欲《ヲ》一者《ハ》無數《ナリ》。何《ニ》況《ムヤ》菩薩《ハ》聞《テ》レ說《クヲ》二佛道《ノ》種種《ノ》功德因緣《ヲ》一、而《モ》不《ラムヤ》二即時《ニ》發心《シ》深入《セ》一。如《シ》下後《ノ》薩陀波崙品《ノ》中《ニ》、長者《ノ》女《むすめ》、聞《キテ》レ讃二歎《スルヲ》佛《ノ》功德《ヲ》一、即時《ニ》捨《テ》レ家《ヲ》、詣《ルガ》中曇無竭《ノ》所《ニ》上。

復次《ニ》、信等《ノ》五根《ヲ》成就・純熟《スルガ》故《ニ》、能《ク》得二是《ノ》深心《ヲ》一。譬《ヘバ》、如《シ》下小兒《ハ》眼等《ノ》五情根、未《ダ》二成就《セ》《ルガ》一故《ニ》、不レ別《タ》二五塵《ヲ》一、不《ルガ》上レ識《ラ》二好醜《ヲ》一。信等《ノ》五根《ノ》未《ダ》二成就《セ》《ルモノモ》一、亦復《タ》如《シ》レ是《ノ》。不レ識《ラ》二善惡《ヲ》一、不レ知《ラ》二縛解《ヲ》一、愛二樂《シテ》五欲《ヲ》一、沒《ス》レ於二邪見《ニ》一。信等《ノ》五根《ヲ》成就《セル》者《ハ》、乃《チ》能《ク》識二別《シ》善惡《ヲ》一、十善道・聲聞法《スラ》猶尚《なお》愛樂《ス》。況《ムヤ》無上道《ヲバ》而不《ラムヤ》二深《ク》念《ぜ》一。初《メテ》發《スコト》二無上道心《ヲ》一、已《ニ》於《テ》二世間《ニ》一最上《ナリ》。何《ニ》況《ムヤ》成就《スルヲヤ》。

復次《ニ》、菩薩、始《メテ》得《ルガ》二般若波羅蜜《ノ》氣味《ヲ》一故《ニ》、能《ク》生《ズ》二深心《ヲ》一。如《シ》下人《ノ》閉《セラレテ》在《リ》二幽闇《ニ》一微隙《みげきヨリ》見レ光《ヲ》、心則《チ》踊躍《シ》作《シテ》㆓是《ノ》念《ヲ》㆒言《ク》㆓衆人《ニ》㆒、獨《リ》得㆑見《ルコトヲ》㆓如《ク》㆑是《ノ》光明《ヲ》㆒、欣悦愛樂《シテ》即《チ》生《ジ》㆓深心《ヲ》㆒、念《ジ》㆓是《ノ》光明《ヲ》㆒方便《シテ》求《ムルガ》㆖㆑出《ヲ》。菩薩《モ》亦如《シ》㆑是《ノ》。宿業因縁《ノ》故《ニ》、閉《セラレテ》在《リ》㆓十二入《ノ》無明《ノ》黒闇獄中《ニ》㆒、所有《ノ》知見《ハ》皆是虚妄《ナルモ》、聞《テ》㆓般若波羅蜜《ヲ》㆒、少《シク》得《テ》㆓氣味《ヲ》㆒深《ク》念《ジ》㆓薩婆若《ヲ》㆒、我當《ニ》云何《ガ》於《テ》此《ノ》六情《ノ》獄《ヨリ》得《テ》㆑出《ルコトヲ》、如《クナラムヤ》㆓諸佛聖人《ノ》㆒。

復次《ニ》、發《シテ》㆓阿耨多羅三藐三菩提心《ヲ》㆒、隨《ヒテ》㆑願《ニ》所《アリ》㆑行《ズル》。以《テノ》㆑是《ヲ》故《ニ》生《ズ》㆓深心《ヲ》㆒。

深心《ト》者、一切諸法中《ノ》愛《ハ》無《ク》㆑如《クモノ》愛《スルニ》㆓薩婆若《ヲ》㆒、一切衆生中《ノ》愛《ハ》無《シ》㆑如《クモノ》㆘愛《シタテマツリ》㆑佛《ヲ》、又深《ク》入《テ》㆓悲心《ニ》㆒利㆗益《スルニ》衆生《ヲ》㆖。如《キ》㆑是《ノ》等《ヲ》名《ク》㆓深心《ノ》相《ト》㆒。初地《ノ》菩薩《ハ》、應《ニ》㆔常《ニ》行《ズ》㆓是《ノ》心《ヲ》㆒。於《テ》㆓一切衆生《ニ》㆒等《シクスト》㆑心《ヲ》者、菩薩《ハ》得㆓是《ノ》深心《ヲ》㆒已《シおわりテ》、等《シクス》㆑心《ヲ》於《テ》㆓一切衆生《ニ》㆒。衆生《ハ》常情《ニモテ》愛《シ》㆓其《ノ》所《ヲ》㆒㆑親《キ》惡《ム》㆓其《ノ》所《ヲ》㆒㆑憎《キ》。菩薩《ハ》得《ルガ》㆓深心《ヲ》㆒故《ニ》、怨親平等《ニ》視㆑之《ヲ》、無《シ》㆑二。此《ノ》中佛自《ラ》説《キタマヘリ》。

等心《ト》者、四無量心《ナリ》。是《ノ》菩薩《ハ》見《レバ》㆓衆生《ノ》受《クルヲ》㆒㆑樂《ヲ》、則《チ》生《ジ》㆓慈喜心《ヲ》㆒作《ク》㆓是《ノ》願《ヲ》㆒、我當《ニ》令《メント》㆔一切衆生《ヲシテ》皆得《セ》㆓佛樂《ヲ》㆒。若《シ》見《テ》㆓衆生《ノ》受《クルヲ》㆒㆑苦《ヲ》、則《チ》生《ジ》㆓悲心《ヲ》㆒愍《ミ》㆑之《ヲ》作《ク》㆓是《ノ》願《ヲ》㆒、我當《ニ》《シト》㆑拔《ク》㆓一切衆生《ノ》苦《ヲ》㆒。若《シ》見《テ》㆓不苦不樂《ノ》衆生《ヲ》㆒、則《チ》生《ジ》㆓捨心《ヲ》㆒作《ク》㆓是《ノ》願《ヲ》㆒、我當《ニ》《シト》㆑令《ム》㆔衆生《ヲシテ》捨《テ》㆓愛憎《ノ》心《ヲ》㆒。四無量心《ノ》餘義《ハ》如《シ》㆓先《ニ》説《クガ》㆒。

捨心《ト》者、捨《ニ》有《リ》㆓二種㆒。一《ツニ》者、捨《テ》㆑財《ヲ》行《ズ》㆑施《ヲ》。二《ツニ》者、捨《テ》㆑結《ヲ》得《ル》㆑道《ヲ》。此以《テ》㆑除《クヲ》㆑慳《ヲ》爲《スハ》㆑捨《ト》、與《ためノ》㆓第二《ノ》捨《テル》㆒㆑結《ヲ》作《ル》㆓因縁《ト》㆒。至《リテ》㆓七地《ノ》中《ニ》㆒乃《チ》能《ク》捨《ルナリ》㆑結《ヲ》。

問曰、捨《ノ》相《ニ》有《リ》㆓種種㆒。内外・輕重・財施法施・世間出世間等《ナリ》。佛《ハ》何以《テノ》故《ニ》、但《ダ》説《キタマフヤ》㆘無《ク》㆓分別・憶想㆒、出世間《ノ》施《ノミヲ》㆖。

答曰、布施雖《ニモ》レ有《リト》二種種相一、但《ダ》説《テ》二大者《ヲ》一不レ取《ラ》レ相《ヲ》。

復次《ニ》、佛《ハ》於《テ》二一切法《ニ》一不《ハ》レ著《シタマハ》、亦以《テ》レ此《ヲ》教《テ》二菩薩《ニ》布施《ヲ》一、令《メタマフ》下如《キニモ》二佛法《ノ》一不《ラ》上レ著《セ》。此《ノ》中《ニ》應《ニ》廣《ク》説《ク》二無分別《ノ》布施《ヲ》一。餘《ノ》布施《ノ》相《ハ》處處《ニ》已《ニ》種種《ニ》説《ケリ》。近《ヅクノ》二善知識《ニ》一義《ハ》如《シ》二先《ニ》説《クガ》一。

求法者《ト》、法《ニ》有《リ》二三種一。一《ツニ》者、諸法《ノ》中《ノ》無上、所謂涅槃《ナリ》。二《ツニ》者、得《ル》二涅槃《ヲ》一方便《ナル》八聖道《ナリ》。三《ツニ》者、一切善語實語《ニシテ》、助《クル》二八聖道《ヲ》一者、所謂八萬四千法衆・十二部經・四藏、所謂阿含・阿毘曇・毘尼・雜藏《ナリ》。摩訶般若波羅蜜等《ノ》諸《ノ》摩訶衍經、皆名《テ》為《ス》レ法《ト》。此《ノ》中《ニ》求法者《ト》、書寫・誦讀・正憶念《ナリ》。如《キ》レ是《ノ》等、治《スルガ》二衆生《ノ》心《ノ》病《ヲ》一故《ニ》。集《メテ》二諸《ノ》法藥《ヲ》一不レ惜《シマ》二身命《ヲ》一。如《クハ》二釋迦文佛《ノ》一本《ト》為《リシ》二菩薩一時、名《ケテ》曰《ヘリ》二樂法《ト》一。時、世《ニ》無《シ》レ佛、不レ聞《カ》二善語《ヲ》一、四方《ニ》求《メ》レ法《ヲ》、精勤《シテ》不《リシモ》レ懈《ラ》、了《ついニ》不レ能《ハ》レ得《ルコト》。爾時、魔變《ジテ》作《テ》二婆羅門《ト》一而語《リテ》レ之言《ヲク》、我《ニ》有《リ》二佛《ノ》所説《ノ》一偈一。汝能《ク》以《テ》レ皮《ヲ》為《シ》レ紙《ト》、以《テ》レ骨《ヲ》為《シ》レ筆《ト》、以《テ》レ血《ヲ》為《シ》レ墨《ト》、書二寫《セバ》此《ノ》偈《ヲ》一、當《ニ》二以《テ》與《フ》レ汝《ニ》。樂法即時《ニ》自《ラ》念《ズラク》、我世世《ニ》喪《フコト》レ身《ヲ》無數《ナレドモ》、不レ得二是《ノ》利《ヲ》一。即《チ》自《ラ》剝《ギ》レ皮《ヲ》曝《シテ》レ之《ヲ》令《メ》レ乾《カ》、欲《スルニ》レ書《カムト》二其《ノ》偈《ヲ》一、魔便《チ》滅《ス》レ身《ヲ》。是《ノ》時佛知《リ》二其《ノ》至心《ヲ》一、即《チ》從《リ》二下方一踊出《シテ》為《ニ》説《キタマフニ》二深法《ヲ》一、即《チ》得二無生法忍《ヲ》一。又如《キハ》二薩陀波崙《ノ》一苦行《ノ》求《メ》レ法《ヲ》、如《キハ》二釋迦文菩薩《ノ》一五百釘《ヲ》釘《ツ》レ身《ニ》。為《ノ》レ求《ム》レ法《ヲ》故《ニ》。又如《キハ》二金堅王《ノ》一、割《クコトヲ》レ身五百處、為《ス》二燈《シ》レ炷《ヲ》投《ゲ》レ巖《ヲ》入《ルト》レ火《ニ》。如《キ》レ是《ノ》等《ノ》種種《ノ》苦行・難行、為《ニ》二衆生《ノ》一求《ム》レ法《ヲ》。

復次《ニ》、佛《ハ》自《ラ》説《ク》二求法《ノ》相《ヲ》一。為《ニシテ》二薩婆若《ノ》一、不レ墮《サ》二聲聞・辟支佛地《ニ》一。

常《ニ》出家《スト》者、菩薩、知《ル》三在《リテハ》レ家《ニ》有《ルヲ》二種種《ニ》罪《ノ》因縁一。我若《シ》在《ラバ》レ家《ニ》、自《ラ》不レ能《ハ》レ得《ルコト》レ行《ズルコトヲ》二清淨《ノ》行《ヲ》一。何《ゾ》能《ク》令《ム》三

人《ヲシテ》得二諸《ノ》淨行《ヲ》一。若隨《シハバ》二在家《ノ》法《ニ》一、則有《チリ》二鞭杖等《ノ》苦惱《ノ》衆生一。若隨《シハバ》二善法《ノ》行《ニ》一、則破《チス》二居家《ノ》法《ヲ》一。籌量《センニ》二二事《ヲ》一。我今不《レドモ》レ出レ家《ヲ》者、死時《ハ》倶《ニ》亦當《シ》レ捨《ツ》。今自《ラ》遠離《セバ》福徳爲《サン》レ大《ト》。

復次《ニ》、菩薩作《ク》二是《ノ》念《ヲ》一、一切國王及《ビ》諸《ノ》貴人《ノ》力勢如《ク》レ天《ノ》、求《メテ》レ樂《ヲ》未《ダ》《ルモ》レ已《やマ》、死《ハ》強二奪《ス》之《ヲ》一。我今爲《ノ》二衆生《ノ》一故《ニ》、捨《テ》レ家《ヲ》持《チ》二清淨《ノ》戒《ヲ》一、求《メテ》二佛道《ヲ》一具二足《セン》尸羅波羅蜜《ノ》因縁《ヲ》一。此《ノ》中《ニ》佛自《ラ》説《キタマハク》、菩薩世世《ニ》不レ離《ハラ》レ心《ニ》。

出家《ノ》不《ト》レ雑《ハラ》レ心《ニ》者、不下於《テ》二九十六種《ノ》道中《ニ》一出家《セ》上。但《ダ》於《テ》二佛道《ノ》中《ニ》一出家《スルナリ》。所以者何《ン》。佛道《ノ》中《ニ》有《リ》二二種一。正見世間《ト》正見出世間《トナリ》。正見《ノ》故《ニ》。

愛二樂《スト》佛身《ヲ》一者、聞《キ》三種種《ニ》讚《ズルヲ》二佛《ノ》功徳、十力・四無所畏・大慈大悲・一切智慧《ヲ》一、又見《テ》下佛身《ノ》三十二相八十種隨形好、放《チテ》二大光明《ヲ》一、天人《ノ》供養《スルニ》無《キヲ》レ有《ルコト》二厭足一、自《ラ》知《ル》二我當來世《ノ》亦《モ》當《ニ》《シト》レ如《クス》レ是《ノ》。假令《たとひ》無《キモノスラ》二得《ル》レ佛《ヲ》因縁一猶尚《なお》愛樂《ス》。何《ニ》況《ムヤ》當《ニ》レ得《クシテ》而《モ》不《ラムヤ》二愛樂《セ》一。得《テ》二是《ノ》深心《ヲ》一愛二樂《スルガ》佛《ヲ》一故《ニ》、世世《ニ》常《ニ》得《ルナリ》レ値《フヲ》レ佛《ニ》。

演二出《スト》法教《ヲ》一者、菩薩如《ハク》レ上《ノ》求《メ》レ法《ヲ》已《ニ》爲《ニ》二衆生《ノ》一演説《ス》。菩薩《ノ》在《ル》レ家《ニ》者多《ク》以《テシ》二財施《ヲ》一、出家《ノ》者《ハ》愛《スル》レ佛《ヲ》情重《ク》常《ニ》以《テス》二法施《ヲ》一。若《シハ》佛《ノ》在《マスモ》レ世《ニ》若《シハ》不《モ》レ在《マサ》レ世《ニ》、善《ク》住《シ》二持戒《ニ》一不レ求《メ》二名利《ヲ》一。等《シクシ》二心《ヲ》一切衆生《ニ》一而爲《ニ》説《ク》レ法《ヲ》。讚二歎《スルガ》檀義《ヲ》一故《ニ》、名《ケテ》爲《シ》二初善《ト》一、分別《シテ》讚二歎《スルヲ》持戒《ヲ》一、名《ケテ》爲《シ》二中善《ト》一、是《ノ》二法《ノ》果報《ノ》、若《シハ》生《ジ》二諸《ノ》佛國《ニ》一若《シハ》作《ルヲ》二大天《ト》一、名《ケテ》爲《ス》二後善《ト》一。

復次《ニ》、見《レバ》三三界《ノ》五受衆《ノ》身、多《キヲ》二苦惱《ノ》一、則《チ》生《ズルヲ》二厭離心《ヲ》一名《ケテ》爲《シ》二初善《ト》一、棄二捨《シ》居家《ヲ》一爲《ノ》二身《ヲ》離《ルルニ》一故《ニ》、名《ケテ》爲《シ》二中善《ト》一、爲《ノ》三心《ノ》離《ルル》二煩惱《ヲ》一故《ニ》、名《ケテ》爲《ス》二後善《ト》一。解二説《スルヲ》聲聞乘《ヲ》一、名《ケテ》爲《シ》二初善《ト》一、説《クヲ》二辟支佛乘《ヲ》一、名《ケテ》爲《シ》二中善《ト》一、宣二暢《スルヲ》大乘《ヲ》一、名《ケテ》爲二後善《ト》一。

妙義好語者《ト》、三種語《ハ》雖《モ》二復《タ》辭妙《ナリト》一、而義味淺薄《ナリ》、雖《モ》二義理深妙《ナリト》一、而辭不二具足《セ》一。以《テノ》レ是《ヲ》故《ニ》、説《ク》二妙義好語《ヲ》一。離《ルルガ》二三毒《ノ》垢《ヲ》一故《ニ》、但《ダ》説《キ》二正法《ヲ》一不レ雜《ヘ》二非法《ヲ》一。是《ヲ》名《ク》二清淨《ト》一。八聖道分・六波羅蜜《ノ》備《ハルガ》故《ニ》、名《ケテ》爲二具足《ト》一。修多羅十二部經《ハ》如《シ》二先《ニ》説《クガ》一。

破《スト》二憍慢《ヲ》一者、是《レ》菩薩、出家《ノ》持《チ》レ戒《ヲ》、説《キ》レ法《ヲ》、能《ク》斷《ズ》二衆疑《ヲ》一。或時《ハ》自《ラ》恃《ンデ》而生《ズ》二憍慢《ヲ》一。是《ノ》時《ニハ》、應《ニ》《シ》レ作《ス》二是《ノ》念《ヲ》一。我剃《リ》レ頭《ヲ》著《シ》二染衣《ヲ》一持《シ》レ鉢《ヲ》乞《フ》レ食《ヲ》。此《ハ》是《レ》破《スルノ》二憍慢《ヲ》一法《ナリ》。我云何《ガ》於《テ》レ中《ニ》生《ゼンヤ》二憍慢《ヲ》一。又此《ノ》憍慢在《リテ》二人《ノ》心中《ニ》一、則《チ》覆二沒《シ》功德《ヲ》一、人所《ニハ》レ不《ル》レ愛《セ》惡聲流布《シ》、後身《ハ》常《ニ》生《ジ》二弊惡畜生《ノ》中《ニ》一、若《シハ》生《ズ》二人中《ノ》卑鄙・下賤《ニ》一。知《リテ》三是《レ》憍慢《ニ》有《リト》二如《ク》レ是《ノ》無量《ノ》過罪一、破《ス》二是《ノ》憍慢《ヲ》一。爲《ノ》レ求《メンガ》二阿耨多羅三藐三菩提《ヲ》一故《ナリ》。如《シ》二人《ノ》求《ムスラ》レ財《ヲ》、猶尚謙遜《シ》下《スガ》レ意《ヲ》。何況《ムヤ》求《ムルヲヤ》二無上道《ヲ》一。以《テノ》レ破《スヲ》二憍慢《ヲ》一故《ニ》常《ニ》生《ジ》二尊貴《ニ》一、終《ニ》不《ズ》レ在《ラ》二下賤《ノ》家《ニ》生《ズルコト》一。

實語者《ト》、是《レ》諸善之本、生天《ノ》因縁《ニシテ》、人《ノ》所《ナリ》二信受《スル》一。行《ズル》二是《ノ》實語《ヲ》一者、不《シテ》レ假《ラ》二布施・持戒・學問《ヲ》一、但《ダ》修《スルノミニシテ》二實語《ヲ》一得二無量《ノ》福《ヲ》一。實語者《ト》、如《ク》レ説《ノ》隨《ヒテ》行《ズルナリ》。

問曰、口業《ニ》有《リ》二四種一。何《ヲ》以《テカ》但《ダ》説《クヤ》二實語《ヲ》一。

答曰、佛法《ノ》中《ニ》貴《キガ》レ實《ヲ》故《ニ》説《ク》レ實《ヲ》。餘《ハ》皆攝《ス》二四諦《ニ》一。實《ノ》故《ニ》得二涅槃《ヲ》一。復次《ニ》、菩薩《ハ》與二衆生一共《ニ》事《トシ》二惡口・綺語・兩舌《ヲ》一、或時《ハ》有《リテ》二妄語《ノ》罪重《キガ》一故《ニ》、初地《ニオイテ》應《シ》レ捨《ツ》。是《ノ》菩薩《ノ》行《ハ》、初地《ニオイテハ》未《ダ》レ能《ハ》二具足《スルコト》一。行《ズルガ》二此《ノ》四業《ヲ》一故《ニ》、但《ダ》説《クノミ》二實語《ヲ》一。第二地《ノ》中《ニオイテ》則《チ》能《ク》具足《ス》。

問曰、初地《ノ》中《ニ》何《ヲ》以《テ》但《ダ》説《クヤ》二十事《ノミヲ》一。

答曰、佛《ハ》爲《リテ》二法王一二諸法《ノ》中《ニ》得《タマフ》二自在《ヲ》一。知《レバ》二是《ノ》十法《ヲ》一能《ク》成《ズ》二初地《ヲ》一。譬《ヘバ》如《シ》下良醫《ハ》善《ク》知《レバ》二薬草《ノ》種數《ノ》、若《シハ》五、若《シハ》十《ヲ》一、足《ルガ》中能《ク》破《スルニ》上病《ヲ》。是《ノ》中《ニ》不レ應《カラ》レ難《ズ》二其《ノ》多少《ヲ》一。初地竟《リ》（中略）

7、『般若経』自身による七地の釈

【経】云何《ガ》菩薩、不《ルヤ》レ著《サ》レ我《ニ》。畢竟《ジテ》無我《ナルガ》故《ナリ》。云何《ガ》菩薩、不レ著《サ》二衆生《ニ》一、不レ著《サ》二壽命《ニ》一、不《ルヤ》レ著《サ》二衆數乃至知者・見者《ニ》一。是《ノ》諸《ノ》法《ハ》畢竟《ジテ》不可得《ナルガ》故《ナリ》。云何《ガ》菩薩、不《ルヤ》レ著《サ》二斷見《ニ》一。無《ク》レ有《ルコト》レ法《ノ》レ斷《ズルモノ》、諸法《ハ》畢竟《ジテ》不生《ナルガ》故《ナリ》。云何《ガ》菩薩、不《ルヤ》レ著《サ》二常見《ニ》一。若《シ》法不生《ナラバ》是不《レバナリ》レ作《サ》レ常《ト》。云何《ガ》菩薩、不《ルヤ》レ應《カラ》レ取《ル》レ相《ヲ》。無《キガ》二諸《ノ》煩悩一故《ナリ》。云何《ガ》菩薩、不《ルヤ》レ應《カラ》レ作《ス》二因見《ヲ》一。諸《ノ》見《ハ》不可得《ナルガ》故《ナリ》。云何《ガ》菩薩、不《ルヤ》レ著《サ》二名色《ニ》一。名色處《ノ》相《ハ》無《ナルガ》故《ナリ》。云何《ガ》菩薩、不レ著《サ》二五衆《ニ》一、不レ著《サ》二十八界《ニ》一、不《ルヤ》レ著《サ》二十二入《ニ》一。是《ノ》諸法《ノ》性無《キガ》故《ナリ》。云何《ガ》菩薩、不《ルヤ》レ著《サ》二三界《ニ》一。三界《ノ》性無《キガ》故《ナリ》。云何《ガ》菩薩、不《ルヤ》レ應《ニ》《カラ》レ作《ス》レ著《ヲ》レ心《ニ》。云何《ガ》菩薩、不《ルヤ》レ應《ニ》《カラ》レ作《ス》レ願《ヲ》。云何《ガ》菩薩、不《ルヤ》レ應《ニ》《カラ》レ作《ス》二依止《ヲ》一。是《ノ》諸法《ノ》性無《キガ》故《ナリ》。云何《ガ》菩薩、不《ルヤ》レ著《サ》二依《ル》レ佛《ニ》見《ニ》一。作《セバ》二依見《ヲ》一不《ルガ》レ見《タテマツラ》レ佛《ヲ》故《ナリ》。云何《ガ》菩薩、不《ルヤ》レ著《サ》二依《ル》レ法《ニ》見《ニ》一。法《ハ》不《ルガ》レ可《カラ》レ見《ル》故《ナリ》。云何《ガ》菩薩、不《ルヤ》レ著《サ》二依《ル》レ僧《ニ》見《ニ》一。僧相《ハ》無爲《ニシテ》不《ルガ》レ可《カラ》レ依《ル》故《ナリ》。云何《ガ》菩薩、不《ルヤ》レ著《サ》二依《ル》レ戒《ニ》見《ニ》一。罪無罪《ニ》不《ルガ》レ著《サ》故《ナリ》。是《ヲ》爲《ス》下菩薩《ハ》住《シテ》二七地《ノ》中《ニ》一二十法《ニ》所《ナリト》上不《ル》レ應《カラ》レ著《ス》。

云何《ガ》菩薩、應《ニ》《キャ》三具二足《ス》空《ヲ》一。具二足《スルガ》諸法《ノ》自相空《ヲ》一故《ナリ》。云何《ガ》菩薩、無相《ヲ》證《スルヤ》。不《ルガ》レ念《ゼ》二諸相《ヲ》一故《ナリ》。云何《ガ》菩薩、知《ルヤ》二無作《ヲ》一。於《テ》二三界《ノ》中《ニ》一不《ルガ》レ作《サ》故《ナリ》。云何《ガ》菩薩、三分清淨《ナルヤ》。十善道《ヲ》具足《スルガ》故《ナリ》。云何《ガ》菩薩、一切衆生《ノ》中《ニ》慈悲智具足《スルヤ》。得《ルガ》二大悲《ヲ》一故《ナリ》。云何《ガ》菩薩、不《ルヤ》レ念《ゼ》二一切衆生《ヲ》一。淨《ムルコトヲ》二佛世界《ヲ》一具足《スルガ》故《ナリ》。云何《ガ》菩薩、一切法等《シク》觀《ズルヤ》。於《テ》二諸法《ニ》一不《ルガ》二損益《セ》一故《ナリ》。云何《ガ》菩薩、知《ルヤ》二諸法實相《ヲ》一。諸法實相《ハ》無知《ナルガ》故《ナリ》。云何《ガ》菩薩、無生忍《ナルヤ》。爲《ノ》二諸法《ハ》不生・不滅・不作《ノ》一故《ナリ》。云何《ガ》菩薩、說《クヤ》二諸法《ノ》一相《ヲ》一。心不《ルガ》レ行《ゼ》二一相《ヲ》一故《ナリ》。云何《ガ》菩薩、破《スヤ》二分別《ノ》相《ヲ》一。一切法《ハ》不《ルガ》二分別《セ》一故《ナリ》。云何《ガ》菩薩、轉《ズルヤ》二憶想《ヲ》一。小大《ノ》無量《ノ》想轉《ズルガ》故《ナリ》。云何《ガ》菩薩、無生智《ナルヤ》。知《ルガ》二名色《ノ》不生《ナルヲ》一故《ナリ》。云何《ガ》菩薩、轉《ズルヤ》レ見《ヲ》。於《テ》二聲聞・辟支佛地《ニ》一見《ヲ》轉《ズルガ》故《ナリ》。云何《ガ》菩薩、轉《ズルヤ》二煩惱《ヲ》一。斷《ズルガ》二諸《ノ》煩惱《ヲ》一故《ナリ》。云何《ガ》菩薩、等《クスル》二定慧《ヲ》一地《ナルヤ》。所謂、得《ルガ》二一切種智《ヲ》一故《ナリ》。云何《ガ》菩薩、調《フヤ》レ意《ヲ》。於《テ》二三界《ニ》一不動《ナルガ》故《ナリ》。云何《ガ》菩薩、心寂滅《ナルヤ》。制《スルガ》二六根《ヲ》一故《ナリ》。云何《ガ》菩薩、無礙智《ナルヤ》。得《ルガ》二佛眼《ヲ》一故《ナリ》。云何《ガ》菩薩、不《ルヤ》レ染《マラ》レ愛《ニ》。捨《ツルガ》二六塵《ヲ》一故《ナリ》。是《ヲ》爲《ス》下菩薩《ハ》住《シテ》二七地《ノ》中《ニ》一具中足《スルト》二十法《ヲ》上。

8、『般若経』自身による八地の釈

云何《ガ》菩薩、順二入《スルヤ》衆生《ノ》心《ニ》一。菩薩《ハ》以《テ》二一心《ヲ》一知《ルナリ》二一切衆生《ノ》心及《ビ》心數法《ヲ》一。云何《ガ》菩薩、遊二戲《スルヤ》諸《ノ》神通《ニ》一。以《テ》二是《ノ》神通《ヲ》一從《リ》二一佛國一至《リ》二一佛國《ニ》一、亦《タ》不《ルナリ》レ作《サ》二佛國《ノ》想《ヲ》一。云何《ガ》菩薩、觀《ズルヤ》二諸《ノ》佛國《ヲ》一。自《ラ》住《シ》二其《ノ》國《ニ》一見二無量《ノ》諸《ノ》佛國《ヲ》一、亦《タ》無《キナリ》二佛國《ノ》想一。云何《ガ》菩薩、如《ク》二所《ノ》レ見《ル》佛國《ノ》一自《ラ》莊二嚴《スルヤ》其《ノ》國《ヲ》一。住《シ》二轉輪聖王《ノ》地《ニ》一、遍《ネク》至《リ》二三千大千世界《ニ》一、以《テ》自《ラ》莊嚴《スルナリ》。云何《ガ》菩薩、如《クスルヤ》三實《ニ》觀《ズルガ》二佛身《ヲ》一。如《クスルガ》三實《ニ》觀《ズルガ》二法身《ヲ》一故《ナリ》。是《ヲ》爲《ス》下菩薩、住《シテ》二八地《ノ》中《ニ》一具㆗足《スト》四法《ヲ》㆖。云何《ガ》菩薩、知《ルヤ》㆓上下《ノ》諸根《ヲ》㆒。菩薩《ハ》住《シテ》㆓佛《ノ》十力《ニ》㆒、知《ルナリ》㆓一切衆生《ノ》上下《ノ》諸根《ヲ》㆒。云何《ガ》菩薩、淨《ムルヤ》㆓佛世界《ヲ》㆒。淨《ムルガ》㆓衆生《ヲ》㆒故《ナリ》。云何《ガ》菩薩《ノ》如幻三昧《トスルヤ》。住《シテ》㆓是《ノ》三昧《ニ》㆒能《ク》成㆓辦《シ》一切《ノ》事《ヲ》㆒、亦《タ》不㆑生《ゼ》㆓心相《ヲ》㆒。云何《ガ》菩薩、常《ニ》入《ルヤ》㆓三昧《ニ》㆒。菩薩、得《ルガ》㆓報生三昧《ヲ》㆒故《ナリ》。云何《ガ》菩薩、隨《ヒテ》㆓衆生所應《ノ》善根《ニ》㆒受《クルヤ》㆑身《ヲ》。菩薩《ハ》知《リ》㆓衆生《ノ》所《ヲ》㆑應《ニ》㆑生《ズ》㆓善根《ヲ》㆒而《シテ》爲《ニ》受《ケテ》㆑身《ヲ》、成㆓就《スルガ》衆生《ヲ》㆒故《ナリ》。是《ヲ》爲《ス》㆘菩薩、住《シテ》㆓八地《ノ》中《ニ》㆒具㆗足《スト》五法《ヲ》㆖。（中略）

9、『般若経』「発趣品」の末

須菩提、菩薩摩訶薩《ハ》住《シ》㆓是《ノ》十地《ノ》中《ニ》㆒、以《テノ》㆓方便力《ヲ》㆒故《ニ》、行《ジ》㆓六波羅蜜《ヲ》㆒、行《ジ》㆓四念處乃至十八不共法《ヲ》㆒、過《ギ》㆓乾慧地、性地、八人地、見地、薄地、離欲地、已作地、辟支佛地、菩薩地《ヲ》㆒、過《ギテ》㆓是《ノ》九地《ヲ》㆒住《ス》㆑於㆓佛地《ニ》㆒。是《ヲ》爲《ス》㆓菩薩《ノ》十地《ト》㆒。如《ク》㆑是《ノ》須菩提、是《ヲ》名《ク》㆓菩薩摩訶薩、大乘《ニ》發趣《スト》㆒。

10、『大論』七地の釈

【論】者《ノ》言《ハク》、我等《ノ》二十法《ハ》不可得《ナルガ》故《ニ》不㆑著《サ》。不可得《ノ》因縁《ハ》、如《シ》㆓先《ニ》種種《ニ》説《クガ》㆒。我見乃至知者・見者・佛見・僧見《ハ》、是《レ》入《ルガ》㆓衆生空《ニ》㆒故《ニ》、是《ノ》見《ニ》不㆑應《カラ》㆑著《ス》。餘《ノ》斷・常乃至戒見、是《ノ》法《ハ》空《ナルガ》故《ニ》不㆑應《カラ》㆑著《ス》。

問曰、餘者可《シ》㆑知《ル》、因見《ハ》云何。

答曰、一切《ノ》有爲法《ハ》展轉《シテ》爲《ル》㆓因果《ト》㆒。是《ノ》法《ノ》中《ニ》著《シ》、心《ニ》取《リテ》㆑相《ヲ》生《ズ》㆑見《ヲ》、是《ヲ》名《ク》㆓因見《ト》㆒。所謂、非《ザルヲ》㆑因《ニ》説《キ》㆑因《ト》、或《ハ》因果《ノ》一異等《ナリ》。

具二足《スト》空《ヲ》一者、若菩薩《シ》、能《ク》盡《ク》行《ゼバ》二十八空《ヲ》一、是《ヲ》名《ク》レ具二足《スト》空《ヲ》一。復次《ニ》、能《ク》行《ゼバ》二二種《ノ》空、衆生空《ト》法空《トヲ》一、是《ヲ》名《ク》レ具二足《スト》空《ヲ》一。復次《ニ》、若菩薩《シ》、能《ク》行《ジテ》二畢竟空《ヲ》一於《テ》レ中《ニ》不《レバ》レ著《サ》、是《ヲ》名《ク》レ具二足《スト》空《ヲ》一。

問曰、若《シ》爾《ラ》者、佛《ハ》此《ノ》中《ニ》何《ヲ》以《テカ》、但《ダ》説《キタマフヤ》二自相空《ノミヲ》一。

答曰、此《ノ》三種《ノ》空《ハ》、皆是自相空《ナリ》。以《テノ》下住《スル》二六地《ニ》一菩薩《ハ》、福徳《アルヲ》上故《ニ》利根《ナリ》。利根《ナルガ》故《ニ》、分二別《シテ》諸法《ヲ》一取《ル》レ相《ヲ》。以《テノ》レ是《ヲ》故《ニ》、七地《ノ》中《ニハ》、以《テ》二相空《ヲ》一為《ス》三具二足《スト》空《ヲ》一。佛《ハ》或時《ハ》説《キテ》二有為空・無為空《ヲ》一名《ケ》三具二足《スト》空《ヲ》一、或時《ハ》説《キテ》二不可得空《ヲ》一名《ケタマヘリ》三具二足《スト》空《ヲ》一。

無相《ヲ》證《スト》者、無相《ハ》即《チ》是涅槃《ニシテ》、可《ク》レ證《ス》不レ可《カラ》レ修《ス》。不《ルガ》レ可《カラ》レ修《ス》故《ニ》、不レ得レ言《フコトヲ》レ知《ルト》。無量無邊《ニシテ》不《ルガ》レ可《カラ》二分別《ス》一故《ニ》、不レ得レ言《フコトヲ》二具一足《スト》。

知《ルト》二無作《ヲ》一者、三事《ハ》雖《モ》レ通《ズト》是《レ》知《リテ》二二事《ヲ》一、更《ニ》義《ヲ》立《ツ》二其《ノ》名《ヲ》一。無作《ハ》但《ダ》有《リ》レ知《ルニ》レ名《ヲ》。

三分清淨《ナリト》者、所謂十善道《ニシテ》身《ノ》三、口《ノ》四、意《ノ》三、是《ヲ》名《ク》二三分《ト》一。上《ニ》以《テノ》レ説《クヲ》二三解脱門《ヲ》一故《ニ》、此《ノ》中《ニハ》不二復《タ》説《カ》一。三分清淨《ナリト》者、或《ハ》有《リ》下人《ノ》身業清淨《ニシテ》、口業不二清淨《ナラ》一、口業清淨《ニシテ》、身業不二清淨《ナラ》一、或《ハ》身口業《ハ》清淨《ナレドモ》、意業不《ル》中清淨《ナラ》上。或《ハ》有《リ》三世間《ニ》三業清淨《ナルモ》、而《モ》未《ダ》《ルモノ》二能《ク》離レ著《ヲ》。是《ノ》菩薩《ハ》、三業清淨及《ビ》離《ルルガ》レ著《ヲ》故《ニ》、是《ヲ》名《ク》二三分清淨《ト》一。

一切衆生《ノ》中《ニテ》具二足《スト》慈悲《ト》智《トヲ》一者、悲《ニ》有《リ》二三種一、衆生縁・法縁・無縁《ナリ》。此《ノ》中説《キテ》二無縁《ノ》大悲《ヲ》一名《ク》二具足《スト》一。所謂、法性空乃至實相《モ》亦空《ナリ》。是《ヲ》名《ク》二無縁《ノ》大悲《ト》一。菩薩《ハ》深《ク》入《リ》二實相《ニ》一、然《ル》後《ニ》悲二念《ス》衆生《ヲ》一。譬《ヘバ》如《シ》下人《ニ》有《リ》二一子一、得二好《キ》寶物《ヲ》一、則《チ》深心《ニ》愛念《シテ》、欲《スルガ》中以《テ》與《ヘント》下之《ヲ》。

不《ト》レ念《ゼ》二一切衆生《ヲ》一者、所謂、淨《ムルコトヲ》二世界《ヲ》一具足《スルガ》故《ナリ》。

問曰、若不《シ》レ念《ゼ》二衆生《ヲ》一者、云何《ニシテ》能《ク》淨《ムルヤ》二佛世界《ヲ》一。

答曰、菩薩令《メ》三衆生《ヲ》住《セ》二十善道《ニ》一、爲《ス》三莊二嚴《スルコトヲ》佛國《ヲ》一。雖《モ》二莊嚴《スト》一未《ダ》レ得二無礙《ノ》莊嚴《ヲ》一。今《ノ》菩薩、教二化《シ》衆生《ヲ》一、不《ラシムレバ》レ取《ラ》二衆生《ノ》相《ヲ》一、諸《ノ》善根・福德・清淨《ナリ》。諸《ノ》善根・福德・清淨《ナルガ》故《ニ》、是《ヲ》無礙莊嚴《トス》。

一切《ノ》法《ヲ》等《シク》觀《ズト》者、如《シ》二法等忍《ノ》中《ニ》説《クガ》一。此《ノ》中《ニ》佛、自《ラ》説《キタマハク》、於《テ》二諸法《ニ》二不《ト》二増損《セ》一。知《ルト》二諸法實相《ヲ》一者、如《シ》二先《ニ》種種《ノ》因縁《ヲ》廣《ク》説《クガ》一。

無生法忍《ト》者、於《テ》下無《キ》二生滅一諸法實相《ノ》中《ニ》上、信受《シ》通達《シテ》、無礙不退《ナリ》、是《ヲ》名《ク》二無生忍《ト》一。無生智《ト》者、初《ハ》名《ケ》レ忍《ト》、後《ハ》名《ク》レ智《ト》。麁《ナル》者《ハ》忍、細《ナル》者《ハ》智《ナリ》。佛、自《ラ》説《キタマハク》、知《ルガ》二名色《ノ》不生《ナルコトヲ》一故《ナリト》。説《クト》二諸法《ハ》一相《ナリト》一者、菩薩《ハ》、知《ル》下内外《ノ》十二入《ハ》、皆是魔網《ニシテ》、虚誑不實《ナリ》。於《テ》二此《ノ》中《ニ》一、生《ズルモ》二六種《ノ》識《ヲ》一、亦《タ》是魔網《ニシテ》虚誑《ナリト》上。何者《カ》是實《ニシテ》唯《ダ》不二《ノ》法《ナルヤ》。無《ク》レ眼無《ク》レ色乃至無《ク》レ意無《キ》レ法等、是《ヲ》名《ク》レ實《ト》。令《ムルガ》三衆生《ヲシテ》離《レ》二十二入《ヲ》一故《ニ》、常以《テ》二種種《ノ》因縁《ヲ》一、説《ク》二是不二《ノ》法《ヲ》一。破《スト》二分別《ノ》相《ヲ》一者、菩薩《ハ》住《シテ》二是不二法《ノ》中《ニ》一、破《ス》三所縁《ノ》男女・長短・大小等、分二別《スルヲ》諸法《ヲ》一。轉《ズト》二憶想《ヲ》一者、破《ス》下内心《ニ》憶二想《シ》分別《スルヲ》上諸法等《ヲ》一。轉《ズト》レ見《ヲ》者、是《ノ》菩薩《ハ》、先《ズ》轉《ジ》二我見・邊見等《ノ》邪見《ヲ》一、然《ル》後《ニ》入《ル》レ道《ニ》。今、轉《ズルハ》二法見・涅槃見《ヲ》一、以《テナリ》三諸法《ニ》無《キヲ》二定相一。轉《ズト》二涅槃《ヲ》一者、轉《ジテ》二聲聞・辟支佛《ノ》見《ヲ》一、直《ニ》趣《クナリ》二佛道《ニ》一。轉《ズト》二煩惱《ヲ》一者、菩薩《ハ》以《テノ》二福德・持戒《ノ》力《ヲ》一故《ニ》、折二伏《シテ》麁《ナル》煩惱《ヲ》一、安隱《ニ》行《ズルモ》レ道《ヲ》、唯《ダ》有《リ》二愛・見・慢等《ノ》微細《ノ》者《ノ》在《ル》一。今、亦《タ》離《ル》二細《ナル》煩惱《ヲモ》一。

復次《ニ》、菩薩《ハ》用《テ》二實智慧《ヲ》一、觀《ズ》二是《ノ》煩惱《ハ》即《チ》是《レ》實相《ナリト》一。譬《ヘバ》如《シ》下神通《ノ》人《ハ》能《ク》轉《ジテ》二不淨《ヲ》一爲《スガ》上レ淨《ト》。

等《シクスル》二定慧《ヲ》一地《ト》者、菩薩《ハ》於《テハ》二初《メ》三地《ニ》一慧多《ク》定少《シ》、未《ダ》レ能《ハ》レ攝《スルコト》レ心《ヲ》故《ナリ》。後《ノ》三地《ニハ》定多《ク》慧少《シ》。以《テノ》レ是《ヲ》故《ニ》、不レ得レ入《ルコトヲ》二菩薩位《ニ》一。今、衆生空・法空《ニシテ》、定慧等《シキガ》故《ニ》、能《ク》安隱《ニ》行《ジ》二菩薩道《ヲ》一、從《リ》二阿鞞跋致地一、漸漸《ニ》得二一切種智慧地《ヲ》一。調《フ》レ意《ヲ》者、是《ノ》菩薩《ハ》、先《ヅ》憶二念《シ》老・病・死《ノ》三惡道《ヲ》一、慈二愍《スルガ》衆生《ヲ》一故《ニ》、調二伏《シ》心意《ヲ》一、今、知《ルガ》二諸法實相《ヲ》一故《ニ》不レ著《サ》二三界《ニ》一、不《ルガ》レ著《サ》二三界《ニ》一故《ニ》調伏《ス》。心寂滅《ト》者、菩薩《ハ》爲《ノ》二涅槃《ノ》一故《ニ》、先《ヅ》於《テ》二五欲《ノ》中《ニ》一、折二伏《シ》五情《ヲ》一、意情《ハ》難《キガ》二折伏《シ》一故《ニ》、今、住《シテ》二七地《ニ》一、意情寂滅《ス》。無礙智《ト》者、菩薩《ハ》得《テ》二般若波羅蜜《ヲ》一、於《テ》二一切《ノ》實、不實《ノ》法中《ニ》一無礙《ナリ》。得《テ》二是《ノ》道慧《ヲ》一、將《テ》二一切衆生《ヲ》一令《ム》下入《リ》二實法《ニ》一、得二無礙解脱《ヲ》一、得《テ》二佛眼《ヲ》一、於《テ》二一切法《ノ》中《ニ》一無礙《ナラ》上。

問曰、是《ノ》七地《ノ》中《ニ》何《ヲ》以《テカ》説《クヤ》レ得《ト》二佛眼《ヲ》一。

答曰、是《ノ》中《ニ》應レ學《ス》二佛眼《ヲ》一。於《テ》二諸法《ニ》一無礙《ナルコト》似二如《セリ》佛眼《ニ》一。不《ト》レ染《マ》レ愛《ニ》者、是《ノ》菩薩《ハ》雖《モ》下於《テ》二七地《ニ》一得《ト》中智慧力《ヲ》上、猶《ホ》有《リテ》二先世《ノ》因縁一有《リ》二此《ノ》肉身一。入《レバ》二禪定《ニ》一不《レドモ》レ著《セ》、出《ヅル》二禪定《ヲ》一時《ハ》有《リテ》二著氣一隨《ヒ》二此《ノ》肉眼《ノ》所見《ニ》一、見《テハ》二好人《ヲ》一親愛《シ》、或《ハ》愛《ス》二是《ノ》七地《ノ》智慧《ノ》實法《ヲ》一。是《ノ》故《ニ》佛説《キタマハク》、於《テ》二六塵《ノ》中《ニ》一行《ジ》二捨心《ヲ》一、不《ト》レ取《ラ》二好惡《ノ》相《ヲ》一。七地竟《リ》

11、『大論』八地の釈

順二入《ス》衆生《ノ》心《ニ》一者、菩薩《ハ》住《シテ》二是《ノ》八地《ノ》中《ニ》一、順二觀《シ》一切衆生《ノ》心之所《ヲ》レ趣《ク》、動發《シ》思惟《シ》深《ク》念《ジテ》順觀《シ》、以《テ》二智慧《ヲ》一分別《シテ》、知《ル》丙是《ノ》衆生《ハ》永《ク》無《シ》二得度《ノ》因縁一、是《ノ》衆生《ハ》過《ギテ》二無量阿僧祇劫《ヲ》一然《ル》後《ニ》可《シ》レ度《ス》、是《ノ》衆生《ハ》或《ハ》一劫、二劫、乃至十

劫《ニシテ》可《シ》レ度《ス》、是《ノ》衆生《ハ》或《ハ》一世、二世、乃至今世《ニ》可《シ》レ度《ス》、是《ノ》衆生《ハ》或《ハ》即時《ニ》可《キ》レ度《ス》者《ナリ》、是《ハ》熟《セリ》是《ハ》未熟《ナリ》、是《ノ》人《ハ》可《ク》下以《テ》二聲聞乘《ヲ》一度《ス》上、是《ノ》人《ハ》可《シ》乙以《テ》二辟支佛乘《ヲ》一度《ス》甲。譬《ヘバ》如《キ》三良醫《ノ》診《シテ》レ病《ヲ》知《ルガ》二差《いユルコトノ》久《シキ》近《キ》可《キ》レ治《スル》不《ルヲ》レ可《カラ》レ治《ス》者《ナリ》。遊二戲《ス》諸《ノ》神通《ニ》一者、先《ニ》得《テ》二諸《ノ》神通《ヲ》一、今得二自在《ニ》遊戲《スルコトヲ》一、能至《ル》二無量無邊世界《ニ》一。菩薩《ハ》住《スル》二七地《ノ》中《ニ》一時、欲《ス》レ取《ラント》二涅槃《ヲ》一。爾《ノ》時有《リテ》二種種《ノ》因緣及《ビ》十方諸佛《ノ》擁護一、還《かえリテ》生《ジ》レ心《ヲ》、欲《シ》レ度《セント》二衆生《ヲ》一、好《ムニ》二莊嚴神通《ヲ》一隨《ヒテ》レ意《ニ》自在《ナリ》。乃《チ》至《リテ》二無量無邊《ノ》世界《ノ》中《ニ》一、無《シ》レ所二罣礙《スル》一。見《タテマツリ》二諸佛國《ヲ》一亦不レ取《ラ》二佛國《ノ》相《ヲ》一。觀《ズ》二諸佛國《ヲ》一者、有《リテ》二菩薩一以《テ》二神通力《ヲ》一飛二到《シ》十方《ニ》一、觀《ジ》二諸《ノ》清淨世界《ヲ》一、取《リテ》レ相《ヲ》欲《ス》三自《ラ》莊二嚴《セント》其《ノ》國《ヲ》一。有《リテ》二菩薩一佛《ノ》將《テ》至《リ》二十方《ニ》一、示《シタマフニ》二清淨世界《ヲ》一、取《リテ》二淨國《ノ》相《ヲ》一自《ラ》作《ス》二願行《ヲ》一。如《シ》下世自在王佛《ノ》將《テ》二法積比丘《ヲ》一至《リ》二十方《ニ》一、示《シタマヘルガ》中清淨世界《ヲ》上。或《ハ》有《リテ》二菩薩一自《ラハ》住《シ》二本國《ニ》一、用《ヒテ》二天眼《ヲ》一見二十方清淨世界《ヲ》一、初《ハ》取《ルモ》二淨相《ヲ》一後《ニ》得《ルガ》二不著《ノ》心《ヲ》一故《ニ》還《テ》捨《ツ》。如《ク》二所《ノ》レ見《ル》佛國《ノ》一自《ラ》莊二嚴《ス》其《ノ》國《ヲ》一者、如《シ》二先《ニ》說《クガ》一。是《ノ》八地《ヲ》名《ク》二轉輪地《ト》一。如《シ》三轉輪王《ノ》寶輪《ノ》至《ル》處《ニハ》、無《ク》レ礙、無《ク》レ障、無《キガ》二諸《ノ》怨敵一。菩薩《ハ》住《シテ》二是《ノ》地《ノ》中《ニ》一、能《ク》雨《ラシ》二法寶《ヲ》一、滿《シ》二衆生《ノ》願《ヲ》一無《シ》二能《ク》障礙《スルモノ》一。亦能《ク》取《リ》二所《ノ》レ見《ル》淨國《ノ》相《ヲ》一、而《シテ》自《ラ》莊二嚴《ス》其《ノ》國《ヲ》一。如《ク》三實《ニ》觀《ズルガ》二佛身《ヲ》一者、觀《ズルニ》二諸佛《ノ》身《ヲ》一、如《ク》レ幻《ノ》如《ク》レ化《ノ》、非《ズシテ》二五衆、十二入、十八界《ノ》所攝《ニ》一、若《ハ》長、若《ハ》短、若干《ノ》種《ノ》色《ハ》、隨《フ》二衆生《ノ》先世《ノ》業因緣《ノ》所《ニ》レ見《ル》。此《ノ》中《ニ》佛自《ラ》說《キタマハク》、見《ル》二法身《ヲ》一者、是《レ》爲《ス》レ見《タテマツル》レ佛《ヲ》。法身者、不可得法空《ナリ》。不可得法空者、諸《ノ》因緣《ノ》邊《ヨリ》生《ジ》、法《トシテ》無《シト》レ有《ルコト》二自性一。知《ル》二上下《ノ》諸根《ヲ》一者、如《シ》二十力《ノ》中《ニ》說《クガ》一。菩薩《ハ》先《ヅ》知《リ》二一切衆生《ノ》心《ノ》所行《ヲ》、誰《カ》鈍、誰《カ》利、誰《カ》布施多《ク》、誰《カ》智慧多《シト》一、因《リテ》二其《ノ》多《キ》者《ニ》一而度二脫《ス》之《ヲ》一。淨《ム》二佛世界《ヲ》一者、有《リ》二二種《ノ》淨一。一者菩薩《ハ》自《ラ》淨《メ》二其《ノ》身《ヲ》一、二者淨《メテ》二衆生《ノ》心《ヲ》一令《ム》レ行《ゼ》二清淨《ノ》道《ヲ》一。以《テ》二彼《ノ》我《ノ》因緣清淨《ナルヲ》一故《ニ》、隨《ヒテ》二所願《ニ》一得《ルナリ》二清淨世界《ヲ》一。入《ル》二如幻三昧《ニ》一者、如《シ》三幻人《ハ》一處《ニ》住《スルモ》所作《ノ》幻事《ハ》遍二滿《スルガ》世界《ニ》一。所謂四種《ノ》兵衆、宮殿、城郭、飲食、歌舞、殺活、憂苦等《ナリ》。菩薩《モ》亦《タ》如《シ》レ是《ノ》。住《シテ》二是三昧《ノ》中《ニ》一、能《ク》於《テ》二十方世界《ニ》一變化《シ》遍二滿《シ》其《ノ》中《ニ》一、先《ヅ》行《ジテ》二布施等《ヲ》一、充二滿《シ》衆生《ニ》一、次《ニ》説《キ》レ法《ヲ》教化《シテ》破二壞《シ》三惡道《ヲ》一、然《ル》後《ニ》安三立《シ》衆生《ヲ》於《テ》二三乘《ニ》一、一切《ノ》所レ可《キ》二利益《ス》一之事《ハ》無《シ》レ不《ルコト》二成就《セ》一。是菩薩《ノ》心《ハ》不動《ニシテ》亦《タ》不《ルナリ》レ取《ラ》二心相《ヲモ》一。常《ニ》入《ル》二三昧《ニ》一者、菩薩《ハ》得《テ》二如幻等《ノ》三昧《ヲ》一、所《ノ》レ役《スル》心《ニ》能《ク》有《リ》二所作一、今轉《ジテ》レ身《ヲ》得二報生三昧《ヲ》一。如《ク》二人《ノ》見《ルニ》レ色《ヲ》不《ルガ》レ用《ヒ》二心力《ヲ》一、住《スレバ》二是三昧《ノ》中《ニ》一、度《スルコト》二衆生《ヲ》一安隱《ニシテ》勝《リ》レ於二如幻三昧《ニ》一、自然《ニ》成《ジテ》レ事《ヲ》無《シ》レ所二役用《スル》一。如《シ》下人《ノ》求《ムルニ》レ財《ヲ》、有《リ》二役《シテ》レ力《ヲ》得《ル》者一、有《ルガ》中自然《ニ》得《ル》者上。隨《ヒテ》二衆生所應《ノ》善根《ニ》一受《ク》レ身《ヲ》者、菩薩《ハ》得二二種《ノ》三昧、二種《ノ》神通、行得・報得《ヲ》一。知《リ》下以《テ》二何《ノ》身《ヲ》一、以《テ》二何《ノ》語《ヲ》一、以《テ》二何《ノ》因縁《ヲ》一、以《テ》二何《ノ》事《ヲ》一、以《テ》二何《ノ》道《ヲ》一、以《テ》中何《ノ》方便《ヲ》上、而《シテ》爲《ニ》受《ケ》レ身《ヲ》、乃至受《ケテ》二畜生《ノ》身《ヲ》一而化二度《ス》之《ヲ》一。八地竟《リ》（中略）

12、『大論』「発趣品」の末

復次《ニ》、佛、此《ノ》中《ニ》更《ニ》説《キタマハク》、第十地《ノ》相《トハ》、所謂、菩薩行《ジ》二六波羅蜜《ヲ》一、以《テノ》二方便力《ヲ》一故《ニ》、過《ギテ》二乾慧地乃至菩薩地《ヲ》一、住《スルナリ》レ於二佛地《ニ》一。佛地《ハ》即《チ》是《レ》第十地《ナリト》。菩薩、能《ク》如《ク》レ是《ノ》行《ズ》二十地《ヲ》一、是《ヲ》名《ク》三發二趣《スト》大乘《ニ》一。

二、本文解説

本章は『般若経』の十地思想と『大智度論』というテーマで考察する。ここで『般若経』というのは、羅什訳『摩訶般若波羅蜜経』（以下『摩訶般若』と略）、およびその梵本に当る“Pañcaviṃśatisāhasrikā-prajñāpāramitāsūtra”（二万五千頌般若経）を指す。

十地思想といえば、通常は『十地経』を始めとする華厳経典群の主たる内容であるが、ここではそれより以前に成立したとされる(1)般若系の十地思想、およびそれを完成させた『摩訶般若』の十地思想を中心として、そこに説かれる菩薩の成仏道の思想が、その注釈書である『大智度論』（以下『大論』）でどのように説明されているか、さらには『大論』の内容を広く受け入れている『論註』が、それをどのように受容し展開していくか、その一端を述べる。

具体的には、『摩訶般若』「発趣品」から、その注釈である『大論』「釈発趣品」、さらにはそれらの経論の説を多く取り入れている『論註』の所説を、菩薩の十地の思想、特にその中の第八地の行法を中心に見ていこうとするものである。

1．十地思想の形成と発展の要点

十地思想の形成と発展の様態を探求することは、そのまま大乗菩薩道の骨格の形成とその発展の経路をたどることに他ならない。そこでまず、先行研究の中でも特に重要なものとして、

・山田龍城博士『大乗仏教成立論序説』（平楽寺書店、一九五九年、第六〜第八章）。以下「山田」と略称。

・平川彰博士『初期大乗仏教の研究』（春秋社、一九六八年、第四章）。以下「平川」と略称

・E．ラモット教授 LE TRAITE DE LA GRANDE VERTU DE SAGESSE, TOME V, CHAPTRE XX 2 SERIE（一九八〇年、ルーヴァン大学東洋学研究所発行）。以下「ラモット」と略称（追加資料八）。

・荒牧典俊「十地思想の成立と展開」（『講座大乗仏教』3華厳思想、春秋社、一九八三）。以下「荒牧」と略称。

の四書を取りあげ、これらの所説に基づいて、十地思想の形成と発展について概観する。

これらの書にはいずれも、大乗仏教の成立論やその中の重要な一齣である十地思想の形成とその発展について、広汎かつ精密な論考が展開されているが、その中では、「ラモット」が、この『摩

訶般若』「発趣品」とその注釈書である『大論』の所説に沿って説明しているので[2]、以下この書を中心に、他の三書、およびその他の諸論文[3]を参照しつつ、十地思想の形成と発展の要点を、所出の経典とともに提示し、考察を加えていきたい。

「ラモット」（二三七三〜二三八一頁）によれば、十地思想の形成を考える場合、それは大きく次の三つのグループに分けることができる。第一は、菩薩の四位で、これは大乗のはじまり、すなわち小品系の『般若経』になって初めて現れる菩薩の階位に関する萌芽期の思想である。第二は、不共の十地で、これはマハー・ヴァスツなどに見える本業の十地思想（「山田」二四〇頁）の発展した形態であり、代表的なものは『十地経』等の華厳経典に登場する十地である。第三は、第二よりも早く成立したと考えられる共の十地で、これから検討しようとする大品系の般若経（『摩訶般若』）の十地思想である。これは小乗の修道の階梯を、一部内に取りこんだものといわれている（「平川」三五四頁、三六八頁等）。

(1)、菩薩の四位

菩薩の四位とは、次の四段階である。

①初発心菩薩　②行六波羅蜜（菩薩）　③阿毘跋致（菩薩）　④一生補処（菩薩）

これは『小品般若』巻九（大正八・五七五上）に見られる。同じ小品系の『道行般若』や『大明度経』にも、この四位が説かれ、山田・平川両博士が、種種に考察しておられるが、ここでは省略する。さらに同じ小品系の『八千頌般若』には、①prathamayāna-samprasthita-bodhisattva.（初発心の菩薩）③avinivartanīya-bo.（不退転の菩薩）④ekajātipratibaddha-bo.（一生所繋の菩薩）の三が出て、右の第二の行六波羅蜜の菩薩を欠くもの（R.Mitra: Aṣṭasāhasrikā prajñāpār-amitā, p.435）（「平川」二八八頁）と、①samyaksambodhau samprastitāḥ（正等菩提心を発す）②prajñāpāramitāyām yogam āpadyante（般若波羅蜜に随って進む）③avinivartaniyāḥ（退転せず）の三で、右の第四の一生補処（一生所繋）菩薩を欠くもの（荻原本、八二三頁、二四行以下）（「山田」二一二頁）とが確認される。

この四位のそれぞれについて、それが大品系の『摩訶般若』になると、どのように発展していくか考察を加えていこう。

①第一の初発心菩薩については、いまこの『摩訶般若』「発趣品」の主たるテーマとして掲げられている「発趣大乗」ということとは、同じ位置に置かれなければならない。なぜなら「発趣品」では、初地に入るまでにこの発趣大乗が説かれ（大正八・二五六下）、初地に施波羅蜜（同右）、第二地に戒・忍および諸波羅蜜の勤求（同右）、さらに第六地に六波羅蜜がまとめて説かれ（同、二五七

上）、そして第七地で不退転が説かれる（同、二五七中）というように、四位の順序で説示がなされているからである。

この発趣大乗の菩薩については、「荒牧」九五頁によれば、『八千頌般若』に、追加資料㈢に示したような注目すべき説示がある。この文と、「発趣品」冒頭の文（漢訳（本文一五九頁〜）および梵文（追加資料㈦））のそれぞれ最初の文を比べてみると、一見して分かるとおり、ともに「大乗に進み入ること（mahāyāna-saṃprasthita）」について説かれており、一部増広されている部分や、省略している部分はあるが、ほぼ同じことを説いた文といいうる。ただ違う点は、「八千頌」が「地」について全く説かないのに対し、『摩訶般若』および「二万五千頌」は、「地（十地）に進み入る」「一地から一地へと進みいく」ことが、強調されていることである。要するに、大品系になって初めて十地思想が現れることが知られるのである。

②第二の行六波羅蜜の菩薩は、大品系の般若経になると、「久発意」の菩薩（『摩訶般若』、大正八・三五八下）とか、「第二地・第三地」の菩薩（同、大正八・三五九上）などと位置づけられるようになってくる。ここには明らかに菩薩の修行の長い道程が意識され、般若経の十地思想の初期の形態が示されてくる。

③第三の阿毘跋致（不退転）の菩薩については、得無生法忍との関係で説示されることが多いよう

に思われる。これを特に強調するのは『大論』である。これについては後述する。

④第四の一生補処の菩薩については、不退転の菩薩の特殊な形態であり、浄土経典にも頻繁に登場する重要な思想である。この範型は、釈尊の前生、もしくは弥勒菩薩にあると考えられるが、本書ではあまり検討することができなかった。よって今後の課題とする。

(2)、不共の十地

一般に、「共の十地」とは、三乗共の十地とも、声聞共の十地ともいい、大品系の般若経典に至ってはじめて登場する思想である。「共」とは、小乗の修道の階梯を内に取りこんだ、三乗に共通する十地という意味である。それに対して「不共の十地」とは、華厳系の十地すなわち『十地経』(4)に代表される、菩薩のみが進む十地である。

いまはまず不共の十地について、所出の経を挙げ、簡単に解説を加える。

「ラモット」は、この不共の十地を、「菩薩に固有の地もしくは住(les dix terres ou residences de bodhisattva)」(tome V, p.2374)と説明し、その所出の経を五種類に分ける。

①十地個々の名もその説明もない「十地」という語のみの経典。ここには『悲華経』や『大乗本生心地観経』など比較的後期の経典も挙げているが、中心は「本縁部」上(『大正蔵』巻三)所収の

仏伝を説く経典である。すなわち『修行本起経』巻上（大正三・四六三上）「通十地行、在一生補処」、『太子瑞応本起経』巻上（同・四七三中）「通十地行、在一生補処」、『方広大荘厳経』（同・五五〇中）「十地究竟最後身菩薩」、『過去現在因果経』（同・六二三上）「善慧菩薩、功行満足、位登十地、在一生補処」を挙げている。

②大品系の般若経典。具体的には、この『摩訶般若』とそれに先行する『放光般若』『光讃般若』である。「ラモット」は、これらをすべて、共ではなく不共の十地を説く経典とみなしている。これらの三つの経は、すべて十地個々の名としては、末尾に、乾慧地等の共の十地の名を挙げ、十地それぞれの行法の内容を説明するときは、不共の十地すなわち菩薩摩訶薩の行法として詳説する。これは大品系の般若経典にみられる特徴である。つまり大品系の般若経には、内容としては不共の十地が説かれ、名前は共の十地の名を借用している（「平川」三五一頁）ということになる。

「ラモット」にしたがって、漢訳の経典名と、その『大正蔵』の頁数を挙げておく。

無羅叉訳『放光般若経』巻四「治地品」第二十一（大正八・二七上〜二九中）、追加資料(四)参照。

竺法護訳『光讃経』巻七「十住品」第十八（大正八・一九六中〜一九九上）、追加資料(五)参照。

③Mahāvastu に見える十地。これは山田博士のいわれる本業の十地である（「山田」二四〇頁）[5]。名前のついた十地では成立が最も古く、華厳経系の十地のもとになったものとされる。

④⑤「ラモット」は、それぞれ華厳経系の十地と、その完成形態として『十地経』の十地を挙げている。しかしいまは特に必要がないので、その所出の経については省略する。

今回のテーマとして考察するのは、あくまで『摩訶般若』「発趣品」の十地説である。この「発趣品」の末尾に、経自身が「乾慧地[6]・性地・八人地・見地・薄地・離欲地・已作地・辟支仏地・菩薩地、是の九地を過ぎて仏地に住す。是を菩薩の十地と為す」（大正八・二五九下）（本文一七〇頁）と説いている。これは梵文『二万五千頌般若』においても同様である[7]（追加資料㈦末尾）。これは明らかに共の十地の名を列挙しているのであり、第一の乾慧地から第七の已作地までは、小乗の修道の階梯に由来するものである。その内容は、経の全く別の箇所の釈論として、『大論』（巻七五「釈灯喩品」第五十七之余、大正二五・五八六上〜）に示されているが、いまここで見ている「発趣品」の十地説の内容とは、一見したところ共通項のほとんどない似ても似つかぬものである[8]。

この「発趣品」の十地説に対しては、『大論』は、「是れ何等の十地なりや」と問い、「答えて曰く、地に二種あり。一者但菩薩地、二者共地なり。共地とは、いわゆる乾慧地、乃至、仏地なり。但菩薩地とは、歓喜地・離垢地・有光地・増曜地・難勝地・現在地・深入地・不動地・善根地・法雲地なり。この地相は『十地経』の中に広く説くがごとし」（大正二五・四一一上）（本文一六二頁）といって、二種類の十地を挙げている。

いま右に述べたように、経には共の十地の名のみを挙げているので、『大論』のいう『十地経』に説く「歓喜地」等の「但菩薩地」は、単につけたしと見ることもできる。よって表面的には、やはり共の十地を説くという形を取っていると見るべきである。

しかしながら、この「発趣品」十地説の内容は、あくまで菩薩摩訶薩の行ずべき諸法を説くものであり、右にも述べたように、そこに小乗的な修道法の痕跡は見られない。共の十地説ならば、たとえば第八地は辟支仏地となるが、そこで説かれている内容は、後で検証するように、むしろ利他の菩薩行一辺倒であって、辟支仏の修道の要素は微塵もない。また共の十地説であれば、通常、無生法忍の説示は第三地でなされる（『大論』「釈灯喩品」大正二五・五八六上、「山田」二七五頁、「平川」三五五頁）のであるが、ここでは華厳系の不共の十地説と同様に、第七地において説かれている。

平川博士が指摘されるように、この「発趣品」の十地説は、何らかの理由で、共の十地説の形式のみを借用したものであり、その借用はすでに『光讃経』『放光経』から始まっていたとみるべきである。ただこれも平川博士が言われるように、借用と言っても他のところで共の十地が形成されたという意味ではない。あくまで般若教徒が編み出した般若特有の十地である。

ちなみに、玄奘訳『大般若波羅蜜多経』は、ここの所説に当るところ（巻五十四「弁大乗品」大正五・三〇三上・一四行以下）で、十地の一々に「極喜地」乃至「法雲地」の華厳系の十地の名称を付している。つまり玄奘は、ここの所説から、小乗の修道法を取り入れたややこしい共の十地の意趣を取りはらってしまったのである。これによっても、この十地説の内容が、但菩薩地といわれる菩薩に固有の十地であることが分かる（追加資料㈠）。この品の末尾には、不共の十地の名と共の十地の名が並んで示されているが、どちらも「不可得」ということでまとめることが主旨となっているように思われる（大正五・三一八中〜下）。

(3)、共の十地

『摩訶般若』「発趣品」の十地説は、その中味はいわゆる無名の十地説であり、各地に名前のない十地説である。経自体が、各地における菩薩の修すべき法を、初地は十事、二地は八法というように列挙し、その後で別にまとめて一々について説明を付している。

『大論』は、それを詳しく釈し、右に述べたように、この品の釈の初めに、「共十地」「但菩薩地（不共の十地）」の名を併記しているが、それだけではここに説かれる十地説の内容が共の十地説なのか、不共の十地説なのか、決定することはできない。

「ラモット」の分類によれば、共の十地とは、「発趣品」の末尾に示される「乾慧地」「性地」「八人地」「見地」「薄地」「離欲地」「已作地」「辟支仏地」「菩薩地」「仏地」の十地である。つまり「ラモット」は、本品の十地説について、初地から十地までの菩薩の行法として示されるものは不共の十地に、末尾に名を付される乾慧地等の十地については共の十地に配当しているのである。その根拠は、やはり『大論』が言うところの「地に二種あり。一者但菩薩地、二者共地」にあるであろう。この記述によって「ラモット」は「菩薩は二つの方法をもってその行を満たしていく。一つは不共の十地を一から十まで行くことによって。もう一つは共地を駆け巡って満たすことによってである」（二三七九頁）と述べ、先に挙げた『大論』巻七五「灯喩品」（大正二五、五八五下～五八六上）の所説によって、第一の乾慧地から第七の已作地までの各地を、声聞の地と菩薩の地として両様に説明し、共の十地の階梯と不共の十地のそれとの対照を施している。(9) ここは、おそらく「平川」の借用説とは少し違った趣きで述べられており、菩薩が共の十地と不共の十地を掛け持ちながら満足させていくという意味合いが看取される。

さて以上のことに関して、「荒牧」は、次のように指摘して、新しい視点を提示される。

わたくしのいわゆる「般若十地」が、古来声聞と「共なる十地」とされてきたのは、このような（これまで述べてきたような※筆者付加）事情による。しかしわたくしは、ここの羅什の解釈は『般若経』本文の誤解ではないかと思う。『般若経』自身が後段において、つぎのような説明を加えているからである。（中略）『摩訶般若経』「遍学品」（大正八・三八一中）には、

「（中略）菩薩摩訶薩は、発菩提心したときからはじめて六波羅蜜を専一に修行するとき、知と見によって八地を超越する。八地とは何であるか。①乾慧地②性地③八人地④見地⑤薄地⑥離欲地⑦已作地⑧独覚地である。これらの八地を知と見によって超越して、道種知性によって菩薩の〔正性〕決定に入る。（そして）一切種知者性によって、一切の煩悩を習気の相続とともに断ずる。須菩提よ、菩薩摩訶薩の忍は、第八人の知でもある。……預流の知と断でもある。……一来の知と断でもある。……不還の知と断でもある。……阿羅漢の知と断でもある。……独覚の知と断でもある。そのようであることによって、菩薩摩訶薩は、声聞と独覚の道を完成した後に（傍線荒牧）、道種知性の智慧によって菩薩の〔正性〕決定に入り、（そして）一切種知性によって、一切の煩悩を習気の相続とともに断ずる。須菩提よ、そのようであるから菩薩摩訶薩は、一切の道を完成した後に、無上正等菩提を現等覚する。」「荒牧」（著者注17、一一九頁〜一二〇頁）

ここで、荒牧博士が、「羅什の誤解（「荒牧」は『大論』を羅什の著作とみている）」といわれる点は、誤解というよりもむしろ『大論』の注釈の不統一もしくは不徹底と言うべきであろう。「平川」もこの点は認めている（「平川」三四四頁）。ともあれ、「ラモット」は『大論』「釈灯喩品」の所説をもって、『摩訶般若』の十地説の共・不共の問題の解決を図り、「荒牧」は経自身の「遍学品」

の所説によって、菩薩が声聞・辟支仏をも含めたあらゆる段階の修道法を完成して無上正等菩提を証することを論証して、この問題を止揚されたのである。いずれにせよ「発趣品」の所説をみるだけでは、この問題は解決しない。

さらにこの問題に関するもう一つの新たな視点がある。それは嘉祥大師吉蔵の『大品経義疏』が提示する「横の十地」と「竪の十地」という概念である。これは『義疏』が「発趣品」を解釈する最初のところに登場する（追加資料㈥）[10]。『義疏』の漢文は、非常に難解であるけれども、先に、菩薩の四位のところで述べた、菩薩の発趣大乗（初発心の菩薩の発心）と、その菩薩が地から地へと進入することを分別して、前者を横の十地、後者を竪の十地といっていると考えられる。もしこの読み方、見方が正しいとすれば、横の十地という考えを採用した場合（横とは無次第という意味）、共・不共という区別に対してもまた別の観点が導入されることになろう。吉蔵より時代は遡るが、曇鸞『往生論註』巻下「観察体相章」に「一地より一地に至らざるべし」といわれる意味あいに近いものがあるとも考えられる。

さて以上一連の問題点を結論的にまとめるならば、この「発趣品」の十地など大品系の十地説は、内容的には全く菩薩のみが行ずる不共の十地であるが、形式的には小乗の修道法に由来する「乾慧地」から第七の「已作地」までの名を採用し、それに第八の辟支仏地と、第九の菩薩地と、第十の仏地とを付加した、ということになる。その場合、十という数にしなければならなかった理由は、やはり華厳系の十地のもととなったといわれる「本業の十地」の影響がある、といわねばならないだろう（「山田」二二七頁、二七六頁）。しかしその結果として、菩薩が第八の辟支仏地を行ずるという矛盾が生じたり、逆に第九菩薩地に関しては、もともと菩薩であったものが、あらためて菩薩地を歩むという重複が生じたのである。また第十地の仏地に関しても、菩薩が「仏地に住する」（『大論』のこの品末尾の釈、本文一七五頁）のであるから、菩薩は一体いつ仏となるのか、という新たな問題が起こってくることになる[11]。

以上の問題は、この後の大乗仏教の歴史において、次のような大きな教理史上の問題に発展していくであろう。

①七地から八地に進むときの段差の問題、すなわち七地沈空の難、もしくは七地不退か八地不退かという問題。

②菩薩はいつ仏となるのかという問題、すなわち等妙二覚における智徳と断徳の問題。

③共の十地、不共の十地という問題との関わりとしての、三乗と一乗の問題[12]。

2．『摩訶般若』「発趣品」における第八地の菩薩の行法について

(1)、第八地の菩薩の具足すべき五法と『浄土論』の三種荘厳

【経】復た次に、須菩提、菩薩摩訶薩は八地の中に住して、応に五法を具足す。何等か五なるや。衆生の心に順入し、諸の神通に遊戯し、諸仏の国を観じて、見る所の仏国の如く、自ら其の国を荘厳し、実に仏身を観ずるが如く、自ら仏身を荘厳す。是を五法を具足し満たすと名く。復た次に、須菩提、菩薩摩訶薩は、八地の中に住して、復た五法を具足す。何等か五なるや。上下の諸根を知り、仏国土を浄めて、如幻三昧に入り、常に三昧に入りて、衆生所応の善根に随いて身を受く。須菩提、是を菩薩摩訶薩八地の中に住して五法を具足すと為す。

【経】云何が菩薩、衆生の心に順入するや。菩薩は一心を以て一切衆生の心及び心数法を知るなり。云何が菩薩、諸の神通に遊戯するや。是の神通を以て一仏国より一仏国に至り、亦た仏国の想を作さざるなり。云何が菩薩、諸の仏国を観ずるや。自ら其の国に住し無量の諸の仏国を見、亦た仏国の想無きなり。云何が菩薩、見る所の仏国の如く自ら其の国を荘厳するや。転輪聖王の地に住し、

遍く三千大千世界に至り、以て自ら荘厳するなり。云何が菩薩、実に仏身を観ずるが如くするや。実に法身を観ずるが如くするが故なり。是を菩薩、八地の中に住して四法を具足すと為す。云何が菩薩、上下の諸根を知るや。菩薩は仏の十力に住して、一切衆生の上下の諸根を知るなり。云何が菩薩、仏世界を浄むるや。衆生を浄むるが故なり。云何が菩薩の如幻三昧とするや。是の三昧に住して能く一切の事を成弁し、亦た心相を生ぜず。云何が菩薩、常に三昧に入るや。菩薩、報生三昧を得るが故なり。云何が菩薩、衆生所応の善根に随いて身を受くるや。菩薩は衆生の応に善根を生ずべき所を知り、而して為に身を受けて、衆生を成就するが故なり。是を菩薩、八地の中に住して五法を具足すと為す。

【論】衆生の心に順入すとは、菩薩は是の八地の中に住して、一切衆生の心の趣く所を順観し、動発し思惟し深く念じて順観し、智慧を以て分別して、是の衆生は永く得度の因縁無し、是の衆生は無量阿僧祇劫を過ぎて然る後に度すべし、是の衆生は或は一劫、二劫、乃至十劫にして度すべし、是の衆生は或は一世、二世、乃至今世に度すべし、是の衆生は或は即時に度すべき者なり、是は熟せり、是は未熟なり、是の人は声聞乗を以て度すべく、是の人は辟支仏乗を以て度すべしと知る。譬えば良医の病を診て差ゆることの久しき近き、治すべき治すべからざるを知るが如き者なり。諸の神通に遊戯すとは、先に諸の神通を得て、今自在に遊戯することを得て、能く無量無辺の世界に至る。菩薩は七地の中に住する時、涅槃を取らんと欲す。その時種々の因縁及び十方諸仏の擁護有りて、還りて心を生じ、衆生を度せんと欲し、荘厳神通を好むに意に随いて自在なり。乃ち無量無辺の世界の中に至りて罣礙する所無し。諸仏の国を見たてまつり、亦た仏国の相を取らず。諸仏の国を観ずとは、菩薩有りて、神通力を以て十方に飛到し、諸の清浄世界を観じ、相を取りて自ら其の国を荘厳せんと欲す。菩薩有りて、仏の将いて十方に至り清浄世界を示したまうに、浄国の相を取りて自ら願行を作す。世自在王仏の法積比丘を将いて十方に至り、清浄世界を示したまえるが如し。或は菩薩有りて自らは本国に住し、天眼を用いて十方清浄世界を見、初めは浄相を取るも後に不著の心を得るが故に、還りて捨つ。見る所の仏国の如く、自ら其の国を荘厳すとは、先に説くが如し。是の八地を転輪地と名く。転輪王の宝輪の至る処には、礙無く、障無く、諸の怨敵無きが如し。菩薩は是の地の中に住して、能く法宝を雨ふらし、衆生の願を満たし、能く障礙するもの無し。亦た能く見る所の浄国の相を取り、而して自ら其の国を荘厳す。実に仏身を観ずるが如くとは、諸仏の身を観ずるに、幻の如く化の如く、五衆・十二入・十八界の所摂に非ずして、若しは長、若しは短、若干の種の色は、衆生の先世の業因縁の見る所に随う。此の中に仏自ら説きたまはく、法身を見るとは、是れ仏を見たてまつると為す。法身とは、不可得法空なり。不可得法空とは、諸の因縁の辺より生じ、法として自性有ること無しと。上下の諸根を知るとは、十力の中に説くが如し。菩薩は先ず一切衆生の心の所行を知り、誰か鈍、誰か利、誰か布施多く、誰か智慧多しと知り、其の多き者に因りて、之を度脱す。仏世界を浄むとは、二種の浄有り。一つには菩薩は自ら其の身を浄め、二つには衆生の心を浄めて清浄の道を行ぜしむ。彼我の因縁清浄なるを以ての故に、所願に随いて清浄世界を得るなり。如幻三昧に入るとは、幻人は一処に住するも、所作の幻事は世界に遍満するが如し。所謂、四種の兵衆・宮殿・城郭・飲食・歌舞・殺活・憂苦等なり。菩薩も亦た是の如し。是の三昧の中に住して、能く十方世界において変化し其の中に遍満し、先ず布施等を行じて、衆生に充満し、次に法を説き教化して三悪道を破壊し、然る後に衆生を三乗において安立し、一切の利益すべき所の事は成就せざること無し。是の菩薩は心不動にして亦た心相をも取らざるなり。常に三昧に入るとは、菩薩は如幻等の三昧を得て、役する所の心に能く所作有り、今、身を転じて報生三昧を得。人の色を見るに心力を用いざるが如く、是の三昧の中に住すれば、衆生を度すること安穏にして如幻三昧に勝り、自然に事を成じて役用する所無し。人の財を求むるに、力を役して得る者有り、自然に得る者有るが如し。衆生所応の善根に随いて身を受くとは、菩薩は二種の三昧、二種の神通、行得・報得を得。何の身を以て、何の語を以て、何の因縁を以て、何の事を以て、何の道を以て、何の方便を以て、而して為に身を受け、乃至畜生の身を受けて、之を化度す。八地竟り。

①五法と四法

ここで『摩訶般若』「発趣品」に説かれる第八地の菩薩の行法に注目してみよう。羅什訳『摩訶般若』「発趣品」（本文一六一頁）には、第八地の菩薩の具足すべき行法として、五法（大正八・二五七中に「四法」のヴァリアントあり）と、さらに五法（こちらにはヴァリアントなし）とが説示されている。それを釈する『大論』（本文一七三頁）も、五法と五法で、四法という表記は見られない。梵文『二万五千頌般若』（追加資料(七)）は、catvāro dharmāḥ（四法）と述べ四法で提示しているが、それを経自身が釈するときには、tatra（「そこにおいて」）、「この経において」の意）を五回くり返して、五つに分けて説明している。これは後の五法についても同じである。ただし前の五法も、後の五法も、釈文の第三と第四は、一文につづけて読める。玄奘訳『大般若』は梵文と同じように、前の五法の第三と第四をまとめて一法とみなし、全体を四法としている。そして、なぜか後の五法については、全く記述がみられない。おそらくは、前の四法の最後の第四法のところに、まとめて説明しているものと思われる。(13)

②『浄土論』の三種荘厳と「発趣品」八地の五法

『浄土論』（以下『論』と略称）巻上「総説分」には、三厳二十九種の浄土荘厳相が説かれ、その中に「菩薩荘厳功徳成就」として、「不動而至功徳」「一念遍至功徳」「無相供養功徳」「示法如仏功徳」といういわゆる菩薩の四種功徳が示されている。

『論註』巻下「観察体相章」は、この菩薩の四種功徳を釈する際に、「度生」「往来」「供仏」という三つのあり方で説明する。すなわち、

平等法身といふは、八地已上の法性生身の菩薩なり（中略）。この菩薩、報生三昧を得て、三昧の神力をもて、よく一処にして（不動而至）、一念一時に十方世界に遍して（一念遍至）、種種に一切諸仏および諸仏の大会衆海を供養し（無相供養）、よく無量世界の仏法僧ましまさぬところにおいて、種種に示現し、種種に一切衆生を教化し、度脱して（示法如仏）、常に仏事を作せども、はじめより往来の想、供養の想、度脱の想なし」（原典版「瓜生津和上校訂本」一〇七頁、真聖全一・三三一～三三二、（　）内は筆者）

といわれている。

この「度脱衆生」「往来」「供養諸仏」の三つのあり方は、ここでいう『摩訶般若』「発趣品」八地の五法の、①「順入衆生心」（以下（　）内は梵文和訳、すべての衆生の心に入る）、②「遊戯諸神通」（神通によって遊戯する）、③「見諸仏国」（仏の国土を見る）に相当するのではないだろうか。

そうとすれば、この三つのあり方が、『論』の菩薩四種功徳すなわち「荘厳菩薩功徳成就」に当

るのであるから、『論』の三種荘厳の中の残りの二つ、すなわち「荘厳仏土功徳成就」と「荘厳仏功徳成就」は、「発趣品」第八地の五法の残りの二つ、つまり④「如所見仏国自荘厳其国」（それらの仏国土について見た通りに（自らの国土を）完成する）と、⑤「如実観仏身自荘厳仏身」（仏身を如実に観察することによって仏に親近供養する）に、それぞれ相当するのではないだろうか。つまりこの『摩訶般若』「発趣品」の経説は、「菩薩荘厳」「仏国土荘厳」「仏身荘厳」という形式を有し、『論』の構格をなす三種荘厳に対応しているのではないかと考えられる。しかも『論註』には、「往来」「供養」「度脱」の「想なし」といわれているから、上の五法のうち②「遊戯諸神通」と③「見諸仏国」を経自身が釈するところ、すなわち「また仏国の想を作さざるなり（仏陀という想念は存在しない）」「また仏国の想なきなり（一切の世界を完全に離脱して憍慢心のないこと）[15]」という表現と一致している。

梵文においても、すべて同様に解しうるが、第四法、第五法ともに、「荘厳」に当る用語が見当たらない。逆に言うと、それをあえて「自荘厳其国」とか「自荘厳仏身」というように荘厳の語を付して訳すところに、漢訳者羅什の何らかの意図を感ずる。

右にも述べたが、玄奘訳『大般若』は、梵文と同様、この五法のうち第三と第四を一法とみなし全体を四法としている。そこでは『論』の三種荘厳の意味合いは感じられない。

(2)、報生三昧と故意受生について

さて「発趣品」第八地には、つづいてもうひと組、五法が説かれる。

第一の「知上下諸根」は、経自身の釈に説くように、菩薩が仏の十力に住して、一切衆生の上下・善悪・利鈍の諸根を知るのである。Mahāvyut-patti（『翻訳名義大集』）には、如来の十力が挙げられているが、その五番目（No.124）に、indriya-varāvara-jñāna-bala として、この「知上下諸根力」が出ている。

第二の「浄仏国土」に関して注目されるのは、経自身の「仏土を浄めるということとは、（そこに住む）衆生の心を浄めるということである」（追加資料(七)）という解釈である。これは仏教において非常にオーソドックスな解釈であるように思う。つまり主体的に自分の心が浄らかになっていけば、自ずから周囲の世界も浄らかになっていくということである。然るに『大論』を見れば、「二種の浄あり」（本文一七四頁）とあって、一つには菩薩が自らその身を浄めることであり、二つには衆生の心を浄めて清浄の道を行ぜしめるということであるという。そして彼我の因縁清浄なるをもっての故に、所願に随いて清浄世界を得るのであるという。つまり「彼我の」すなわち自他両方の因縁が相まって、はじめて真に浄らかな世界が得られるというのである。これは、もともと清浄な世界があって、そこに自らも生まれ、他の衆生をも生まれしめるのが菩薩の願いであるという、浄土教的な世界観・救済論に一歩近づいているといえるのではないだろうか。

第三の「如幻三昧（māyopama-samādhi）」というのは、幻術師が操るマジックのごとき三昧である。『大論』によれば、幻術師は、自らは一処に住するも、他の衆生に対しては、兵衆・宮殿・城郭・飲食・歌舞などさまざまな事物を化作して、衆生を誘引し、一切の事を成就しながら、しかもそのように意識することがないという。自らは「一処に住するも」というところが、『論註』の四種功徳の釈でいうと、「不動而至」にその表現が似ているが、「如幻三昧」は『論註』には出てこない。それは『大論』の次に出る「報生三昧」が、「衆生を度すること安隠にして如幻三昧に勝れり」といわれているからであろう。

第四の「報生三昧」は、管見による限り、『摩訶般若』『大論』と『論註』にしか登場しない用語である。(16) また梵文『二万五千頌』によって原語はvipākaja-samādhiと知られる（追加資料(七)）。これは異熟生の三昧すなわち異熟果として得られた三昧という意味である。そこには菩薩の誓願に報いて得られる三昧(17)という意味もあるかもしれないが、より直接的には、『大論』が「いま身を転じて報生三昧を得」（本文一七五頁）などというように、前生の果報によって得られた三昧、すなわち生得の三昧のことである。(18) また同時に、菩薩が衆生教化のために別の身を取って生まれるための三昧、すなわち次生に度すべき衆生のあり方に応じて、自らの身を転ずる力を持するための三昧である。簡単にいえば、変易身を得るための三昧といえよう。この三昧は、上に見たように、『論註』に登場するのであるが、四種功徳を有するすべての菩薩が、この報生三昧の力によって衆生を教化するというべきであろう。

第五の「随衆生所応善根受身」は、梵文『二万五千頌』では、

> 衆生の善根がもたらすものにそれぞれ対応して、（菩薩は）故意受生によって、自分自身の存在を化作する（yathā-yathā sattvānāṃ kuśala-mūla-niṣpattis tathā-tathātmabhāvam abhinirmimīte saṃcintya-bhavotpādanatayā）

と示され、報生三昧を体得した菩薩が、故意受生（saṃcintya-bhavotpādanatā）によって、衆生摂化のために、みずからの生存のあり方（ātmabhāva）を化作する（abhinirmimīte）といわれている。『大論』（本文一七四頁）は、ここを釈して、二種の三昧（如幻三昧と報生三昧）、二種の神通があることを述べ、これらがそれぞれ「行得」（修行によって得られる）と「報得」（生まれつき得ている）によって得られることを述べている。そして、いかなる身をもって、いかなる語をもって、いかなる因縁をもって、いかなる事をもって、いかなる道をもって、いかなる方便をもって、衆生摂化のために身を受くべきであるかを知り、ときには畜生の身をも受けて、これを化度すると述べている。

(3)、『大論』における「還」の意味、および不退転と無生法忍の関係

上記の八地における前の五法の中で、第二の「遊戯諸神通」を釈して、『大論』は、

菩薩は、七地の中に住する時、涅槃を取らんと欲す。爾の時、種種の因縁および十方諸仏の擁護有りて、還りて心を生じ、衆生を度せんと欲し、荘厳神通を好むに意に随いて自在なり。

（本文一七四頁三行目）

と述べ、第三の「見（観）諸仏国」を釈して、

菩薩有りて、神通力をもって十方に飛到し、諸の清浄世界を観じ、相を取りて自ら其の国を荘厳せんと欲す。菩薩有りて、仏の将いて十方に至り、清浄世界を示したまうに、浄国の相を取りて自ら願行を作す。世自在王仏の法積比丘を将いて十方に至り、清浄世界を示したまえるが如し。或いは菩薩有りて、自らは本国に住し、天眼を用いて十方清浄世界を見、初は浄相を取るも、後に不著の心を得るが故に、還りて捨つ。（同右五行目）

と述べ、第四の「如所見仏国自荘厳其国」を釈しては、

先に説くが如し。是の八地を、転輪地と名づく。転輪王の法輪の至る処には、碍無く、障無く、諸の怨敵無きが如し。（同右九行目）

と述べている。ここにいう「先に説くが如し」とは、直接にはすぐ前の、「諸の清浄世界を観じ、

相を取りて自ら其の国を荘厳せんと欲す」を指していると思われるが、あるいは『大論』の「釈往生品」第四之上（巻三十八）末尾（大正二五・三四二下〜三四三上）に、

次に後の菩薩も、また利根にして心堅く、久しく福徳を集め、発心して即ち般若波羅蜜と相応し、六神通を得て、無量の衆生と共に十方清浄世界を観じ、而して自ら其の国を荘厳す。阿弥陀仏先世の時、法蔵比丘と作りしに、仏将い導きて遍く十方に至りて清浄の国を示し、浄妙の国を選択せしめ、もって自ら其の国を荘厳したまいしが如し。

などとあるのを指していると考えられる。菩薩が神通力によって諸仏の世界を観じ、それに基づいて自国を荘厳せんと欲すること、その先例として法蔵菩薩が世自在王仏に率いられて十方に至り、清浄世界を示したまえること等が共通しているからである。

「釈往生品」のここのところの前（大正二五・三四二下）には、『大論』「釈発趣品」の冒頭のところ（注12参照）と同様に、三種の菩薩が示され、その中で菩薩の発心と六波羅蜜における漸漸精進と阿毘跋致地に至ることとが説かれるが[19]、その次に後の菩薩として、諸仏に擁護される菩薩が現れ、その一例として法蔵菩薩が登場するのである。

以上の『大論』「釈発趣品」三文には、重要なテーマが種種に示されているが、まとめていえば、

①『論註』の還相の菩薩のモデルと考えられる菩薩の登場。

②第八地を転輪聖王の地と名づけること。

③いわゆる七地沈空の難の解消。

となろう。順にいえば、①右の第一文と第二文には「還りて」という文字が一度ずつ現れ、前者の「還りて」は、七地に住して涅槃を取らんと欲した菩薩が、種種の因縁と諸仏の擁護に出会って、「還りて心を生じ」すなわち思い直して利益衆生を誓う、という意味であり、後者の「還りて」は、さらに具体的に「初は浄相を取るも、後に不著の心を得るが故に、還りて捨つ」というのであるから、浄穢に著さずという般若的な立場を踏襲した上で、しかも初めは浄相を取っても、還りてそれを捨てるという、『論註』の還相の方向を示唆しているといえるのではないだろうか。

次に、②の第八地が転輪聖王の地といわれる所以は、功用の行を捨てて第七地より第八地に入ることを、転輪王の息子が人身を捨てて梵天の世界に生まれることに譬えているのである。第八地の菩薩の行業が転輪王のそれに喩えられることは、『十地経論』にも見られ[20]、また『論註』巻下「利行満足章」の終りに他力を喩説するところにも登場する。

さらに、③の七地沈空の難の問題であるが、これはまさしく七地において「阿毘跋致（不退転）」に住しうるかという問題である。特に『大論』は、「阿毘跋致（不退転）」と「得無生法忍」を密接に関係させているので、七地沈空の難の問題については、般若の十地における「無生法忍」の位置づけの問題、もしくは「得無生法忍」の価値の問題と関連させて論ずる必要が生ずる。

すなわち『大論』では、先の菩薩の四位の中、第三の阿毘跋致（不退転）の菩薩に関して、無生法忍を得るということが示される。例えば「初発意には修行有りと雖も、久しく修せざるが故に修行と名づけず」（大正二五・二六二下）といい、続いて「かくの如き等、六波羅蜜を行ず。是を修行と名づく」（同上）という。この長き修行は不退転位において一段落するのであるが、それについて『大論』は問を設けて、「問曰、何等是阿毘跋致地」（同・三六三下）といい、「無生忍法、即是阿毘跋致地」（同上）と答えているのである。その他、不退転位と得無生法忍との結びつきは、『大論』において枚挙にいとまがない（大正二五・三八三中、四七一中、五七二中、五七四下等(21)）

そしてこの『摩訶般若』「発趣品」の経説の中でも、無生法忍は、第七地の中に位置づけられている。

すなわち、第七地において具足し満たすべき二十法の中、第九番目が無生法忍、第十番目が無生智である（「九者無生法忍（忍法）、十者無生智」、大正八・二五七中・一四行〜十五行）が、経自身がそれを説明して、「云何が菩薩の無生忍なる。諸法は不生不滅不作の為の故なり。云何が菩薩の無生智なる。名色の不生なるを知るが故なり。」（大正八・二五九上）と述べている。

『大論』は、ここを釈して、「無生法忍（忍法）とは、生滅無き諸法実相の中に於て、信受し通達して無碍不退なり。是を無生忍と名く。無生智とは、初は忍と名け、後は智と名く。麁なる者は忍、細なる者は智なり。仏自ら説きたまわく、名色の不生なるを知るが故なりと」(大正二五・四一七下)と述べる。つまり「生滅無き諸法の実相」というのが、無生法の解釈であり(「諸法実相」は第七地において菩薩が具足すべき法)、それを「信受し通達して無碍不退なること」が忍の解釈である。さらにそれを微細に知る(例えば名色の不生を知るように)ことを無生智とするのであろう。

しかしながら、『大論』は、別の箇所(「初品中十方菩薩来釈論、第十五余」巻十)に、次のように示している。追加資料(二)に挙げているが、いまは要略して示す。

七住の菩薩の如きは、諸法は空にして所有なく不生不滅なりと観ず。是の如く観じ已って、一切世界の中に於て、心著せず、六波羅蜜を放捨して、涅槃に入らんと欲す。(ここで夢中に大河を渡ろうとして、手足に疲労を感じ、患厭の想いを生ずる喩例を示す。)菩薩も亦た是の如し。七住の中に立ちて、無生法忍を得、心行みな止みて、涅槃に入らんと欲す。(大正二五・一三二上〜中)

として七地沈空の難と無生法忍との関係を示し、それに対して続けて、「爾の時に十方の諸仏、みな光明を放ちて菩薩の身を照らし、右手を以て其の頭を摩で、語りて言はく、善男子、此の心を生ずること勿れ。汝、まさに汝が本願を念じて、衆生を度せんと欲すべし。（中略）汝、今始めて一の無生の法門を得たるのみ。便ち大喜すること勿れと。是の時、菩薩、諸仏の教誨を聞きて、還りて本心を生じ、六波羅蜜を行じ、以て衆生を度す。」として、無生法忍を得た菩薩が、それに大喜びすることなく、諸仏の教誨を聞き、その擁護を得て、進んで利他行に勤しむことを述べているのである。そしてこのあと、喩例として釈尊における説法躊躇の説話に入っていく。

ここにいう「七住」は「七地」と同義と見てさしつかえない。『論註』「観察体相章」は、おそらくはこの『大論』の所説を受けて、

「菩薩、七地のなかにして大寂滅をうれば、上に諸仏の求むべきをみず、下に衆生の度すべきをみず。仏道を捨てて実際を証せむと欲す。そのときにもし十方諸仏の神力をして加勧を得ずば、すなわち滅度して二乗と異なることなけむ。菩薩もし安楽に往生して阿弥陀仏を見たてまつれば、すなわちこの難なし。」（『原典版』瓜生津和上校訂本、一〇九頁、真聖全一・三三二～三三三）と述べているのであろう。そして、つづいて未証浄心の菩薩と上地の菩薩が、畢竟じて平等であることを述べ、つづいて『大無量寿経』の第二十二願を引き、それによって、かの浄土に生まれた菩薩は「あるいは一地より一地にいたらざるべし」と述べて、浄土の菩薩にとっては、十地の階次を一つ一つ登る必要のないことを論証するのである。

『論註』は、ここには無生法忍は引かず、それを無視して、六波羅蜜とともに、上巻の「性功徳釈」のところで、法蔵菩薩の所修としている。あるいは、六波羅蜜や無生法忍など、菩薩の階次の途中にあるもの（先の菩薩の四位の途中にあるもの）は、彼土の所修とし、彼土において阿弥陀如来の願力の救済を得て、それによって自然に諸難が回避されるとしているのである。

すなわち『論註』は菩薩の地の概念を用いるとき、たとえば未証浄心の菩薩と平等法身の菩薩が畢竟じて等しいことを示す際に、華厳系の十地思想を用いず、(22)むしろそれより古い般若系の十地思想を取り入れている。それは無論、直接的には『大論』の受容に拠るものであるが、それればかりではなく、菩薩がその地において執着の想を持たず、自由闊達に衆生教化するところを取り入れて、『論』に説かれる浄土の菩薩思想を解明しようとしたからであると言い得るであろう。

註（1）　山田龍城博士『大乗仏教成立論序説』（以下「山田」）二四〇頁。

（2）　ラモット教授（一九八三年没）は、一九四九年から一九八〇年まで、三十年余にわたって『大論』を研究され、『摩訶般若』の初品の注釈部分（『大論』の巻三十四まで、『大論』全体のほぼ半分に当る）の仏訳を刊行された。しかして、そのTOME V（一九八〇年刊行）には、巻末付録のような形で、この「釈発趣品」（『大論』巻四十九・五十）の仏訳が付加されている。そしてその序文には、この「菩薩の活動の段階を著した一章の考察が、重要かつ不可欠なものである」ことが力説されている。

（3）高峯了州「般若経の十地思想について」『華厳論集』所収、国書刊行会、昭和五一年。
伊藤瑞叡「十地経諸本および十地思想に関する近時の研究成果、そして研究課題の所在について（一）」『三蔵』一三三号、昭和五二年。

林賢司「大品系般若経における十地の一考察」『印仏研究』二七-一、昭和五三年。

（4）「平川」三六八頁。ここで平川博士は、「共の十地は『般若経』としては、借用したものであることを推定した。しかしそのことは、共の十地が他の方面ですでに成立していて、それを『大品』系の『般若経』が借用したとを言わんとするのではない。それは般若教徒が組織したものと見てよいのである。般若教徒が組織したものであるとしても、菩薩の修行段階を説明するには、内容が適切でない。その意味で、借用物であると言わんとするのである」と述べられる。

（5）例えば支謙訳『菩薩本業経』（大正十、四五〇中）には、第八童真地に住する菩薩の行法として、「知人心所信」「知人意所解」「学荘厳諸仏刹」「学遍遊諸国土」「学作一念見無数仏」等、われわれがいま見ている『摩訶般若』「発趣品」の第八地の菩薩の行法に共通する内容が説示されている。したがって十地思想の流れを、系統ごとに厳密に分類し区別することは困難である。

（6）「乾慧地」とは、文字通り「乾いた智慧の地」という意味で、『大論』（大正二五・五八六上）には、「智慧ありといえども禅定の水を得ざるが故に道を得ること能わず。故に乾慧地と名づく」といわれている。

（7）梵文では、初の乾慧地（浄観地）を欠き、その代り七番目に「声聞地（śrāvaka-bhūmi）」を入れている。またこの「発趣品」を梵文では「地と名づける節集（bhūmi-saṃbhāra）」といい、その末尾には、大乗（六）波羅蜜とともに、三十七菩提分法や無色定・無碍解などの小乗法も併記されている。

(8) 例えば「八人地」とは、預流・一来・不還・阿羅漢に、向と果を分けて八人とするものである。この八人は必ず見道十五心を通る（『平川』三五五頁）。

(9) 「ラモット」（二三八〇～二三八一頁）によれば、両者の対応関係は以下の通り。数字の1、2等は、それぞれ初地、第二地等を指す。共1＝不共1～5、共2＝不共6、共3＝不共7、共4＝不共8、共5＝不共8と9の一部、共6＝不共9の一部、共7＝不共10。

(10) 吉蔵は『大品経品目』胡吉蔵撰として、この「発趣品」第二十の品目を、「大乗発趣品、亦名発趣品、亦名十地品」と表記している（卍続蔵経、三八巻、〇〇〇一頁）。吉蔵が「また十地品とも名く」と述べていることが注目される。そしてこの品を釈する冒頭箇所に、「今、大乗の十地とともに是の離合・差別・無差別の義を明す也。また他に乗はただこれ因にして果に非ざることを明す。（中略）問う、富樓と発と何ぞ異なる。答う、前は相摂を明して発趣と為す。此れは是れ横論、今は地にして是れ竪論也。然るに乗と地とは倶に横・竪の十地、乗と為すは是れ横、万行は発趣、乗と為すは是れ横、十地発趣を竪と為す」と述べている。追加資料(六)参照。

(11) 高峯了州和上「般若経の十地思想について」（二七七頁）によれば、円測は『般若経』の十地について以下のように三個の論点を挙げてこれを解釈している。①已弁地においても亦成仏を得るに何故に経には十地を具足して菩提を証すると説くか。②菩薩は辟支仏の行を行ずべきではない。何故に経には辟支仏地を具足することを説くか。③すでに仏地を得れば更に重ねて得べきではない。然るに経には仏地を具足して乃至菩提を得るとは如何なる意味であるか。(『仁王般若経疏』上巻末、大正三三・三七一下)

(12) 『大論』は、この「釈発趣品」で見る限り、三乗中心の考え方を取っている。すなわち「釈発趣品」の初めに、菩薩が大乗に発趣することを喩えて、馬から象に乗り換え、さらに象から龍に乗り換えることが述べられている(本文一六二頁)。またこの第八地の釈では、「衆生を三乗において安立す」(同)と述べている。

(13) 「菩薩摩訶薩、諸の有情を饒益せんと欲するが故に、法の義趣において実の如く分別す」(大正五・三〇八中)というところに、後の五法を摂入していると思われる。

(14) これは、例えば正依『無量寿経』でも、その第二十二願に、それぞれ「開化恒沙無量衆生」「遊諸仏国修菩薩行」「供養十方諸仏如来」と説かれるものである。

(15) amanyanatā を、「憍慢心のないこと」と訳した(Buddhist Hybrid Sanskrit Dic. p. 62)が、Monier Williams や荻原梵和では、amanyamānatā だけ挙げられていて、その意味は「気付かずに」とか「意識せずに」の意になっている。文脈的には後者の方が合致する。

(16) 石川琢道『曇鸞浄土教形成論―その思想的背景―』(法蔵館、二〇〇九年)一四九頁、二五五頁。

(17) 『浄土真宗聖典』(註釈版)「七祖篇」一三二頁、脚注。

(18) 努力して得られた三昧ではなく、生得の三昧であるからこそ、自ら得た力に拘泥せず任運無功用に衆生を教化することができるのである。これが第八地の菩薩の特長である。『大論』はこのことを、「人の色を見るに心力を用いざるが如く、この三昧（報生三昧）の中に住すれば、衆生を度すること安穏にして如幻三昧に勝れり。自然に事を成じて役用するところ無し」（本文一七五頁）と述べている。

(19) この三種の菩薩は、それぞれ羊に乗る菩薩、馬に乗る菩薩、神通に乗る菩薩に喩えられている。またここでいう菩薩の「発阿耨多羅三藐三菩提心」「行六波羅蜜」「得阿毘跋致」の三は、本稿の初めに考察した菩薩の四位の中の三である。（大正二五・三四二中〜下）

(20) 『十地経論』巻九（大正二六、一七六中）「譬えば転輪聖王の上の宝象に乗りて四天下に遊ぶが如し」以下。

(21) 大田利生和上「浄土教における不退の思想」『真宗学』第六八号・昭和五八年。

(22) 『論註』巻上では、浄土の「性功徳」を釈して、「こと華厳経の宝王如来の性起の義に同じ」（瓜生津和上校訂本・二十頁）（真聖全一・二八七）と述べ、全面的に『華厳経』の性起の思想を取り入れるが、その中に、法蔵菩薩所修の諸波羅蜜、また法蔵菩薩が悟る無生法忍が説示されている。またそこには「必然・不改の義」を示す喩例として、「海性の喩」と「人性の喩」が説かれるが、これらはともに『大論』（大正二五・三二一上と、同一九九上〜中）に拠るものである。一方、すでに本章で見てきた『論註』巻下「観察体相章」の、未証浄心の菩薩がその階次を超越することを示すところでは、「十地経を案ずるに、菩薩の進取階級、漸く無量の功勲ありて、多くの劫数を経」と述べて、『十地経』の菩薩思想に対し批判的な態度を取っている。これらはいずれもさまざまな問題をはらんでいるが、その考察は後日の課題としたい。

追加資料

(一)、『大般若波羅蜜多経』巻五四「弁大乗品」第十五之四

1八地の提示（大正五・三〇四中五〜一一）

復次善現《ニ》、菩薩摩訶薩、住《ス》㆓第八不動地《ニ》㆒時、應《ニ》《シ》㆑圓㆓滿《ス》四法《ヲ》㆒。何等《ヲカ》爲《ス》㆑四《ト》。一者、應《ニ》《シ》㆑圓㆔滿《ス》悟㆓入《スルヲ》一切有情《ノ》心行《ニ》㆒。二者、應《ニ》《シ》㆑圓㆔滿《ス》遊㆓戲《スルヲ》諸《ノ》神通《ニ》㆒。三者、應《ニ》《シ》㆑圓㆘滿《ス》見㆓諸《ノ》佛土《ヲ》㆒、如《ク》㆓其《ノ》所《ノ》㆑見《ル》、而《カモ》自《ラ》嚴㆗淨《スルヲ》種種《ノ》佛土《ヲ》㆖。四者、應《ニ》《シ》㆑圓㆘滿《ス》供㆔養《シ》承㆓事《シ》諸佛世尊《ニ》㆒、於《テ》㆓如來《ノ》身《ニ》㆒如實《ニ》觀察《スルヲ》㆖。善現、菩薩摩訶薩、住《ス》㆓第八不動地《ニ》㆒時、應《ニ》《シ》㆑圓㆓滿《ス》如《キ》㆑是《ノ》四法《ヲ》㆒。

2『経』自身による八地の解説（大正五・三〇八上二五〜中一六）

世尊、云何《ガ》菩薩摩訶薩、應《ニ》《キヤ》㆑圓㆔滿《ス》悟㆓入《スルヲ》一切有情《ノ》心行《ニ》㆒。善現、若《シ》菩薩摩訶薩、以《テ》㆓一心智《ヲ》㆒如《ク》㆑實《ノ》遍《ク》知《ル》㆓一切有情《ノ》心心所法《ヲ》㆒、是《レ》爲《ス》㆓菩薩摩訶薩、應《ニ》《シト》㆑圓㆔滿《ス》悟㆓入《スルヲ》一切有情《ノ》心行《ニ》㆒。世尊、云何《ガ》菩薩摩訶薩、應《ニ》《キヤ》㆑圓㆔滿《ス》遊㆓戲《スルヲ》諸《ノ》神通《ニ》㆒。善現、若《シ》菩薩摩訶薩、遊㆓戲《シ》種種《ノ》自在神通《ニ》㆒、爲《ノ》㆑見《ンガ》㆑佛《ヲ》故《ニ》、從《リ》㆓一佛國㆒趣《キテ》㆓一佛國《ニ》㆒、亦復《タ》不㆑生《ゼ》㆘遊《ブ》㆓佛國《ニ》㆒想《ヲ》㆖、是《ヲ》爲《ス》㆓菩薩摩訶薩、應《ニ》《シト》㆑圓㆔滿《ス》遊㆓戲《スルヲ》諸《ノ》神通《ニ》㆒。世尊、云何《ガ》菩薩摩訶薩、應《ニ》《キヤ》㆑圓㆘滿《ス》見㆓諸《ノ》佛土《ヲ》㆒、如《ク》㆓其《ノ》所《ノ》㆑見《ル》、而《カモ》自《ラ》嚴㆗淨《スルヲ》種種《ノ》佛土《ヲ》㆖。善現、若《シ》

菩薩摩訶薩、住《シ》二一佛土《ニ》一、能《ク》見二十方無邊《ノ》佛國《ヲ》一、亦《タ》能《ク》示現《シテ》而《カモ》曾《テ》不レ生《ゼ》二佛國土《ノ》想《ヲ》一、又《タ》爲《ノ》レ成二熟《センガ》諸《ノ》有情《ヲ》一故《ニ》、現《ニ》處《シテ》二三千大千世界《ノ》轉輪王位《ニ》一、而自《ラ》莊嚴《シ》、亦《タ》能《ク》棄捨《シテ》而無《シ》レ所レ執《スル》、是《ヲ》爲《ス》二菩薩摩訶薩、應《ニ》《シト》レ圓下滿《ス》見二諸《ノ》佛土《ヲ》一、如《ク》二其《ノ》所《ノ》レ見《ル》、而《カモ》自《ラ》嚴中淨《スルヲ》種種《ノ》佛土《ヲ》上。世尊、云何《ガ》菩薩摩訶薩、應《ニ》《キヤ》レ圓下滿《ス》供三養《シ》承二事《シ》諸佛世尊《ニ》一、於《テ》二如來《ノ》身《ニ》一、如《ク》レ實《ノ》觀察《スルヲ》上。善現、若《シ》菩薩摩訶薩、爲《ノ》レ欲《スルガ》レ饒二益《セント》諸《ノ》有情《ヲ》一故《ニ》、於《テ》二法《ノ》義趣《ニ》一、如《ク》レ實《ノ》分別《ス》、如《キヲ》レ是《ノ》名《ヅケテ》爲《シ》四以《テ》レ法《ヲ》供三養《スト》承二事《シ》諸佛《ニ》一、又《タ》諦《カニ》觀二察《ス》諸佛《ノ》法身《ヲ》一、是《ヲ》爲《ス》二菩薩摩訶薩、應《ニ》《シト》レ圓下滿《ス》供三養《シ》承二事《シ》諸佛世尊《ヲ》一、於《ヒテ》二如來《ノ》身《ニ》一如《ク》レ實《ノ》觀察《スルヲ》上。

(二)、『大智度論』巻十

○初品中十方菩薩来釈論第十五之余（大正二五・一三二上～中）

復次、是《ノ》十方《ノ》佛、世世《ニ》勸二助《シタマヘリ》釋迦牟尼佛《ヲ》一。如《キハ》二七住《ノ》菩薩《ノ》一、觀《ズ》下諸法《ハ》空《ニシテ》無《ク》二所有一不生不滅《ナリト》上。如《ク》レ是《ノ》觀《ジ》已《テ》、於《ヒテ》二一切世界《ノ》中《ニ》一心不レ著《セ》、欲《ス》下放二捨《シテ》六波羅蜜《ヲ》一、入《ラント》中涅槃《ニ》上。譬《ヘバ》如《シ》下人《ノ》夢《ノ》中《ニ》、作《リテ》レ筏《ヲ》、渡《ルニ》二大河《ノ》水《ヲ》一、手足疲勞《シテ》生《ジ》二患厭《ノ》想《ヲ》一、在《リテ》二中流《ノ》中《ニ》一夢覺《メ》已《リ》、自《ラ》念《ジテ》言《ク》、何許《ノ》有《リテカ》レ河而《モ》可《キ》レ渡《ル》者《アルヤト》。是《ノ》時《ニ》勤《ムル》心《ヲ》都《テ》放《ツガ》上。菩薩《モ》亦《タ》如《ク》レ是《ノ》、立《チテ》二七住《ノ》中《ニ》一、得二無生法忍《ヲ》一、心行皆止《ミテ》、欲《ス》レ入《ラント》二涅槃《ニ》一。爾《ノ》時《ニ》十方《ノ》諸佛、皆放《チテ》二光明《ヲ》一照《ラシ》二菩薩《ノ》身《ヲ》一、以《テ》二右手《ヲ》一摩《デ》二其《ノ》頭《ヲ》一、語《リテ》言《ハク》、善男子、勿《レ》レ生《ズルコト》二此《ノ》心《ヲ》一。汝、當《ニ》《シ》下念《ジテ》二汝《ガ》本願《ヲ》一欲《ス》上レ度《セント》二衆生《ヲ》一。汝《ハ》雖《モ》レ知《ト》レ空《ヲ》、衆生《ハ》不レ解《セ》。汝、當《ニ》《シ》下集《メ》二諸《ノ》功德《ヲ》一教二化《シ》衆生《ヲ》一、共《ニ》入《ル》中涅槃《ニ》上。汝《ハ》未《ダ》レ得二金色身《ノ》、三十二相、八十種《ノ》随形好、無量《ノ》光明、三十二業《ヲ》一。汝、今始《メテ》得《タルノミ》二一《ノ》無生《ノ》法門《ヲ》一、莫《レ》二便《チ》大喜《スルコト》一。是《ノ》時《ニ》菩薩、聞《キテ》二諸佛《ノ》教誨《ヲ》一、還《リテ》生《ジ》二本心《ヲ》一、行《ジ》二六波羅蜜《ヲ》一、以《テ》度《ス》二衆生《ヲ》一。如《キ》レ是《ノ》等、初《メテ》得《タル》二佛道《ヲ》一時、得《ルナリ》二是《ノ》佐助《ヲ》一。又佛《タ》初《メテ》得《タマフ》レ道《ヲ》時、心《ニ》自《ラ》思惟《シタマハク》。是《ノ》法《ハ》甚深《ナリ》、衆生《ハ》愚蒙《ニシテ》薄《シ》レ福、我《モ》亦《タ》五惡世《ニ》生《ズ》。今當《ニ》二云何《ガ》一《キト》。念《ジ》已《リテ》、我當《ニ》於《テ》二一法《ノ》中《ニ》一、作《シ》二三分《ト》一、分《カチテ》為《シ》二三乘《ト》一、以《テ》度《セント》二衆生《ヲ》一。作《ス》二是《ノ》思惟《ヲ》一時、十方《ノ》諸佛《ハ》、皆現《シテ》二光明《ヲ》一、讃《ジテ》言《ハク》、善哉、善哉。我等《モ》亦《タ》在《リテ》二五惡世《ノ》中《ニ》一、分《カチテ》二一法《ヲ》一作《シ》二三分《ト》一、以《テ》度《セリト》二衆生《ヲ》一。是《ノ》時、佛《ハ》聞《キテ》二十方《ノ》諸佛《ノ》語聲《ヲ》一、即《チ》大《ニ》歡喜《シテ》、稱《ヘテ》言《ヘリ》二南無佛《ト》一。

㈢、『八千頌般若』

『八千頌般若』の、序章の終りのところ（Vaidya本、一二頁、一行）に、スブーティ（須菩提）が大乗について六つの質問をし、世尊がそれに答えられる場面がある。答えの方のみを記すると、

スブーティよ、大乗とは量られないものの異名である。量られないとは、スブーティよ、（その徳を）量るものがないからである。また、スブーティーよ、お前は「（菩薩は）どのようにそれ（大乗）に進み入っていると知るべきでしょうか。その大乗はどこから出ていくのですか。どちらへその大乗は進んでゆくのですか。どこにその大乗はとどまるのですか。また、だれがいったい、この大乗に乗って出ていくのですか」と問うたが、（大乗の六種の）完成（波羅蜜）へ

の修行によって（菩薩は大乗に）進み入る。（大乗は）三界から出ていくのであり、（修行の）対象のあるところへ進み、全知者性においてとどまり、菩薩大士が（この大乗に乗って）出ていくのである。しかもなお、それはどこからも出ていくことはないし、なんらかの（対象）を経て進むわけでもなく、どこかにとどまるということもない。けれども、とどまらないという仕方で全知者性においてとどまるのである。また、この大乗によって、何人もかつて過去において出ていったこともなく、未来において出ていくであろうこともなく、現に出ていくのでもない。それはなぜか。出ていく人、出ていくための乗り物、この二つのものは存在もしないし、認識もされない。（梶山訳「大乗仏典」2『八千頌般若経』Ⅰ、三六頁）

㈣、『放光般若』巻四「治地品」第二十一

参考のために、第八地の菩薩摩訶薩の具足すべき四法を二種類挙げておく。

「復次須菩提、菩薩当復於八住地、具足四法、何等為四、以神通為遊、観於衆生之意、到諸仏国観其奇特当自荘厳其仏国土、往見礼敬供養諸仏如其実観仏身、当具足四法。復次須菩提、菩薩摩訶薩、於八住地当復具足四法、何等四法、以智具足諸根、浄仏国土、常坐如幻三昧知其衆生本所作功徳、所応得者各随其所而成就之、須菩提、菩薩於八住地具足四法」（同・二七下）

㈤、『光讃般若』巻七「十住品」第十八

同じく参考のために、「第八住」の菩薩摩訶薩の具足すべき四法を挙げておく。

「復次須菩提、菩薩摩訶薩行第八住者、以為具足四法、何謂為四、入衆生心、神通自楽、現諸仏土随所観察具成己土、稽首諸仏以真諦観諸仏之身、是為四法。」(同・一九六下〜一九七上)

また次の四法は、『光讃』では第九住の菩薩の具足すべき四法となっているが、われわれの目下見ている『摩訶般若』では、八地の菩薩のそれに該当しているので、これも挙げる。

「復次須菩提、菩薩摩訶薩行第九住者、当復具足四法、何謂為四、暁了諸根 成諸仏土、慇懃奉修於幻三昧、順化衆生令其造徳本処於淳淑、為衆示現具足之身為説道義、是為四事。」(同・一九七上)

㈥、吉蔵『大品経義疏』巻五、発趣品第二十(卍続蔵経、三八巻、〇一二二頁下段)。

從初地發趣二地《ノ》下、亦他《タハ》不レ得レ釋《スルコトヲ》ニ此《ノ》義《ヲ》一。今、明《カス》ニ大乘發趣《ノ》般若《ヲ》一。解《さとルニ》三般若《ハ》與《ためニ》ニ十地《ノ》一相《ヒ》似《タレリ》。般若《ハ》正《ニ》是《レ》空慧、有解《ハ》是《レ》相從十地、正以《テ》ニ空解《ヲ》一為《シ》レ地《ト》、所生《ノ》相從《ヲ》名《ヅク》レ地《ト》。道諦《ノ》小《ハ》廣《ク》取《リ》ニ戒定慧《ヲ》一、合《シテ》為《シ》レ道《ト》、大乘《ハ》廣《ク》無倶乘《ナリ》。今、明《カシテ》不レ得レ爾《ルヲ》。前《ニ》云《フトコロノ》念處、至《リ》ニ四十二字門《ニ》一、皆云《フガ》ニ不可得《ト》一故《ニ》。我云《ハク》何《ゾ》取《リ》ニ漏・無漏《ヲ》一、皆乘《ジテ》能《ク》且《ラク》乘《ズ》是《レ》運《シ》ニ出有漏有得《ヲ》一、不動不出《ナリ》。又《タ》今、十地《ノ》事《ハ》、大乘皆是《レ》佛《ノ》因《ナリ》。云何《ガ》取《ルヤ》ニ有漏《ヲ》一。今、明《カスガ》ニ 有得無漏《ノ》尚《ホ》不レ取《ラ》、況《ンヤ》有漏《ヲヤト》耶一故《ニ》。今、明《カス》下大乘之與ニ十地《ト》一是《ノ》離合差別・無差別義《ノヲ》上也。

又他《タハ》明《カス》二乘《ノ》唯《ダ》是《レ》因《ニシテ》非《ザルヲ》レ果《ニ》。若爾《シラバ》前品《ニ》得《ル》下取《リテ》二六度《ノ》道品《ヲ》一為《スヲ》上乘《ト》也。十力等《ハ》應《まさニ》《シ》レ非《ザル》レ他《ニ》。又云《タク》、大乘《ハ》唯取《リテ》レ善《ヲ》不レ取《ラ》レ惡《ヲ》。今、明《カス》二有得善惡非・無得善惡是《ヲ》一也。問《フ》。與二富樓《ト》一發《ト》何《ゾ》異《ナルヤ》。答《フ》。前《ニ》明《カシ》二相攝《ヲ》一為《ス》二發趣《ト》一。此《レハ》是《レ》横論《ナリ》。今《ハ》地、是《レ》豎論也。然《レバ》乘《ハ》與レ地《ト》倶《ニ》横豎《ノ》十地《ナリ》。為乘《ハ》是《レ》横、萬行《ハ》發趣《ナリ》。為《スハ》レ乘《ト》是《レ》横、十地發趣《ハ》為《ス》レ豎《ト》。

㈦、梵文『摩訶般若』「発趣品」の部分和訳（冒頭と第八地および末尾）

“Pañcaviṃśatisāhasrikā-prajñāpāramitāsūtra” `~2（6冊本の第2冊）edited by TAKAYASU KIMURA, SANKIBO Busshorin, 2009 Tokyo p. 87, 最終行～p. 103，第7行

（pañcaviṃśatisāhasrikā-prajñāpāramitāsūtra）

yad api tat subhūtir evam āha, kathaṃ bodhisattvo mahāsattvo mahāyāna-samprasthito bhavatīti, iha subhūte bodhisattvo mahāsattvaḥ ṣaṭsu pāramitāsu caran bhūmer bhūmiṃ saṃkrāmati, kathaṃ ca subhūte bodhisattvo mahāsattvo bhūmer bhūmiṃ saṃkrāmati yad utāsaṃkrāntyā sarvadharmāṇām. tat kasya hetoḥ? na hi sa kaścid dharmo ya āgacchati vā gacchati vā saṃkrāmati vā upa-saṃkrāmati vā, api tu yā dharmāṇām bhūmis tān na manyate na cintayati bhūmi-parikarma ca karoti na ca bhūmiṃ samanupaśyati.

katamac ca bodhisattvasya mahāsattvasya bhūmi-parikarma? prathamāyāṃ bhūmau vartamānena bodhisattvena mahāsattvena daśabhūmi-parikarmāṇi karaṇīyāni. katamāni daśa?

・・・・・・・・・

またスブーティがそのように問うたこと、すなわち如何にして菩薩摩訶薩は大乗に発趣するのかと、それを言えば、ここにおいてスブーティよ、菩薩摩訶薩は、六波羅蜜を行じつつ、地から地へと進みいたる。ではどのようにスブーティよ、菩薩摩訶薩は、地から地へと進みいたるのであるか、すなわち一切の法に関して進みいたらないことによって。それは何ゆえか？　すなわち如何なる法も、来ることもなく去ることもなく、進みゆくこともなく、進み来ることもない。またあらゆる法に関して、地を思うこともなく、地を考えることもなく、地において（成すべきことを）成し遂げていくのではあるが、地を（そのように）意識して見ることはない。

それでは菩薩摩訶薩は、どのようにして、地において（成すべきことを）成し遂げていくのであるか？　初地に住する菩薩摩訶薩は、十のことを成し遂げる。何が十か？

・・・・・・・・・

punar aparaṃ subhūte bodhisattvena mahāsattvenāṣṭamyāṃ bhūmau vartamānena catvāro dharmāḥ paripūrayitavyāḥ. katame catvāraḥ? yad uta sarvasattva-cittānupraveśo 'bhijñā-vikrīḍanaṃ buddhakṣetra-darśanan teṣāṃ ca buddhakṣetrāṇāṃ yathā-dṛṣṭi-niṣpādanatā buddha-paryupāsanatā buddha-kāya-yathābhūta-pratyavekṣaṇatayā. ime subhūte catvāro dharmā bodhisattvena mahāsattvenāṣṭamyāṃ bhūmau vartamānena paripūrayitavyāḥ.

またつぎに、スブーティよ、第八地に住する菩薩摩訶薩は、四（五）つの法を完全に具えなければならない。何が四（五）つか？　すなわち、

①すべての衆生の心に入ること、(sarvasattva-cittānupraveśa)（順入衆生心)、

②神通によって遊戯すること、(abhijñā-vikrīḍana)（遊戯諸神通)

③仏の国土を見ること、(buddhakṣetra-darśana)（見諸仏国)

④またそれらの仏国土について見た通りに（自らの国土を）完成すること、(teṣāṃ ca buddhakṣetrāṇāṃ yathā-dṛṣṭi-niṣpādanatā)（如所見仏国自荘厳其国)

⑤仏身を如実に観察することによって仏に親近供養すること。(buddha-paryupāsanatā buddha-kāya-yathābhūta-pratyavekṣaṇatayā)（如実観仏身自荘厳仏身)

スブーティよ、これらが、第八地に住する菩薩摩訶薩が完全に具えなければならない四（五）つの法である。

punar aparaṃ subhūte bodhisattvena mahāsattvenāṣṭamyāṃ bhūmau vartamānena catvāro dharmāḥ paripūrayitavyāḥ. katame catvāraḥ? yad uta indriya-parāpara-jñānaṃ, buddhakṣetra-pariśodhanaṃ, māyopamasya samādher abhīkṣṇaṃ samāpattir, yathā-yathā ca sattvānāṃ kuśala-mūla-niṣpattis tathā-tathātmabhāvam abhinirmimīte saṃcintya-bhavotpādanatayā. ime subhūte bodhisattvena mahāsattvena aṣṭamyāṃ bhūmau vartamānena catvāro dharmāḥ paripūrayitavyāḥ.

またつぎに、スブーティよ、第八地に住する菩薩摩訶薩は、（さらに）四（五）つの法を完全に具えなければならない。何が四（五）つか？ すなわち、

①（衆生の）諸根の上下（・善悪・利鈍等）を知る、
(indriya-parāpara-jñāna)（知上下諸根）

②仏国土を清浄にする、(buddhakṣetra-pariśodhana)（浄仏国土）

③如幻三昧に関して、(māyopamasya samādher)（入如幻三昧）

④常に入る、(abhīkṣṇaṃ samāpatti)（常入三昧）

⑤衆生の善根がもたらすものにそれぞれ対応して、（菩薩は）故意受生によって、自分自身の存在を化作する。(yathā-yathā sattvānāṃ kuśala-mūla-niṣpattis tathā-tathātmabhāvam abhinirmimīte saṃcintya-bhavotpādanatayā)（随衆生所応善根受身）

スブーティよ、これらが、第八地に住する菩薩摩訶薩が完全に具えなければならない四（五）つの法である。

1. tatra katamo bodhisattvasya mahsattvasya sarva-sattva-citta-caritānupraveśaḥ? yad eka-cittena sarya-sattva-citta-carita-jñānam, ayaṃ bodhisattvasya mahāsattvasya sarva-sattva-citta-caritānupraveśaḥ.

2. tatra katamā bodhisattvasya mahāsattvasya abhijñā-vikrīḍanā? yābhir abhijñābhir vikrīḍamāno buddha-kṣetrād buddha-kṣetraṃ saṃkrāmati buddha-darśanāya na ca buddhasaṃjño bhavati, iyaṃ bodhisattvasya mahāsattvasya abhijñā-vikrīḍanā.

3. tatra katamā bodhisattvasya mahāsattvasya yathā-dṛṣṭa-buddhakṣetra-pari-niṣpādanatā? yā tri-sāhasra-mahā-sāhasra-lokadhātv-īśvara-cakravarti-mūrti-sthitasya sarva-loka-dhātu-parityāgasyāmanyanatā, iyaṃ bodhisattvasya mahā-sattvasya yathā-dṛṣṭa-buddhakṣetra-pariniṣpādanatā.

4. tatra katamā bodhisattvasya mahāsattvasya buddha-paryupāsanatā? yā buddha-paryupāsanatā sarva-sattvānugrahaṃ prati, iyaṃ bodhisattvasya mahāsattvasya buddha-paryupāsanatā.

5. tatra katamā bodhisattvasya mahāsattvasya buddha-kāya-yathābhūta-praty-avekṣaṇatā? yā dharma-kāya-yathābhūta-pratyavekṣaṇatā, iyaṃ bodhisattvasya mahāsattvasya buddha-kāya-yathābhūta-pratyavekṣaṇatā.

1. その中で、菩薩摩訶薩が、すべての衆生の心とその行に入る（sarva-sattva-citta-caritānupraveśa）とは、どういうことか？　一心をもって、すべての衆生の心とその行を知ること、これが菩薩摩訶薩がすべての衆生の心とその行に入ることである。

2. その中で、菩薩摩訶薩が、神通によって遊戯する（abhijñā-vikrīḍana）とは、どういうことか？　神通によって遊戯しつつ、（菩薩は）一仏国から一仏国へと進みゆく。（それは）仏陀に会う（buddha-darśana）ためにではあるが、仏陀という想念は存在しない。これが菩薩摩訶薩が神通によって遊戯することである。

3. その中で、菩薩摩訶薩が、見られた通りに仏国土を完成する（yathā-dṛṣṭa-buddhakṣetra-pariniṣpādana）とは、どういうことか？　三千大千世界において自在である転輪聖王の地に住し、一切の世界を完全に離脱して慢心のないこと、これが菩薩摩訶薩が見られた通りに仏国土を完成するということである。

4. その中で、菩薩摩訶薩が、仏に親近供養する（buddha-paryupāsana）とは、どういうことか？　仏に親近供養することは、一切衆生を摂取することに対応してである。これが菩薩摩訶薩が、仏に親近供養するということである。

5. その中で、菩薩摩訶薩が、仏身を如実に観察する（buddha-kāya-yathābhūta-pratyavekṣaṇatā）とは、どういうことか？　法身を如実に観察すること、これが菩薩摩訶薩が仏身を如実に観察するということである。

1. tatra katamā bodhisattvasya mahāsattvasya indriya-parāpara-jñānatā? yā daśasu baleṣu sthitvā sarva-sattvānām indriya-paripūri-prajñājñānatā, iyaṃ bodhisattvasya mahāsattvasya indriya-parāpara-jñānatā.

2. tatra katamā bodhisattvasya mahāsattvasya buddhakṣetra-pariśodhanatā? yā sarva-sattva-citta-pariśodhanatā, iyaṃ bodhisattvasya mahāsattvasya buddha-kṣetra-pariśodhanatā.

3. tatra katamo bodhisattvasya mahāsattvasya māyopama-samādhiḥ? yatra samādhau sthitvā sarvāḥ kriyāḥ karoti na cāsya cittapracāro bhavati, ayaṃ bodhisattvasya mahāsattvasya māyopama-samādhiḥ.

4. tatra katamā bodhisattvasya mahāsattvasyābhīkṣṇa-samāpattiḥ? yā bodhisattvasya mahāsattvasya vipākajaḥ samādhir, iyaṃ bodhisattvasya mahāsattvasyābhīkṣṇa-samāpattiḥ.

5. tatra katamo bodhisattvasya mahāsattvasya saṃcinty'ātmabhāva-parigrahaḥ? yad bodhisattvo mahāsattvo yathā-yathā sattvānāṃ kuśala-mūla-parinispattir bhavati tathā-tathā saṃcinty'ātmabhāvaṃ parigṛhṇāti, ayaṃ bodhisattvasya mahāsattvasy'ātmabhāva-parigrahaḥ.

1. その中で、菩薩摩訶薩が、（衆生の）諸根の上下を知る（indriya-parāpara-jñāna）とは、どういうことか？　（菩薩は）（如来の）十力に住して、一切衆生の諸根が充分に活動していることを智慧によって知ること。これが菩薩摩訶薩が（衆生の）諸根の上下を知るということである。

2. その中で、菩薩摩訶薩が、仏国土を清浄にする（buddhakṣetra-pariśodhana）とは、どういうことか？　一切衆生の心を清浄にすること、これが菩薩摩訶薩が仏国土を清浄にするということである。

3. その中で、菩薩摩訶薩の、如幻三昧（māyopama-samādhi）とは、何か？　三昧に住して、あらゆる実践を為し、しかもそれについての心相がない。これが菩薩摩訶薩の如幻三昧である。

4. その中で、菩薩摩訶薩の、常入三昧（abhīkṣṇa-samāpatti）とは、何か？　菩薩摩訶薩の報生三昧（vipākaja-samādhi）、これが菩薩摩訶薩の常入三昧である。

5. その中で、菩薩摩訶薩の、意図すべき自身の存在に対する認識（saṃcinty'ātmabhāva-parigraha）とは、何であるか？　菩薩摩訶薩が、衆生の善根がもたらすものに随って、それぞれに、意図すべき自らの存在を認識すること、これが菩薩摩訶薩の自身の存在に対する認識である。

・・・・・・・・・

tatra katamā bodhisattvasya mahāsattvasya daśa bhūmayaḥ? yad bodhisattvo mahāsattva upāya-kauśalyena sarvāsu pāramitāsu caran saptatriṃśad bodhipakṣeṣu dharmeṣu śikṣito 'pramāṇa-dhyān'ārūpya-samāpattiṣu caran daśa-tathāgata-bala-pratisaṃvitsv aṣṭādaś'āveṇikeṣu buddhadharmeṣu caran gotra-bhūmin aṣṭamaka-bhūmiṃ darśana-bhūmiṃ tanū-bhūmiṃ vītarāga-bhūmiṃ kṛtāvī-bhūmiṃ śrāvaka-bhūmiṃ pratyekabuddha-bhūmiṃ bodhisattva-bhūmiṃ bodhisattvo mahāsattvo 'tikramya etā nava-bhūmir atikramya buddhabhūmau pratiṣṭhate, iyaṃ bodhisattvasya mahāsattvasya daśamī bhūmiḥ.

evaṃ hi subhūte bodhisattvo mahāsattvo mahāyāna-saṃprasthito bhavati.

その中で、菩薩摩訶薩の十地とは、何か？　菩薩摩訶薩は、善巧方便をもってすべての波羅蜜を行じ、三十七菩提分法を修学し、無量無色定を行じ、十如来力によって無碍解、十八不共仏法を行じて、菩薩摩訶薩は、性地、八人地、見地、薄地、離欲地、已作地、声聞地、辟支仏地、菩薩地を過ぎ、この九地を過ぎて、仏地に住する。これを菩薩摩訶薩の第十地となす。

以上のようにして、スブーティよ、菩薩摩訶薩は大乗に発趣するのである。

iti bhūmi-saṃbhāraḥ

以上、「地という（名の）節集」終わる。

㈧、『大智度論』「発趣品」E.ラモットの仏訳からの和訳

Bhumi VIII（第八地）(p. 2430〜2435)

1 SUTRA

そのうえ、おお須菩薩よ、第八の地にいる菩薩は五つの法（ダルマ）を完全に満たさなければならない。その五つとは何か？　衆生の思いを見抜く―菩薩はただ一度の思考の瞬間に（ekacittena）衆生の思いと心理（caitasika）を知る。

Sastra (p. 418 a 12)

第八地にいる菩薩は、衆生の心理を知る。すなわち、かき立てるものや、熟慮されたもの、深い思いを、である。

この知を有することによって、菩薩は次の者たちを区別することができる。即ち、救済（trāṇa）の原因や条件を決して満たさないであろう者たち、計算不可能な果てしなき時間（asaṃkhyeya-kalpa）の末に救済されるであろう者たち、1・2　　カルパから10カルパの時間を経て救済されるであろう者たち、来世やそのまた次の生、あるいは現生のあいだに救済されるであろう者たち、今すぐに救われる存在、つまり救済の期が熟した（paripakva）ものとそうでないもの、声聞乗あるいは辟支仏乗によって救われる存在、などを区別するのである。

菩薩は、よき医者（vaidya）と同様であり、病人を診察しているあいだに、回復が遠いのか近いのか、あるいは治すことができないのかを知る。

2 SUTRA

人知を超えた力によって遊ぶ―人知を超えた力によって遊びながら、菩薩はブッダに会うために、あるブッダの国土からまた別のブッダの国土へと移動する。ただ、ブッダの国土の概念は有していない。

Sastra (p. 418 a 20)

以前より既に菩薩は人知を超えた力（abhijñā）を得ていたが、今は自由気ままにそれらで遊び、広大で果てしない世界（lokadhātu）に赴くことができる。

菩薩が第七の地にいたころには、時に涅槃を得ようと望んでいた。今は、さ

まざまな理由、および十方のブッダが菩薩を伴い保護してくれるが故に、菩薩は決意を変え、衆生を救いたいと願う。人知を超えた力に熟達した菩薩は、障害となるものに遭遇することなく、自発的に（svatas）、意のままに（yatheccham）、広大で果てしない世界の中を行く。菩薩はブッダの国土を見るが、その特性を把握することはない（buddha-kṣetranimittaṃ nodgṛhṇāti）。

3　SUTRA

ブッダの国土を見る―自分自身の国土にいる菩薩は、ブッダの広大な国土を見るが、その概念を持つことはない。

Sastra (p. 418 a 25)

ある菩薩たちは、人知を超えた力（abhijñā-bala）によって、十方を飛び回り、清らかな国（pariśuddha-lokadhātu）を観察し、その特性（nimitta）を把握して、自分の国を飾る。

ある菩薩たちは、ブッダに導かれて、清らかな世界を見せてもらい、十方へ趣く。これらの菩薩たちは、清らかな世界の特性を把握し、それらを再現するという誓い（praṇidhāna）を立てる。たとえば、世自在王仏が法蔵比丘を十方へと導き、彼に清らかな世界を見せたように。

ある菩薩たちは、自分自身のもといた国土（maula-kṣetra）に留まりながら、天眼（divyacakṣus）を用いて十方の清らかな世界を見る。彼らはまずそこから清らかな特性を把握するが、次には超然たる心（asaṅga-citta）を抱き、無頓着（upekṣā）へとたちもどる。

4　SUTRA

先に見たブッダの国土に倣って自らの国土を構築する―転輪聖王の地にいる菩薩は、三千大千世界の中のいたる所に行き、自らの国土を構築する。

Sastra (p. 418 b 3)

以前述べられたように（p. 1923）、第八地は、転輪聖王の地と呼ばれている。ちょうど転輪聖王の宝の車輪（ratnacakra）が、障害（āvaraṇa）や妨げ（nīvaraṇa）や敵（amitra）に遭遇することなく、どこにでも行くのと同じように、この第八地にいる菩薩は、法の宝（dharma-ratna）を雨降らせ、何ものも障害を与えることなく、衆生の望み（praṇidhāna）を満たすことができる。

菩薩は、また自らが見た清らかな国土の特性を把握することができ、（それに倣って）自分自身の国土を構築する（parinispādayati）ことができる。

5　SUTRA

実に応じてブッダの体を見る—それは如実に法の体を見ることである。

以上が完全に満たさなければならない五つのダルマである。

Sastra (p. 418 b 7)

菩薩は、幻（māyā）として、変化身（nirmāṇa）として、もろもろのブッダの体を見る。この体は、五つの集合体（pañca-skandha）、基礎的な十二の認識（dvādaśā-yatana）、十八の要素（aṣṭādaśa-dhātu）に属さない。それぞれの大きさやさまざまな色は（純粋に主観的なものだからである）。それらは存在の持っているイメージに従うが、そのイメージは前世の行い（pūrvajanma-karman）によって決定される。

ここで、ブッダは自ら「ブッダを見ることは法の体（dharmakāya）を見ることだ」（注）と説かれる。「法の体」とは存在しないダルマの空性のことである（anupalabdhānāṃ dharmāṇām śūnyatā）。なぜなら、それらのダルマは原因と条件から生じるものであり、それ自体は固有の性質を持たない（niḥsvabhāva）からである。

1　SUTRA

おお須菩薩よ、第八地にいる菩薩は、さらに五つのダルマを完全に満たさなければならない。つまりまず心的な能力の段階を知ることである—ブッダの十力の中にいる菩薩は、衆生の優れた能力や劣った能力を知る。

Sastra (p. 418 b 12)

既に十力について述べられた通り（p1541-1545）、菩薩はまず初めに衆生の心の機能（cittapravṛtti）を知る。すなわち能力の弱いもの（mṛdv-indriya）や、鋭い能力をもったもの（tīkṣṇendriya）、施し（dāna）を主とするものや、智慧（prajñā）を主とするものを知る。これらの長所に基づいて、菩薩は衆生を救う。

2 SUTRA

ブッダの国土を清める—それは衆生の心を清めることである。

Sastra (p. 418 b 14)

清めるには二つの方法がある。一つは菩薩が自分自身を清めること、もう一つは清らかな道（pariśuddha-mārga）を歩ませるために衆生の心を清めることである。この自己と他者の二重の浄化によって、菩薩は自分の意のままに（yatheccham）ブッダの国土を清めることができる。

3 SUTRA

幻術のような精神集中に入る—この精神集中の状態を保ち続けることで、菩薩はすべての行いを成し遂げるが、彼の心自体は何ものとも全く関わりを持たない。

Sastra (p. 418 b 17)

どこかある所にいる幻術師（māyākara）は、架空の魔法の事物で世界を満たす。それらは、四つの要素（四軍；象軍、騎兵、戦車、歩兵）が備わり組織されている軍隊、宮殿や街、飲み物と食べ物、歌とダンス、殺戮と災禍などである。

同じように、この精神集中の状態に安住している菩薩は、十方の世界を自ら変化させたもので満たす。（すなわち）まず施し（dāna）をして衆生の欲求を満たす。次に法を説いて（dharmaṃ deśayati）（衆生の）回心をもたらし（paripācayati）、三悪道（durgati）を打ち砕き、ついに衆生を三乗（yāna-traya）の中に落ちつかせる。これらすべての利益をもたらす行いにおいて何一つ失敗はない。

菩薩の心は不動（acala）であり、そして心の対象を把握することがない（citta-nimittāni nodgṛhṇāti）。

4 SUTRA

永続的な精神集中—それは菩薩において（前世）の報いとしての精神集中である。

Sastra (p. 418 b 24)

菩薩はすでに（努力によって）幻術のような精神集中（māyopama-samādhi）を得、それを活用してすべての行いを成し遂げている。今は〔新しい〕生存へと移行する（bhava-saṃkrānti）際の、生まれながらに報いとして持つ精神集中（vipākaja- samādhi）のことである。人間が思考の力に頼ることなく目に見えるもの（rūpa）を見るように、（生得的な）精神集中の中に安住した菩薩は衆生を救う。この精神集中は幻術のような精神集中をはるかに凌ぐ。なぜならばその精神集中は自然に（svatas）、何の助けもなしに役割を果たすからである。例えばある者たちは援助を得ながら財産を獲得するが、また（別の）ある者たちは自然に（いつのまにか）財産を獲得するように。

5 SUTRA

衆生の善根のそれぞれの達成段階に応じて、菩薩はそれぞれの生存のあり方を受容する—衆生の善根のそれぞれの達成段階に応じて、菩薩はわざとそれぞれの生存のあり方を受容し、衆生を円熟させる。

Sastra (p. 418 b 29)

こうして、菩薩は二種類の精神集中（samādhi）と、二種類の神通力（abhijñā）を獲得した。それは、行（bhāvanā-pratilambhika）によって獲得されたものと、生得的に（vipāka-pratilambhika）獲得されたものとである。菩薩は、今後、どのような身体、どのような声、どのような因縁（nidāna）、どのような事物を使って、どのような方途、どのような知略（upāya）によって、（新たな）生存のあり方（ātma-bhāva）を受容するのかを知っている。さらには、畜生の生のあり方を受容するところまで行き、（これを）回心させたり救済したりするのである。

（注）「ラモット」2433頁脚注；Saṃyutta III, p. 120

付論一、無生法忍について

1.『大論』における無生法忍の説示

まず無生法忍とは何か。その定義から検討してみよう。早島鏡正博士監修、高崎直道博士編集代表の『仏教・インド思想辞典』春秋社、一九八七年の「忍」kṣānti の項によれば、「この語には、①耐え忍ぶこと、②はっきりと認めて確認することの二つの意味がある。前者の意味として六波羅蜜の一つである忍辱波羅蜜がある。すなわち、たとえ他人から悪口罵倒されて辱められても、また刀杖で危害を加えられても、その人に怒りをもって返報することなくそれに耐えぬく実践行である。しかし、この実践行はただがむしゃらに耐えることでなく、すべては無我であると認めた智慧にもとづく忍耐である。したがって忍辱波羅蜜の忍のなかにもすでに智慧の側面が含まれている。忍が智慧を表す言葉としては無生法忍（anutpattika-dharma-kṣānti）がある。無生法を、すなわち生滅なき真如を確認し、そのなかに安住することが無生法忍といわれる。この無生法忍を得るならば、不退転の位に、すなわち仏道修行において決してしりぞくことの無い位に達して、必ず覚者（仏）

となることが保証される（以下省略）」と述べられている。

つづいて『織田仏教大辞典』大蔵出版、昭和五二年新訂四刷、の「忍」の項目中、「二忍」のところに、「一に衆生忍、一切衆生に於て不瞋不悩、たとひ彼より種種の害を加うるも、我れ能く心に忍耐して瞋らず報いざるを云う。二に無生法忍、無生の法理に安住して心を動かさざるを云う」とあり、そこに【智度論六】とある。

この二つの辞典はともに、「忍」について忍耐の意味の「衆生忍」と、智慧による認識の意味の「無生法忍」との二義があることを述べているが、無生法忍の定義を決定するためには、もう少し複雑な検討を要すると思われる。そこで『織田辞典』がいうところの『大論』巻六、およびその前の巻五「初品中菩薩功徳釈論」第十の所述に基づいて考察してみよう。

【経】已に等と忍とを得たり。

【論】問曰　云何が等、云何が忍。

答曰　二種の等有り、衆生等と法等なり。忍また二種あり。衆生忍と法忍なり。云何が衆生等なるや。一切衆生の中において、等心・等念・等愛・等利、是を衆生等と名く。（大正二五・九七上）

ここで、『経』および『論』には、「忍」と並んで、「等」（samatā）という概念が導入されている。等には衆生等と法等があり、その中、衆生等の説明に多くを費やしている。忍の二種の説明は、ここではあえてなさず、後に回される。

すなわち衆生等とは、菩薩が他の衆生に対し、自分と同じ思いで摂すること、愛すること利することにおいて自他平等であることである。そこで直ちに問いが発せられる。

【論】問曰　慈悲の力の故に、一切衆生の中に於て、応に等念なるべきも、応に等観なるべからず。何となれば、菩薩は実道を行じて顛倒せざること、法相の如くなるを以ての故なり。云何にして善人・不善人（中略）に於て、一等に観ずるや。不善人の中には実に不善の相あり。善人の中には実に善相あり。（中略）。衆生には各各の相あり。云何にして一等に観じて、而も顛倒に堕せざるや。（大正二五・九七上）

つまり、菩薩はその慈悲心ゆえに、一切衆生に対し、たとえ同じ思いでいたとしても、同じように観ることとは出来ないのではないか、という問いである。法相のごとくありのままに観れば、善人は善人、不善人は不善人の各各の相を持っているからである。二箇所で中略したところには、動物（畜生）の名が並んでいて、馬には馬の、牛には牛の固有の相があるという。これに対して、『論』は以下のように答える。

【論】答曰　若し善相、不善相、是れ実ならば、菩薩は応に倒に堕すべし。何を以ての故に、諸法の相を破るが故に。諸法は実に非ざるを以て、善相は実に非ず、不善相は〔実に非ず〕。（中略）人に非ず、畜生に非ず。一に非ず、異に非ず。是の以ての故に汝の難は非なり。

（大正二五・九七中）

このように述べて、『中論』の帰敬偈、いわゆる八不の偈を引く。(1)

不生不滅　不断不常　不一不異　不去不来

因縁生法　滅諸戯論　仏能説是　我今当礼（大正二五・九七中）

そして続いて、

【論】一切衆生の中に、種種の相に著せず。衆生の相・空相は、一等にして異なること無しと、是の如く観ずる、是を衆生等と名く。若し人、是の中に心等しくして無碍ならば、直ちに不退に入る。是を等と忍を得と名く。等と忍を得たる菩薩は、一切衆生に於て、瞋らず悩まず。慈母の子を愛するが如し。（大正二五・九七中）

といって、等だけではなく、ここで忍を得ることをも説明し、この後さらに一偈を引いて、「是を衆生等忍と名く（大正二五・九七中）」といって、初め「衆生等」の説明であったのに、結局「衆生等忍」の説明になっている。これは論理が破綻しているのではなく、そういう手法なのである。なぜなら、等を説明することで、忍をも説明できるからである。したがって次に「法等」を説明すべきところで、以下のように直ちに「法等忍」を説明している。

【論】云何なるを法等忍と名くるや。善法・不善法・有漏・無漏・有為・無為等の法、是の如きの諸法において不二の法門に入り、実の法相の門に入る。是の如く入り竟って、是の中に深く諸法の実相に入る時、心忍にして直ちに無諍・無礙に入る。是を法等忍と名く。（大正二五・九七中）

すなわち衆生等の説明が衆生等忍の説明となり、また法等の説明が法等忍の説明となっているから、等も忍も一緒に説明していることになる。真に等と言えるのは、忍に裏付けられた等である、ということである。よって結局、衆生忍と法忍の直接の説明はこの巻では省略されている。

つづいて巻六「初品中意無碍釈論」第十二では、以下のように述べる。

【経】大忍を成就す。

【論】問曰　先に已に等忍と法忍とを説けり。今何を以ての故に「大忍を成就す」と説くや。答曰　此の二忍を増長するを名けて大忍と為す。復次に等忍は衆生の中に在りて、一切能く忍じて柔順なり。法忍は深法の中に於て忍ず。此の二忍増長すれば、無生忍を証得すと為す。（大正二五・一〇六下）

『経』の「大忍成就」は、原語が adhimātra-kṣānti-samanvāgata となっている（T.KIMURA

I, p. 1, *ll.27*）が、これは“Mahāvyutpatti”（『翻訳名義大集』）*857* に同じ語があり、漢訳は「具大忍辱」となっている。また『論』に、「已に等忍と法忍とを説けり」という「等忍」と「法忍」とは、それぞれ先に巻五で示された「衆生等忍」と「法等忍」のことであろう。等忍は「衆生の中に在りて」忍じ、法忍は「深法の中において」忍ずといわれているからである。そしてこの二忍が増長するのを名づけて「大忍」といい、それをまた「無生忍を証得する」とも述べている。そして次に、

【論】復次に二種の忍有り。生忍と法忍なり。生忍は衆生の中の忍に名く。恒河沙劫等の如き衆生、種種に悪心を加うれども瞋恚せず。種種に恭敬供養すれども、心に歓喜せず。復次に衆生を観ずるに初無し。若し初あれば則ち因縁無し。若し因縁有れば則ち初無し。若し初無ければ亦た後も無かるべし。何となれば初と後とは相待せるが故なり。若し初後無ければ中も亦た無かるべし。是の如く観ずる時、常・断の二辺に堕せず、安穏の道を用いて衆生を観じ邪見を生ぜず、是を生忍と名け、甚深の法の中に心に碍無き、是を法忍と名く。

（大正二五・一〇六下）

ここで初めて生忍（衆生忍）と法忍の説明に入る。そしてこの説明を見る限り、生忍とは、先の巻五の生等あるいは生等忍と同じであり、法忍は、法等あるいは法等忍と同じである。そして法の

あり方をつきつめればそれは無生法というあり方であり、それはすでに述べられていたのであるから、法忍とはつまり無生法忍のことであると知られる。

ここで以下のように『中論』「観四諦品」の第十八偈、(2)後世「三諦偈」といわれる偈を引く。

因縁生法　是名空相　亦名仮名　亦名中道（大正二五・一〇七上）

さらに例話として、むかし師子音王仏の御代に、喜根（在家菩薩）と勝意（出家菩薩）という二菩薩が在ったことを説く。すなわち両者の求道やそれぞれの弟子に対する説法を対比的に取りあげ、喜根の弟子たちこそが無生法忍を得たことを述べる。

【論】時に諸の弟子は、諸人の中に於て、瞋ること無く、悔ゆること無し。心に悔いざるが故に生忍を得。生忍を得るが故に則ち法忍を得。実法の中に於て、動ぜざること山の如し。

（大正二五・一〇七中）

まとめとしていえば、ここで再び生忍の説明から入り、生忍を得ることによって法忍を得ることを示し、法忍の説明として、「実法の中に於て動ぜず」と言う。この説話の最後の記述から、これが無生法忍のことであると知られるのである。

全体を通して見ると、初めに非常に具体的に生等の説明から入り、巧みに順序立てた説明を経て、最後は法忍の説明で終わっている。究極の法忍が無生法忍であり、無生法忍に拠ってはじめて、真に自他が平等であること（生等）が実現するのである。

2．無生法忍と菩薩の階次

以上見てきたように、この『大論』巻五・巻六の所説で見る限り、無生法忍の説明にも、法忍に裏付けられた衆生忍を前面に出す場合と、法忍そのものの説明の場合の二種があるように思われる。『大論』「釈発趣品」には、菩薩の十地の階次とその行法が説かれるが、そのうち初地・二地の菩薩はこの前者に、七地の菩薩は後者に分けて説かれているようである。さらに四地、六地、九地にも無生法忍が登場する。

まず初地から見てみよう。『経』の「発趣品」の初地には、菩薩が行ずべき十事が説かれるが、その第二に、「於一切衆生中等心」（大正八・二五六下）と説かれる。これはすなわち右に述べた「衆生等」のことである。『大論』「釈発趣品」はこれを釈して、以下のようにいう。

【論】菩薩は、是の深心を得已りて、心を一切衆生に於て等うす。衆生は常に情もて其の親しき所を愛し、その憎む所を悪む。菩薩は深心を得るが故に、怨親平等にして之を視るに二無し。此の中に、仏自ら、等心とは四無量心なりと説きたまえり。（大正二五・四一一下）

このように菩薩の四無量心を説き、その中で衆生に対する与楽と抜苦を示す（大正二五・四一一下)。そして行ずべき十事の第五として『経』に「求法」(大正八・二五六下)が説かれるが、それに対しては、釈尊がもと楽法という名の菩薩であった時、世に仏無く、四方に法を求めても得ることができなかった時に、魔が現れて、「我に仏所説の一偈有り。汝、皮を以て紙と為し、骨を以て筆と為し、血を以て墨と為して此の偈を書写せば、当に以て汝に与うべし」と言うので、即ち自ら皮を剝ぎ、その偈を書せんと欲するに、魔は滅し、仏その至心を知りたまいて、為に深法を説きたまうに、即ち無生法忍を得た、という物語(大正二五・四一二上)を述べている。その他にも、三人の菩薩の、衆生の為に法を求める際の難行苦行について述べる。

次に第二地に住する菩薩は、八法を満足すると説かれるが、その第三として、『経』に「住忍辱力」(大正八・二五六下)が説かれる。またそれを『経』自身が釈して、「若し菩薩、一切衆生に於て、瞋無く悩無き、これを忍辱力に住すと名く」(大正八・二五八上)と言われる。

また八法の第六として、菩薩の「入大悲心」(大正八・二五六下)が説かれるが、その経自身の釈には、「若し菩薩、是の如く念ずれば、(即ち)〈我れ一一の衆生の為の故に、恒河沙等劫の如きあいだ、地獄の中に勤苦を受く。乃ち、是の人、仏道を得て涅槃に入るに至る〉と(念ずれば)、是の如きを名けて、一切十方の衆生の為に、苦を忍ぶと為す。是を大悲心に入ると名く」(大正八・二五八上)と説いている。大悲心に入るとは、一切衆生の為に地獄の苦を忍ばんとすることである、というのである。

これについて『論』は簡明に説明している。まず「住忍辱力」については、以下のようにいう。

【論】「忍辱力に住す」とは、忍波羅蜜の中に広く説くが如し。

問曰　種種の因縁は是れ忍辱の相なり。此の中に何を以てか但だ不瞋・不悩のみを説くや。

答曰　此は是れ忍辱の体なり。先ず瞋心を起して、然る後に身口もて他を悩ます。是れ菩薩の初行なるが故に、但だ衆生忍を説いて、法忍を説かざるなり。（大正二五・四一四上）

すなわちこの第二地では、衆生忍のみを説いて、法忍は説かないことを明示している。

また「入大悲心」の説明では、以下のように述べる。

【論】「入大悲心」とは、先に説けるがごとし。此の中に仏自ら説きたまわく、「本願の大心は衆生の為の故なり」と。所謂、一一の人の為の故に、無量劫に於て、代りて地獄の苦を受け、乃ち是の人をして、功徳を集行し、作仏して、無余涅槃に入らしむるに至る。

問曰、代りて罪を受くる者、有ること無し。何を以てか是の願を作すや。

答曰、是の菩薩、弘大の心をもって、深く衆生を愛す。若し代る理有れば、必ず代ること疑わず。（大正二五・四一四中）

この短文の中に、菩薩の本願思想、代受苦の思想、そして恐らくは迴向思想が、すべて盛り込まれている。迴向思想については、後に本章付論二の「浄仏国土の思想」のところで取りあげる。

第四地の無生法忍は、経中では「深法忍」（大正八・二五八中）と言われている。『経』でも『大論』でも、頭陀行とともに説かれ、しかも『大論』では、いわゆる三忍の中の順忍が登場している。頭陀は持戒清浄の為に、持戒清浄は禅定の為に、禅定は智慧の為に説かれ、そして無生法忍こそは即ち真の智慧であり、頭陀の果報である、というのである。したがって無生法忍という果を説けば、その説示の中には、具体的な因である頭陀も含まれる。（大正二五・四一五中）

第六地は、『経』において六波羅蜜を説く段であるが、『大論』ではここで、般若の共の十地によって六地の菩薩の位置づけをなしている。そしてそれが『大論』「釈発趣品」における六地の菩薩の説明の全てとなっている。少し長文であるが、全部を引用しておこう。

【論】六波羅蜜とは先に説けるが如し。此の中に仏の説きたまわく、「三乗の人は、皆な此の六波羅蜜を以て、彼岸に到ることを得」と。

問曰　此は是れ菩薩地なり。何を以てか、声聞・辟支仏は彼岸に到ることを得と説くや。

答曰　仏の今説きたもう六波羅蜜は、多く能くする所有り。大乗法中には則ち能く小乗を含受し、小乗は則ち能わず。是の菩薩は六地の中に住して六波羅蜜を具足し、一切諸法の空を観ずるも、未だ方便力を得ずして、声聞・辟支仏地に堕せんことを畏る。仏は将いて護りたもうが故に、「声聞・辟支仏心を生ずべからず」と説きたもう。菩薩は深く衆生を念ずるが故に、大悲心の故に、一切諸法の畢竟空なるを知るが故に、施す時には惜しむところ無く、求むる者有るを見れば、瞋らず、憂いず、布施の後、心に亦た悔いず、福徳大なるが故に、信力も亦た大にして、深く清浄に諸仏を信敬したてまつり、六波羅蜜を具足し、未だ方便を得ずと雖も、無生法忍・般舟三昧の深法の中に於て、亦た疑うところ無く、是の念を作さく「一切の論議は皆な過罪有り。唯だ仏の智慧のみ諸の戯論を滅し、闕失有ること無き故に、而も能く方便を以て、諸の善法を修す。是の故に疑わず」と。(大正二五・四一六上)

ここでポイントとなるのは、二点であって、その一は、初めの問答に表されているように、ここに説かれている般若系の十地思想では、大乗菩薩の十地の中に、小乗の階位も含まれていること。その二は、菩薩は、第六地で六波羅蜜を具足し終え、一切諸法の空なることを知っていても、未だ衆生教化の方便力を得ていないので、二乗に堕することを畏れている。しかし、仏の将護によって、仏を敬信し、無生法忍・般舟三昧の深法の中に住することで、疑いを除き、次の第七地に進趣することができる、ということである。

次の第七地には、七地不退の問題、あるいはいわゆる七地沈空の難の問題があるとされている。

しかるに、ここには『経』の「発趣品」においても、『論』の「釈発趣品」においても、七地における沈空の難らしき叙述は全く見られない。『経』の第七地には、菩薩が遠離すべき二十法と、具足すべき二十法とが説かれるが、その具足すべき二十法のうち第九が無生法忍であり、そこには、

【経】云何が、菩薩の無生忍なるや。諸法は不生・不滅・不作の為の故なり。（大正八・二五九上）

とあり、またその釈には、以下のようにある。

【論】無生法忍とは、生滅無き諸法実相の中に於て、信受し通達して、無碍不退なり。是を無生忍と名く。（大正二五・四一七下）

ここでは『論』にわずかに「不退」という語が見えるのみで、いわゆる沈空の難などは、その片鱗すら見いだせない。その理由はおそらく、この「発趣品」の十地説が、いわゆる共の十地説であって、一方で、七地沈空の難などは、元来は『十地経』を始めとする不共の十地説に見られる所説であるからであろう。

しかし、この「釈発趣品」以外のところで、『大論』には諸所に、七地沈空あるいは七地における菩薩の堕二乗の所説が認められる。その中で、巻十「十方菩薩来釈論」第十五余では以下のように述べられている。これはすでに本章の本文解説で述べたが再度要約して引用しておこう。

【論】菩薩も亦た是の如し。七住の中に立ちて、無生法忍を得、心行みな止みて、涅槃に入らん

と欲す。（大正二五・一三二上）

この七住は七地と同義と見てさしつかえない。すなわち菩薩は七地の中に在って、無生法忍を得るのであるが、そこで諸法の空相を知ることで、還って心が萎え、涅槃に入ろうとするのである。そしてそれに対して続けて、

【論】爾の時に十方の諸仏、みな光明を放ちて菩薩の身を照らし、右手を以て其の頭を摩ぜ、語りて言く、善男子、此の心を生ずること勿れ。汝、まさに汝が本願を念じて、衆生を度せんと欲すべし。（大正二五・一三二上）

つまり無生法忍を得た菩薩が、諸仏の光明に遇い、諸仏の教誨を聞き、その擁護を得て、進んで利他行に勤しむことを述べているのである。

八地には「無生法忍」という語は現れない。しかしすでに本章の本文解説の第2節の第3項「『大論』における「還」の意味および不退転と無生法忍の関係」で述べたように、八地のところに、菩薩が七地で涅槃に入ろうとしたこと、またその難を、八地において、「種種の因縁および十方諸仏の擁護有りて」（大正二五・四一八上）回避することが説かれている。

そして巻三十の「諸仏称讃其名釈論」[3]には、この八地の菩薩の行法によく似た内容の叙述があり、そこには「無生忍力」という形で無生法忍が登場する。「諸仏称讃其名釈論」は、その題名の通り、

諸仏が菩薩の名を讃嘆する一段である。所釈の『経』に拠れば、菩薩が仏名を讃嘆するのではなく、仏が菩薩名を讃嘆するのである。よって次に問答して曰う。

【経】復次に、舎利弗よ、菩薩摩訶薩は、十方の諸仏をして、其の名を称讃せしめんと欲せば、当に般若波羅蜜を学すべし。（大正八・二一九下）（大正二五・二八二下）

【論】問曰　菩薩、若し諸法は畢竟空にして内に吾我無きを観じ、已に憍慢を破せば、云何が諸仏をして、其の名を称讃せしめんと欲するや。また菩薩の法は、応に諸仏を供養すべし、云何なれば、反って諸仏の供養を求むるや。

答曰（中略）仏の讃嘆したもう所の菩薩は、畢竟するに阿鞞跋致・阿耨多羅三藐三菩提なり。いま是の菩薩は、決定して是の阿鞞跋致を知ることを得んと欲すれども、以て不なり。是を以ての故に、仏の讃嘆を求む。供養を求るには非ず。（大正二五・二八二下）

すなわち阿耨菩提はもとより、未だ阿鞞跋致を得ていない菩薩であっても、供養を求める為ではなく、諸仏の讃嘆を求めることによって、すなわち阿鞞跋致から阿耨菩提へと至る菩薩本来の道程を志向することができる。

次にさらに問答して、余人・余の衆生ではなく、また諸天・声聞・辟支仏でもなく、ただ仏のみが、一切智を成就したまう故に、謬失無く、実の如くに、菩薩を讃ずることができる。また仏が菩薩を讃ずることによって、無量の衆生が、菩薩を愛楽し、恭敬・供養して、後に皆な仏道を成就することができる、それ故に、諸仏は菩薩を讃嘆したまうのである（大正二五・二八二下〜二八三上）といっている。

つづいて『論』は、薩陀波崙菩薩を例として、生忍・法忍を行じつつも衆生・一切法に著を生じない菩薩が、諸仏に讃嘆されることを示し、さらに未だ無生忍を得ない菩薩の法忍精進するさまを詳説する。さらにつづいて、諸仏は、釈迦文尼仏が弥勒等の諸菩薩と同時に発心するも、精進力の故に九劫を超越して、速疾に成仏されたことを讃嘆したもう（大正二五・二八三中）と述べ、最後に以下のように、いわゆる上首の菩薩、大菩薩のことを述べている。

【論】復次に、若し菩薩有りて、菩薩の事、所謂、十地、六波羅蜜、十力、四無所畏、四無碍智、十八不共法等、無量の清浄の仏法を具足し、衆生の為の故に、久しく生死に住して、阿耨多羅三藐三菩提を取らず、而して広く衆生を度せば、是の如きの菩薩を諸仏讃嘆したもう。何者か是なる。文殊師利、毘摩羅詰、観世音、大勢至、遍吉等の如き、諸の菩薩の上首なり。三界に出で、無央数の身を変化して生死に入る。衆生を教化するが故なり。是の如き希有の事は、皆な甚深般若波羅蜜より生ず。是の故に、「諸仏が其の名を称嘆することを得んと欲せば、当に般若波羅蜜を学すべし」と説く。（大正二五・二八三下）

これらの上首の菩薩あるいは大菩薩は、八地以上の菩薩である。また右に「無量の清浄の仏法を具足し」とある中に「十地」とあるから、一旦仏地を証した上で「衆生の為の故に久しく生死に住し」、あえて「阿耨多羅三藐三菩提を取ら」ない相を示現する菩薩、すなわち従果降因の仏菩薩と見ることもできる。

以上、『大論』における無生法忍あるいはその他の菩薩の行法に関する説示を、菩薩の階次に沿う形で見てきたが、階次が上がるごとに、無生法忍のさとりの内容もその位置づけも高められていることが知られたと思う。

しかしながら、このような説示は『十地経』等のいわゆる不共の十地説において、無生法忍が七地と八地の間に限定されていて、そこで七地沈空の難の問題の解消に大きく関与してくる、といった内容とは、少々その趣を異にしているということも知られたのである。

その理由としては、やはり三乗共の十地と大乗不共の十地の併存ということが関係していると思われる。例えば、『大論』巻四十八「釈四念処品第十九」（大正二五・四〇五中）では、菩薩の柔順法忍を忍法・世間第一法に配当し、菩薩の無生法忍を須陀洹道、乃至、阿羅漢・辟支仏道等、小乗の行法に配当して説明している。

それと同様に、阿鞞跋致と無生法忍との関係、およびそれらと菩薩の階位との関係も曖昧で必ずしも一定していない。以下にそれらの例を引文の羅列の形で挙げておく。

【論】問曰、何等か是れ阿鞞跋致なるや。

答曰、若し菩薩、能く一切法の不生・不滅、不不生・不不滅、不共・非不共を観じ、是の如く諸法を観じて、三界に於て脱することを得、空を以てせず、非空を以てせず、一心に十方諸仏の用いたもう所の、実相の智慧を信知して、能く壊する無く、能く動ずる無ければ、是を無生法忍と名く。無生法忍は、即ち是れ阿鞞跋致なり。

復次に、菩薩位に入れば、是れ阿鞞跋致地なり。声聞・辟支仏地を過ぐるも、亦た阿鞞跋致地と名く。巻二七「釈初品大慈大悲義第四十二」（大正二五・二六三下）

【論】二種の阿鞞跋致あり。一には無生法忍を得。二には未だ無生法忍を得ずと雖も、仏は其の過去・未来に作す所の因縁をもって、必ず当に作仏すべきことを知りたまいて、傍人を利益せんが為の故に、其れに受記を為したまえば、是の菩薩、生死の肉身の結使未だ断ぜざるも、諸の凡夫の中に於て最大一と為す。是も亦た阿鞞跋致の相と名く。（同右）

【論】復次に、菩薩は初発心、乃至、未だ阿耨多羅三藐三菩提を得ざるも、授記有りて法位（真如の異名）に入る。無生法忍を得るとは阿鞞跋致に名く。阿鞞跋致の相は、後に当に広く説くべし。是の如き等の大衆を当に上首と作すが故に、摩訶薩と名く。巻四五「釈摩訶薩品第十

三」（大正二五・三八三）

【論】（経に）「仏の如し」とは、法性身の阿鞞跋致に住して、無生法忍を得るより、乃ち十地に至るまでなり。「仏に次ぐ」とは、肉身の菩薩にして、能く般若波羅蜜及び其の正義を説く。巻五八「釈梵志品第三十五」（大正二五・四七一中）

【論】阿鞞跋致の菩薩、無生法忍を得る時、諸の煩悩を断ずるも、但だ未だ習を断ぜず。巻七三「釈阿鞞跋致品第五十五」（大正二五・五七二中）

【論】無生法忍とは、乃至、微細の法をも得べからず。何に況んや大なるをや。是を無生と名く。是の無生法を得て、諸の業行を作さず、起さず。是を無生法忍を得と名く。無生法忍を得る菩薩は、是を阿鞞跋致と名く。（同右・五七四下）

3．浄土教的要素の中での無生法忍の位置づけ

『経』にはすでに、光寿無量の思想や聞名思想など浄土教的要素が登場している。すなわち『摩訶般若波羅蜜経』巻一「序品第一」（大正八・二二一上）には、

【経】寿命無量にして、光明の具足を得んと欲せば、当に般若波羅蜜を学すべし。

【経】我、阿耨多羅三藐三菩提を得る時、十方の恒河沙等の如き世界の中の衆生、我が名を聞く者

は、必ず阿耨多羅三藐三菩提を得ん。是の如き等の功徳を得んと欲せば、当に般若波羅蜜を学すべし。

まず光寿無量の思想について言えば、『経』の「夢行品（夢入三昧品）」の後半（大正八・三四七中～三四九中）に菩薩摩訶薩の願文が説示されている。それは以下の表のように、三十の願文から成るが、その中の第二十八願が光明無量・寿命無量の願文である。

【経】① 仏、須菩提に告げたまわく、菩薩摩訶薩有りて、檀波羅蜜を行ずる時、若し衆生の飢寒凍餓し、衣服弊壊せるを見れば、菩薩は当に是の願を作すべし。我れ爾所の時に随い、檀波羅蜜を行じ、我れ阿耨多羅三藐三菩提を得る時、我が国土の衆生をして、是の如きの事無く、衣服・飲食・資生の具は、当に四天王天・三十三天・夜摩天・兜率陀天・化楽天・他化自在天の如くならしめんと。須菩提よ、菩薩摩訶薩は是の如きの行を作して、能く檀波羅蜜を具足し、阿耨多羅三藐三菩提に近づく。

②〔以下は共通部分を省略して要語のみ表記〕尸羅波羅蜜。見衆生、殺生乃至邪見、短命・多病・顔色不好・無有威徳・貧乏財物・生下賤家・形残醜陋。→我得仏時、令我国土衆生、無如是事。〔傍線部、以下繰り返し〕

③羼提波羅蜜。

互相瞋恚・罵詈・刀杖・瓦石、共相残害奪命。↓
相視如父如母如兄如弟如姉如妹如善知識、皆行慈悲。
④毘梨耶波羅蜜。
懈怠、不勤精進、棄捨三乗、声聞・辟支仏・仏乗。↓
勤修精進於三乗道、各得度脱。
⑤禅那波羅蜜。
為五蓋所覆、淫欲・瞋恚・睡眠・掉悔・疑、失於初禅乃至第四禅、失慈・悲・喜・捨・虚空
処・識処・無所有処・非有想非無想処。↓
⑥般若波羅蜜。
愚癡、失世間出世間正見、或説無業無業因縁、或説神常、或説断滅、或説無所有。↓
浄仏国土、成就衆生。
近一切種智。
⑦六波羅蜜。
住於三聚、一者必正聚、二者必邪聚、三者不定聚。↓無邪聚、乃至無其名。
⑧見地獄中衆生、畜生・餓鬼中衆生。↓乃至無三悪道名。

⑨見是大地、株・荊棘・山陵・溝坑、穢悪之処。→無如是悪、地平如掌。
⑩見是大地、純土無有金銀珍宝。→以金沙布地。
⑪見衆生、有所恋著。→無所恋著。
⑫見四姓衆生、刹帝利・婆羅門・毘舎・首陀羅。→無四姓之名。
⑬見衆生、有下中上、下中上家。→無如是優劣。
⑭見衆生、種種別異色。→無種種別異色、一切衆生皆端正浄潔、妙色成就。
⑮見衆生、有主。→無有主名、乃至無其形像、除仏法王。
⑯見衆生、有六道別異。→無六道之名、是地獄・是畜生・是餓鬼・是神・是天・是人、一切衆生皆同一業、修四念処乃至八聖道分。
⑰見衆生、有四生、卵生・胎生・湿生・化生。→無三種生、等一化生。
⑱見衆生、無五神通。→一切皆得五神通。
⑲見衆生、有大小便患。→皆以歓喜為食、無有便利之患。
⑳見衆生、無有光明。→皆有光明。
㉑見有日月・時節・歳数。→無有日月・時節・歳数之名。
㉒見衆生短命。→寿命無量劫。

㉓見衆生、無有相好。→皆三十二相成就。
㉔見衆生、離諸善根。→諸善根成就、以是福徳、能供養諸仏。
㉕見衆生、有三毒・四病。→無四種病、冷・熱・風・病、三種雑病、及三毒病。
㉖見衆生、有三乗。→無二乗之名、純一大乗。
㉗見衆生、有増上慢。→無増上慢之名。
㉘若我光明寿命有量、僧数有限。→令我光明寿命無量、僧数無限。
㉙若我国土有量。→令我一国土、如恒河沙等諸仏国土。
㉚〔全文挙げる〕復次に、須菩提よ、菩薩摩訶薩は六波羅蜜を行ずる時、当に是の念を作すべし。生死の道は長く、衆生の性は多しと雖も、爾の時応に是の如く正憶念すべし。生死の辺は虚空の如く、衆生の性の辺もまた虚空の如し。是の中、実には生死の往来無く、また解脱する者も無しと。菩薩摩訶薩は、是の如きの行を作し、能く六波羅蜜を具足して、一切種智に近づく。

これを釈する『大論』巻七十五「釈夢中三昧品」には、以下のように、菩薩の発願の前提として、願行の次第の中に、無生法忍に入ることが提示されている。

【論】問曰　何の次第有るが故に、菩薩は衆生の飢寒・凍餓等を見ると説くや。

答曰　菩薩は声聞・辟支仏地を過ぎ、無生法忍の授記を得て、更に余事無く、唯だ仏の世界を浄め、衆生を成就せんことを行ず。今は仏世界を浄むる因縁を説く。不浄世界の相を見て、願わくは我が国土、是の如き事、無からしめんと。是の故に次第して是の事を説くなり（大正二五・五九〇下）。

ここで菩薩は、声聞・辟支仏の地を過ぎ、無生法忍の授記を得、他事をさしおいて、仏国土を清め、衆生を成就せんことを発願する。声聞・辟支仏の「地」を過ぎて、無生法忍の「授記」を得るのであるから、おそらくここの得無生法忍は初地の菩薩を指して言っていると思われる。

つづいて『大論』は、『経』の第一と第二の願文のみを簡単に釈し、第三から第二十九までの願文の解釈は省略している。そして第一の願文の檀波羅蜜を「布施」に、第二の願文の尸羅波羅蜜を「持戒」に語を入れ替えて釈しているように見えるが、もし『大論』の著者が龍樹であるとすれば、そんな表現になるだろうか。大いに疑問が残る。

そして最後の第三十の願の釈は、以下のようである。まず「最後の願の義は明了ならず。今当に略して説くべし」といい、末尾は「此の中に、仏は大因縁を説きたまえり。所謂、生死は虚空の如く、衆生もまた是の如し。衆生は多しと雖も、また定実の衆生無し。衆生の無量無辺なるが如く、仏の智慧もまた無辺にして、度することもまた難ならず。是の故に、菩薩は疲厭の心を生ずべからず」と結んでいる。

次に聞名思想もすでに『経』に出ている。「我、阿耨多羅三藐三菩提を得る時、十方の恆河沙等の如き世界の中の衆生、我が名を聞く者は、必ず阿耨多羅三藐三菩提を得ん。是の如きの功徳を得んと欲せば、当に般若波羅蜜を学すべし。」（大正八・二二一上）

これに対する解釈は、巻三四「信持無三毒第五十二」（大正二五・三一三上）に出ている。『経』を解釈するのに、まず問答を設け、何故に「但だ仏名を聞くのみにして、便ち道を得と言うや」と問い、答として、以下のように二種の仏を説く。

【論】答曰、上に已に説く。二種の仏有り。一には法性生身仏、二には随衆生優劣現化仏なり法性生身仏の為の故に、乃至、名を聞いて得度すと説き、随衆生現化仏の為の故に、仏と共に住すと雖も、業因縁に随って、地獄に堕するものありと説く。（大正二五・三一三上）

この二種の仏は、『論註』の二種法身説に関連するとも考えられるが、ここではそれには触れない。ここで『論』は、再び問答を設けて、「仏と共に住すと雖も、業因縁に随って、地獄に堕するもの」の例として、提婆達多の堕地獄の理由について、以下のようにやや詳細に述べている。

【論】提婆達の如きは、足下に千輻相輪を有らしめんと欲するが故に、鉄を以て模を作り焼いて之を烙《や》く。烙き已って足壊し身悩み大いに号ぶ。爾の時、阿難、聞き已って涕泣して、仏に白く、「我が兄死せんと欲す。願わくは仏哀れんで救いたまえと。」仏即ち手を伸し、就て其の身を摩し、至誠の言を発したまえり。「我、羅睺羅と提婆達とを等しく看ば、彼の痛は当に滅すべし。」是の時、提婆達は、衆痛即ち除き、手を執りて之を観、是れ仏手なることを知り、便ち是の言を作さく、「浄飯王の子は、此の医術を以て、自ら生活するに足れり」と。仏、阿難に告げたまわく、「汝、提婆達を観るや不や。心を用いること是の如し。云何が度す可きや」と。(大正二五・三一三中)

この後に述べられる『大論』の論旨を抽出して示せば以下のようになる。

【論】是を以ての故に、仏名を聞いて、道を得る者もあり、得ざる者もあり。(中略)復次に、名を聞くも、但だ名のみを以ては便ち道を得ざるなり。聞き已って道を修し、然る後に得度す。(大正二五・三一三下)

また、救う側の仏菩薩にも特性があり、救う手段に違いが生じる。

【論】復た次に、諸の大菩薩は、本願を以て、仏法無き処に至りて仏名を称揚せんと欲す。この品の中に説く者の如きは、是の故に聞くことを得。(中略)復た次に、諸仏には不可思議の力あり。或いは自ら往きて語りたまい、或いは声を以て告げたもう。また菩薩の如きは、一切衆生を度せんと願誓を作したもう。是の以ての故に「我、仏と成る時、恆河沙等の如き世界を過ぎて衆生、我が名を聞きて、皆な仏と成ることを得ん。是を得んと欲せば、当に般若波羅蜜を学すべし」と説く。（大正二五・三一四上）

今右に、救う側の仏菩薩にも、救う手段に違いがあると述べたが、ここに説示されていることの主旨は、仏菩薩は、たとえ仏法無きところにある衆生に対しても、仏名を称揚したまうことによって仏名を聞かしめ、あるいは不可思議の力によって救う仏の存在を示し、究極的には、一切衆生を救わんとの誓願を立てたもうた、ということである。

さて、以上で一連の聞名思想に対する説明を終わるが、これまでのところには、聞名による得度は説かれていたけれども、聞名得忍すなわち聞名思想と得無生法忍との関係は示されていない。しかしながら、ここでまた問答が設けられ、以下のように論述が展開していく。

【論】問曰、上に諸の功徳及び諸の所願を得んと欲するに、是の諸事は、皆な是れ衆行の和合して成ずる所なり。何を以ての故に但だ当に般若波羅蜜を学すべしとのみ説くや。

答曰、是の経を般若波羅蜜と名く。仏は其の事を解説せんと欲したもう。是の故に品品の中に皆な般若波羅蜜を讃じたまえり。復た次に、般若波羅蜜は是れ諸仏の母なり。父母の中に、母の功は最も重し。是の故に仏は、般若を以て母と為し、般舟三昧を父と為したもう。三昧は唯だ能く乱心を摂持し、智慧をして成ずることを得しむるも、而も諸法実相を観ること能わず。般若波羅蜜は、能く遍く諸法を観じて、実相を分別し、事として達せざること無く、事として成ぜざること無し。功徳大なるが故に、之を名けて母と為す。（大正二五・三二四上）

すなわち、諸行の寄せ集めによって目的を達するのではなく、ただ般若波羅蜜を学することを諸菩薩に勧めることこそ、この経の主題であることを述べる。そして次に、般舟三昧を父、般若波羅蜜を母として、菩薩は諸事を成就すべきことを述べる。諸事を成就するとは、仏道を成就することである。

ここで思い起こされるのが、『十住毘婆沙論』「入初地品第二」（大正二六・二五下）の文である。

有る人言わく、般舟三昧及び大悲を諸仏の家と名く。此の二法より諸の如来を生ず。此の中に、般舟三昧を父と為す。大悲を母と為す。復た次に、般舟三昧は是れ父なり、無生法忍は是れ母なり。『助菩提』の中に説くが如し。

般舟三昧は父なり　大悲と無生は母なり　一切の諸の如来は　是の二法より生ず

最後の一節は偈文であるが、周知のごとく、ここ以下の箇所を、宗祖は本典「行文類」に引いておられる。またここに言う『助菩提』とは、『菩提資料論』のことである。『菩提資料論』（大正三

二・五二九上）では、この偈文の部分を、

諸仏の現前に住する牢固なる三摩提、此れを菩薩の父と為し、大悲と忍とを母と為す。

と長行で述べている。

よって本論の叙述と照らし合わせると、「般舟三昧は父」ということは、すべての論書に共通しているのであるから、無生法忍と般若波羅蜜は、ともに諸仏を生み出す母であり、菩薩の成道の源である、という結論が導き出される。よってこの二つの用語は、今の場合は、同義として扱うことができると思われる。『大論』が自ら言うように、父たる般舟三昧だけでは、諸法実相を観ずるところまでは至らないが、般若波羅蜜すなわち無生法忍を得ることによって、菩薩は諸法の実相を観じ、仏道を成就することができる。これを諸仏の母と言っているのである。

註（1）『中論』（大正三十・一中）自体ではこの二偈は以下のようになっている。

不生亦不滅　不常亦不斷　不一亦不異　不來亦不出
能説是因縁　善滅諸戲論　我稽首禮佛　諸説中第一

（2）『中論』（大正三十・三三）自体ではこの偈は以下の通り。

衆因縁生法　我説即是無　亦為是仮名　亦是中道義

（3）この巻三十「諸仏称讃其名釈論」は、その標題が「諸仏称讃其命釈論」（大正二五・二八二下）と、

「命」という文字になっていて、しかも『大正蔵経』脚注にも何の校異もない。しかし後の内容を見れば、明らかに諸仏が菩薩の「名」を称讃するのである。

付論二、『大論』における浄仏国土の思想について

1. 浄仏国土の思想とは何か

菩薩は自ら菩薩であるために、願を建立するが、その中で最も中心的な願は、四弘誓願の初めにある「衆生無辺誓願度」である。そして菩薩は、その無辺の衆生を済度するために、自らが将来実現すべき国土を浄めんと誓う。これが「浄仏国土の願」もしくは「浄世界の願」といわれる願である(1)。

ここで「衆生を済度するために自らの国土を浄める」などというと、仏菩薩がまず自らの国土を綺麗にした上で、そこへ衆生を迎え入れ、それによって衆生を救済するというイメージが湧く。確かに浄土経典、もしくはいわゆる浄土教が成立した後においては、そのように表現されることも多

いが、いま『摩訶般若』や『大論』等でいわれる場合は、それとは異なる。「国土を浄める」とは、その国土を荘厳することであり、自らの仏国土の構成要員として衆生を成熟し、その衆生の心を浄めることによって、自らの仏国土を「浄める」ことなのである。

したがって「浄仏国土の願」「浄世界の願」とは、浄土に生まれたいとか、衆生を浄土に生まれさせたいという願とは少し趣を異にし、この『大論』にしばしば登場するように、菩薩が未来に仏に成るとき、自ら出現すべき国土を浄め（器世間清浄・依報）、同時にその世界の衆生の心を浄めること（衆生世間清浄・正報）、すなわち衆生を成就すること、と定義される。すなわちこの章の、第八地の菩薩の行法が説かれたところでも述べたように、『大論』巻五十「発趣品」には、「仏世界を浄むとは、二種の浄あり。一つには菩薩は自ら其の身を浄め、二つには衆生の心を浄めて清浄の道を行ぜしむ。彼我の因縁清浄なるを以ての故に、所願に随いて清浄世界を得るなり」（大正二五・四一八中）と示されている。

また本書の第一章にも述べたように、『大論』巻七「仏土願釈論第十三」には、「復次に、仏の世界を荘厳するは、事大にして、独り功徳を行ずるも成ずること能はざるが故に、要らず願力を須うべし」（大正二五・一〇八中）と言われている。つまり牛の力によって車を挽くにしても、そこには必ず御者の制御力を要するように、世界を浄めるには、菩薩の浄めんとする願力が不可欠なのである。藤吉慈海氏は「本願思想と仏国土の思想」（『講座大乗仏教』五（浄土思想）所収、一三五頁）において『大論』のこの部分を引き、「（浄土はみな）諸仏の因位における浄仏国土の本願に酬いて成立したものであるが、功徳を積むにしても願力によらねばならぬことがよくわかる」と述べられている。

藤田宏達博士は、『原始浄土思想の研究』第5章「極楽浄土の概念」の第三節「極楽浄土の思想的意義」—浄仏国土思想—において、まず「浄土」という語の名義について、「漢訳経典で「浄土」が用いられる場合、その原語は決して一定したものではなく、時には訳者が付加したものと見なされるのであって、これは、「浄土」がシナにおいて成語化され、述語化された言葉であることを物語っているのである」（五〇八頁）と述べられている。このことはつまり、右にも述べたように、我々が生まれるべき浄土、我々が往生させていただく浄土の概念は、むしろ浄土教が成立して中国で発展した頃の、いわば歴史的に遅い概念であり、それより先にインドで成立していたのが、「土を浄める」という、いわゆる「浄仏国土」の思想なのである。

この藤田博士の指摘は、あるいは『大論』の成立が、インドであるか、中国であるかの問題にも関わってくるかも知れない。『大論』で「浄土」という語を検索してみたが、脚注のヴァリアントに一カ所存在するのみで、実際の度数はゼロに等しいことが判明した。ということは、『大論』には、「仏国土を浄める」「仏世界を浄める」という概念はあっても、いわゆる浄土教の成立に伴って成語化され、述語化された意味での「浄土」という概念は存在しないことになるのである。藤田博士の次のご指摘（五〇九頁）によれば、『大論』に限らず、例えば羅什訳『妙法蓮華経』や羅什訳『維摩経』巻一「仏国品」に、たとえ「浄土」という語が用いられていたとしても、その箇所のサンスクリット原文やチベット文と照らし合わせてみれば、それはあくまで「浄められた仏国土」という意味で用いられており、菩薩の浄仏国土の思想を背景に持つものにのみ適合するのである。

つまり『般若経』『法華経』『華厳経』など主要な大乗経典のほとんどすべてに、この浄仏国土の思想は顕されており、それは仏国土を構成している衆生を仏道に入らしめ、それを完成せしめることを意味するものである。ゆえに、それは菩薩の自利利他という大乗の根本精神を顕したものに他ならず、われわれが想定する浄土往生思想よりは思想系列の上で一段階前の思想であるということである。

2．無形の浄仏国土から有形の浄土へ

しかしながら、また一方で、『摩訶般若』やそれを註釈する『大論』において、このような浄仏国土の思想が、菩薩の自利利他の精神として、ただ抽象的に表現されているかというならば、そうでもないのである。藤田博士の用語をお借りすれば、それら「無形」の浄仏国土の思想が、「有形」

の浄土思想に転化していく契機もまた『摩訶般若』や『大論』の中に見ることができる。

例えば、本書第二章の付論1「無生法忍について」の中で述べたように、『摩訶般若』の「夢行品（夢入三昧品）」（大正八・三四七中〜三四九中）に、菩薩摩訶薩の三十願文が説かれているが、その中の第二十八願は光明無量・寿命無量の願文となっている。またその初願から第六願までは菩薩摩訶薩の六波羅蜜の具足が願われているが、第六は般若波羅蜜が願われ、そこに「浄仏国土成就衆生」の文が見える。これらが同時に誓われていることが知られる。

また同じく『摩訶般若』の「浄仏国土品」（別名「浄土品」）では、

須菩提、仏に白して言く、世尊よ、云何に菩薩摩訶薩は仏国土を浄むるや。仏言わく、菩薩有りて、初発意より以来、自ら身の麁業を除き、口の麁業を除き、意の麁業を除き、また他人の身・口・意の麁業を浄む。（大正八・四〇八中）

と説かれ、それに続いて、菩薩摩訶薩の願の内容として、

我が国に、七宝を成ぜしめん、・・天楽を聞かしめん（以上『阿弥陀経』）、・・天香あらしめん、・・百味の食を得せしめん（『大阿弥陀経』『無量寿経』）」（大正八・四〇八下）

等の、浄土経典に親しい文言が並ぶ。またその後に、

是の国土の中に、三悪道の名無し（『阿弥陀経』）（大正八・四〇九上）

風は七宝の樹を吹いて音声を出す（『阿弥陀経』）。所謂、空・無相・無作にして諸法実相の音の如し（大正八・四〇九上）。

等と説かれ、次のようにまとめられている。

須菩提よ、是れを菩薩摩訶薩の仏国土を浄むとなす（大正八・四〇九中）。

藤田博士はこの文を長文で引用し、「『大品般若経』では七宝の樹の音声の説明に見られるように、空間的表現が明確に示されており、それに対応する文は「後期無量寿経」になって顕著に現れるものであるが、ともかく両者の間には類似性がはっきり認められる」（藤田前掲書五一三頁）と述べられている。またその証拠に、『大論』巻九二「釈浄土品第八十二」も、この『摩訶般若』の文を註釈して、「阿弥陀等の諸経の中に説くが如し」（大正二五・七〇八下）と示して、この「『摩訶般若』「浄土品」の描写内容と、〈阿弥陀経〉等の浄土経典の内容との類似性を明言している」（同書同頁）と述べられている。

またこの『摩訶般若』「浄仏国土品」にある「諸法実相之音」という用語は、『六十華厳』（大正九・七〇九中）にも見えるが、まさに無形のさとりが有形となった典型的表現ということができよう。『大論』はこの語を釈して、右の「阿弥陀等の諸経の中に説くが如し」のすぐ前に次のように説明している。両方を続けて引用すれば以下のようになる。

仏国土有り。一切の樹木、常に諸法実相の音声を出す。所謂、無生・無滅・無起・無作等なり。衆生、但だ是の妙音のみを聞きて、異声を聞かざれば、衆生利根なるが故に、便ち諸法実相を得。是の如き等の仏土荘厳を名けて仏土を浄むと為す。阿弥陀等の諸経の中に説くが如し。仏答えたまわく、「菩薩は初発意より来りて、自ら麁の身口意業を浄め、亦た他人を教えて麁の身口意業を浄めしむるなり」と。(大正二五・七〇八下)

ここで、「諸法実相の音声」(2)というのは、諸法実相を説く仏菩薩の声ではなく、仏国土の一切の樹木が、常に諸法実相の音声を出すのであろう。衆生は、この妙音を聞いて、たちまち諸法実相を得る。それは仏国土の樹木だからであり、そのような仏土荘厳、すなわち仏土を浄めるということは、『阿弥陀』等の諸経の中に説かれている通りであるというのである。『論註』には、「諸法実相の声」という表現はないが、巻下「観察体相章」の「荘厳水功徳成就」の釈には、波の声として、「仏の声」「法の声」「僧の声」「寂静の声・空無我の声・大慈悲の声・波羅蜜の声」「十力無畏不共法の声・諸通慧の声・無所作の声・不起滅の声・無生忍の声、乃至、甘露灌頂、衆の妙法の声を聞く」(浄聖全一・四九八)と説かれ、最後に「此の水、仏事を為す。安くんぞ思議す可きや」(同・四九九)とまとめられている。

3．浄仏国土の廻向思想

さらに、右の2．で述べた『摩訶般若』「浄仏国土品」の文の少し前のところに、次のようにある。

復た次に、須菩提よ、菩薩が色相・受想行識相・眼相・耳鼻舌身意相・色声香味触法相・男相・女相・欲界相・色界相・無色界相・善法相・不善法相・有為法相・無為法相を取る。是を菩薩の麁業と名く。菩薩摩訶薩は、皆な是の如き麁業の相を遠離し、自ら布施し、亦た他人をして布施せしめ、食を須つには食を与え、衣を須つには衣を与え、乃至種種の資生の須つ所には悉く之を給与し、亦た他人を教えて種種に布施せしむ。是の福徳を持して、一切衆生に与えて之を共にす。浄仏国土に廻向するが故なり。持戒・忍辱・精進・禅定・智慧も亦た是の如し。

（大正八・四〇八下）

ここには、まず先に述べた「菩薩の麁業」ということが定義され、菩薩は自らその麁業を遠離し、かつ食を要する者には食を与え、衣を要する者には衣を与え、またその与える行為を他の者にもなさしめ、その徳を持して、これを一切衆生と共有し、またそれを仏国土を浄めるために廻向する、という趣旨のことが説かれている。ここに『摩訶般若』の廻向思想の一端が窺われる。つまり自ら布施等の六波羅蜜を行じ、他にも教えて行ぜしめ、この功徳を一切衆生に与えてこれを共にし、浄仏国土に廻向するのである。この場合の「廻向」とは、種種の福徳を一切衆生に与えてそれを共にし、仏国土を浄める（荘厳する）ために振り向けるという意味に解することができる。そしてこの経文のあとには、前項のごとく菩薩摩訶薩の願の内容として、

我国に七宝を成ぜしめん、天楽を聞かしめん、天香あらしめん、百味の食を得せしめん。

というように、具体的な国土荘厳の願の中味として説示されていく。ただこの経文の「この福徳を持し、一切衆生に与えて之を共にす。浄仏国土に廻向するが故なり」の語に対して、『大論』は、

清浄の因縁を共にするが故に則ち仏土清浄なり（大正二五・七一〇中）。

と簡単に言うのみであって、それより他に解釈している箇所は見当たらない。したがって「廻向」という語についても、特に意識しているようには見えない。しかしながら、『摩訶般若』当面においては「廻向」の語も有り、ここに何らかの意味で廻向思想が説かれているとみてまちがいない。

この「浄仏国土品」の終わりに近いところには、

是くの如く、須菩提、菩薩摩訶薩は能く仏国土を浄める。是れ菩薩が爾の所と時に随って菩薩道を行じ諸願を満足するなり。是れ菩薩が自ら一切善法を成就し、亦た一切衆生の善法を成就するなり。（大正八・四〇九上）

と説いている。ここには廻向の語はないが、「菩薩が自ら一切善法を成就し、また一切衆生の善法をも成就する」という表現は、それだけで衆生廻向の考え方に近いものを感じさせる。瓜生津隆真博士は、「浄仏国土と菩薩道」（『日本仏教学会年報』一九九三年「仏教における国土観」所収、十頁）にこの経文を引用され、「菩薩による浄仏国土の行と廻向の所説をまとめた」ものと述べておられる。

ところが、ここでも『大論』は、次のように註釈している。

是の菩薩は一切の善法を皆な成就す。及び成就せらるる所の衆生も一切の善法を成就するが故に、身端正なることを得て、見る者嫌うことなく、亦た衆生を成就して、端正なることを得しむ。須菩提よ、菩薩は応に是の如くにして仏国土を浄むべし。

意味が少々取りづらいが、ここで述べられているのは、菩薩の廻向思想というよりは、菩薩が仏国土を浄めることの内容として、菩薩が仏国土の構成要員としての衆生を成就し、それらの衆生の身体を端正ならしめ、見る者も嫌うことなく、次々に正報としての仏国土の衆生を成熟していくこと、それが仏国土を浄めることであると述べているのであろう。

しかし、『大論』に全く菩薩の廻向思想が見られないわけではない。すなわち『経』の、

仏、舎利弗に告げたまわく、若し菩薩摩訶薩、身を得ず、口を得ず、意を得ざれば、是の如き

菩薩摩訶薩は、能く身口意の麁業を除かん。復た次に舎利弗よ、菩薩摩訶薩、初発意従り十善道を行じ、声聞の心を生ぜず、辟支仏の心を生ぜざれば、是の如き菩薩摩訶薩は、能く身口意の麁業を除かん。（大正八・二二六下）

という文を解釈して、次のように述べている。

是を以ての故に、仏、舎利弗に告げたまわく、若し菩薩、身口意を得ざれば、是の時、則ち三麁業を除かん。復た次に、初発意（の菩薩）、畢竟空中に住して、一切法不可得なるも、而も常に十善道を行ぜん。声聞・辟支仏の心を起さず。不取相の心を以て、一切の諸善根を皆な阿耨多羅三藐三菩提に廻向す。是を菩薩、身口意の麁業の罪を除くと名け、名けて清浄と為す。

（大正二五・三四六上）

ここでは『経』の文に対し逐語的に要領よく解釈されているが、先の箇所とは逆に『経』にはない「廻向」という語を付け加えている。また、この廻向は明らかに「菩提廻向」である。ただこれまでの文と対比すれば、ここにも「麁業を除く」という考え方はあるが、全体を名づけて「清浄と為す」というのみで、「仏国土を浄める」という考え方は、ここには見られない。

4・二種類の浄土思想と法蔵説話

ここまで述べてきたように、大乗仏教の中で「浄土」を説く経典は多岐に亘っているが、それは大きく二つの思想、いわゆる大乗仏教プロパーの浄仏国土の思想と、そこからさらに発展した浄土往生思想とに分けられる。今われわれが見ている『大論』の浄土思想は、ちょうどその中間的な位置、あるいは過渡的な位置に位置づけられると考えられる。つまり『大論』の諸処に見られる浄土思想は、浄土思想の最初期のものともいえず、また藤田博士の言われる「後期無量寿経」、その代表的なものはやはり魏訳と称せられる『仏説無量寿経』であるが、そのすぐれて発展した浄土経典の影響下にあるのでもなく、その中間の位置にあるのではないか、ということである。無論これは、年代的に前後とか中間というのではなく、思想系列の上で先後や中間というのみである。

河波昌博士は、「往生思想と菩薩道の完成―道の論理と土（荘厳）の論理―」という論文の中で、浄土の教えを、「浄土へと衆生を救済する教え」と「浄土による衆生の救済を説く教え」の二つに分けられ、それを以下のように説明される。

一般的には浄土教とはまず「浄土（極楽世界）へ往生する教え」あるいは「浄土へと衆生を救済する教え」として理解することができるであろう。そしてこのような解釈はインド・中国・

日本の浄土教に通じて考えられるのである。しかしながら以上のような理解と共に、さらに次のような解釈もまた可能なのである。すなわちそれは浄土教を「浄土による衆生の救済を説く教え」として考えてゆく立場である。そして大乗仏教本来の立場からすれば、むしろこの第二の立場において往生浄土の大乗としての意義は徹底化せしめられることになるのである。（『西義雄博士頌寿記念論集』所収、一一六頁）

と。この河波先生の言われる二つの立場からすれば、この付論で述べてきたように、『大論』の立場の中心は、あくまで大乗仏教本来の第二の立場、すなわち「菩薩が浄土によって衆生を救済せんと説く立場」である。しかしそうでありつつも時には「浄土往生の立場」、すなわち浄土教としてより発展した第一の立場からの叙述も垣間見られるのである。極端な例を出せば、問答の問いの形で表現されているだけとはいえ、「阿羅漢が浄土に往生して法性身を得て成仏する(3)」などという、荒唐無稽ともいえるような例まで登場する。

しかし、ここまで考察して、一つ抜け落ちてはならない視点が存することに気づく。それは、たとえ発展した浄土教の立場であっても、一切衆生の救済の大本である法蔵菩薩自身の立場は、大乗仏教本来の菩薩道の立場、河波先生の言われる第二の立場であるということである。これまで散見したところ『大論』には一カ所だけそれを示す箇所がある。

光川豊藝教授「竜樹における浄仏国土と菩薩の行」（『日本仏教学会年報』第四十二号―仏教における浄土思想―所収、一四五頁以下）によると、『大論』巻九三には、阿鞞跋致の菩薩、成就衆生の菩薩、浄仏国土の菩薩という三種の菩薩の名が挙げられている。そこには名称だけで内容には触れていないが、巻三八には、逆に名称は挙げず、それと対応する内容のみ挙げている箇所がある。光川先生は、その両方を対照しながら、菩薩のあり方を整理して述べておられる。そこでここでは、三番目の「浄仏国土の菩薩」について、『大論』巻三八の叙述を見てみることにする。すなわち、巻三八「釈往生品第四之上」（大正二五・三四二下～三四三上）に、次のようにある。(4)

次に後の菩薩も、また利根にして心堅く、久しく福徳を集め、発心して即ち般若波羅蜜と相応し、六神通を得て、無量の衆生と共に十方清浄世界を観じ、而して自ら其の国を荘厳す。阿弥陀仏先世の時、法蔵比丘と作りしに、仏将い導きて遍く十方に至りて清浄の国を示し、浄妙の国を選択せしめ、もって自ら其の国を荘厳したまいしが如し。

この所述が、光川先生が言われるように、「浄仏国土の菩薩」の行法を表したものであるとすると、ここには利根堅心の菩薩、功徳積聚の菩薩、発心して般若波羅蜜と相応する菩薩といわれているのであるから、これは正しく典型的な大乗の菩薩、オーソドックスに大乗菩薩道を歩む菩薩ということができるであろう。そしてその例示として、阿弥陀仏が先世の時、法蔵比丘となられたという、いわゆる法蔵説話を挙げているのであるから、逆に浄土教の観点から見れば、法蔵菩薩こそが、一切衆生のために、菩薩の修行の王道を歩まれた菩薩ということになるのである。

さらに、宗祖の立場から言えば、『本典』「証文類」「還相廻向釈」等に説かれる浄土の菩薩、すなわち還相の菩薩も、もとは阿弥陀如来の本願力によって浄土に往生し、浄土の菩薩となって、利益衆生の為に本来の大乗菩薩道の王道を歩む菩薩となったのである。そう考えてこそ、われわれは発展した浄土教もしくはその完成態としての浄土真宗と、本来ある大乗菩薩道の教説との接合点を見いだすことができる。逆に言うと、浄土の菩薩のことを念頭に置かずに、大乗菩薩道と浄土真宗との接合点を見いだそうとするのは困難である。その接合点の一端を示しているのが、本論に時折見られる浄土教への言及部分なのである。本章においては、『摩訶般若』およびその注釈書たる『大論』のそのような一面について若干の考察を試みたものである。

註(1) コンピュータ検索に拠っただけのことであるが、「浄仏国土」の語は、諸経典では『放光般若』(八十回)と『摩訶般若』(一三三回)に圧倒的に多く、その他の経論にもしばしば見られる。一方「浄仏世界」の語は、諸経典において「浄仏国土」より多くはないのに、『大論』では非常に多く一二二回を数える。『大論』では何故か、初めから巻八十二の「釈大方便品第六十九」までずっと「浄仏世界」の語が非常に多く使用され(一〇九回、「浄仏国土」は「浄仏土・浄国土」を入れても数回)、それ以降は最後まで「浄

仏国土」の語が多く使用される（七〇回、「浄仏世界」は十三回）。その理由の一つは、巻九十二と巻九十三に「浄仏国土品」とその「余品」があるからであろうが、それにしてもその前後も「浄仏国土」の語が多く使用されており、このような訳語の偏りには違和感を覚えると同時に興味も湧く。

（2）「諸法実相の声」という表現は『大論』にもう一カ所ある。すなわち巻七八（大正二五・六〇九）に「歌羅頻伽鳥は卵の中に在りて、未だ声を発せざるに、已に能く諸鳥に勝るが如し。何に況んや、成就せるをや。菩薩も亦た是の如く、未だ成仏せずと雖も、菩薩道を行じて諸法実相を説くに、音声は諸の外道及び魔民の戯論を破す。何に況んや、成仏せるをや」とある。

（3）『大論』巻九十三（大正二五・七一四上）に、「問曰、若し阿羅漢、浄仏国土に往きて、法性身を受けなば、是の如く疾かに作仏することを得」とある。なお第三章「宗祖『本典』所引の『大論』」第三項「五種不可思議の文」参照。

（4）本章解説の第2節の第3項、「『大論』における還の意味、および不退転と無生法忍の関係」の項で、この「釈往生品」の文は引用した。よって参照されたい。

付論三、第七地について

【経】復た次に、須菩提、菩薩摩訶薩は七地の中に住して、二十の法に著すべからざる所なり。何等をか二十とす。一つには我に著さず。二つには衆生に著さず。三つには寿命に著さず。四つには衆数乃至知者見者に著さず。五つには断見に著さず。六つには常見に著さず。七つには相を作すべからず。八つには因見を作すべからず。九つには名色に著さず。十には五衆に著さず。十一には十八界に著さず。十二には十二入に著さず。十三には三界に著さず。十四には著処を作らず。十五には所期の処を作らず。十六には依処を作らず。十七には仏に依る見に著さず。十八には法に依る見に著さず。十九には僧に依る見に著さず。二十には戒に依る見に著さず。是の二十の法は応に著すべからざる所なり。

復た二十法の応に具足し満たすべきものあり。何等をか二十とす。一つには空を具足す。二つには無相を証す。三つには無作を知る。四つには三分清浄なり。五つには一切衆生の中に慈悲智を具足す。六つには一切衆生を念ぜず。七つには一切法等を観じ、是の中に亦た著さず。八つには諸法実相を知りて、是の事を亦た念ぜず。九つには無生法忍。十には無生智。十一には諸法一相を説く。

十二には分別の相を破す。十三には憶想を転ず。十四には見を転ず。十五には煩悩を転ず。十六には等定慧地。十七には調意。十八には心寂滅。十九には無礙智。二十には愛に染まず。須菩提、是を菩薩摩訶薩は七地の中に住して応に二十法を具足すべしと名く。

【経】云何が菩薩、我に著さざるや。畢竟じて無我なるが故なり。云何が菩薩、衆生に著さず、寿命に著さず、衆数乃至知者見者に著さざるや。是の諸法は畢竟じて不可得なるが故なり。云何が菩薩、断見に著さざるや。法の断ずるもの有ること無く、諸法は畢竟じて不生なるが故なり。云何が菩薩、常見に著さざるや。若し法不生ならば是れ常と作さざればなり。云何が菩薩、相を取るべからざるや。諸の煩悩無きが故なり。云何が菩薩、因見を作すべからざるや。諸の見は不可得なるが故なり。云何が菩薩、名色に著さざるや。名色処の相は無なるが故なり。云何が菩薩、五衆に著さず、十八界に著さず、十二入に著さざるや。是の諸法の性無きが故なり。云何が菩薩、三界に著さざるや。三界の性無きが故なり。云何が菩薩、まさに心に著を作すべからざるや。云何が菩薩、願を作すべからざるや。云何が菩薩、応に依止を作すべからざるや。是の諸法の性無きが故なり。云何が菩薩、仏に依る見に著さざるや。依見を作せば仏を見たてまつらざるが故なり。云何が菩薩、法に依る見に著さざるや。法は見るべからざるが故なり。云何が菩薩、僧に依る見に著さざるや。

僧相は無為にして依るべからざるが故なり。云何が菩薩、戒に依る見に著さざるや。罪無罪に著さざるが故なり。是を菩薩は七地の中に住して二十法に著すべからざる所なりと為す。

云何が菩薩、応に空を具足すべきや。諸法の自相空を具足するが故なり。云何が菩薩、無相を証するや。諸相を念ぜざるが故なり。云何が菩薩、無作を知るや。三界の中において作さざるが故なり。云何が菩薩、三分清浄なるや。十善道を具足するが故なり。云何が菩薩、一切衆生の中に慈悲智を具足するや。大悲を得るが故なり。云何が菩薩、一切衆生を念ぜざるや。仏世界を浄むることを具足するが故なり。云何が菩薩、一切法を等しく観ずるや。諸法において損益せざるが故なり。云何が菩薩、諸法実相を知るや。諸法実相は無知なるが故なり。云何が菩薩、無生忍なるや。諸法は不生・不滅・不作の為の故なり。云何が菩薩、無生智なるや。名色の不生なるを知るが故なり。云何が菩薩、諸法の一相を説くや。心に二相を行ぜざるが故なり。云何が菩薩、分別の相を破するや。一切法を分別せざるが故なり。云何が菩薩、憶想を転ずるや。小大の無量の想を転ずるが故なり。云何が菩薩、見を転ずるや。声聞・辟支仏地において見を転ずるが故なり。云何が菩薩、煩悩を転ずるや。諸の煩悩を断ずるが故なり。云何が菩薩、定慧を等しくする地なるや。所謂、一切種智を得るが故なり。云何が菩薩、意を調えるや。三界において不動なるが故なり。云何が菩薩、心寂滅なるや。六根を制するが故なり。云何が菩薩、無礙智なるや。仏眼を得るが故なり。云何が菩薩、愛に染まらざるや。六塵を捨つるが故なり。是を菩薩は七地の中に住して二十法を具足すと為す。

【論】〔論〕者の言わく、我等の二十法は不可得なるが故に著さず。不可得の因縁は、先に種種に説くが如し。我見乃至知者・見者・仏見・僧見は、是れ衆生空に入るが故に、是の見に著すべからず。余の断・常乃至戒見、是の法は空なるが故に、著すべからず。

問曰、余は知るべし。因見は云何。

答曰、一切の有為法は展転して因果と為る。是の法の中に著し、心に相を取りて見を生ず、是を因見と名く。所謂、因に非ざるを因と説き、或は因果の一異等なり。

空を具足すとは、若し菩薩、能く尽く十八空を行ぜば、是を空を具足すと名く。復た次に、能く二種の空、衆生空と法空とを行ぜば、是を空を具足すと名く。復た次に、若し菩薩、能く畢竟空を行じて中において著さざれば、是を空を具足すと名く。

問曰、若し爾らば、仏は此の中に何を以てか、但だ自相空のみを説きたもうや。

答曰、此の三種の空は、皆是れ自相空なり。六地に住する菩薩は、福徳あるを以ての故に利根なり。利根なるが故に、諸法を分別して相を取る。是を以ての故に、七地の中には、相空を以て空を具足すと為す。仏は或時は有為空・無為空を説きて空を具足すと名づけ、或時は不可得空を説きて空を具足すと名づけたまえり。

無相を証すとは、無相は即ち是れ涅槃にして、証すべく、修すべからず。修すべからざるが故に、知ると言うことを得ず。無量無辺にして、分別すべからざるが故に、具足すと言うことを得ず。

無作を知るとは、三事は通ずと雖も是れ二事を知りて、更に義、其の名を立つ。無作は但だ名を知るに有り。

三分清浄なりとは、所謂、十善道にして、身の三、口の四、意の三、是を三分と名く。上に三解脱門を説くを以ての故に、此の中には復た説かず。三分清浄とは、或は人の身業清浄にして、口業清浄ならず、口業清浄にして、身業清浄ならず、或は身口業は清浄なれども、意業清浄ならざるあり。或は世間に三業清浄なるも、而も未だ能く著を離れざるもの有り。是の菩薩は、三業清浄及び著を離るるが故に、是を三分清浄と名く。

一切衆生の中にて慈悲と智とを具足すとは、悲に三種有り、衆生縁・法縁・無縁なり。此の中、無縁の大悲を説きて具足すと名く。所謂、法性空乃至実相も亦た空なり。是を無縁の大悲と名く。菩薩は深く実相に入り、然る後に衆生を悲念す。譬へば人に一子有り、好き宝物を得、則ち深心に愛念して、以て之を与えんと欲するが如し。

一切衆生を念ぜずとは、所謂、世界を浄むることを具足するが故なり。

問曰、若し衆生を念ぜずば、云何が能く仏世界を浄むるや。

答曰、菩薩は衆生を十善道に住せしめ、仏国を荘厳することを為す。荘厳すと雖も未だ無礙の荘厳を得ず。菩薩をして衆生を教化し、衆生の相を取らざらしめれば、諸の善根・福徳・清浄なり。諸の善根・福徳・清浄なるが故に故に、是を無礙荘厳とす。

一切の法を等しく観ずとは、法等忍の中に説くが如し。此の中に仏、自ら説きたまはく、諸法において増損せずと。諸法実相を知るとは、先に種種の因縁を広く説くが如し。

無生法忍とは、生滅無き諸法実相の中において、信受し通達して、無礙不退なり、是を無生忍と名く。無生智とは、初は忍と名け、後は智と名く。麁なる者は忍、細なる者は智なり。仏、自ら説きたまはく、名色の不生なることを知るが故なりと。諸法は一相なりと説くとは、菩薩は、内外の十二入は、皆是れ魔網にして、虚誑不実なり。此の中において六種の識を生ずるも、亦た是れ魔網にして虚誑なりと知る。何者か是れ実にして、唯だ不二の法なるや。眼無く色無く乃至意無く法無き等、是を実と名く。衆生をして十二入を離れしむるが故に、常に種種の因縁を以て、是の不二法を説く。分別の相を破すとは、菩薩は是の不二法の中に住して、所縁の男女・長短・大小等、諸法を分別するを破す。憶想を転ずとは、内心に諸法等を憶想し、分別するを破す。見を転ずとは、是の菩薩は、先ず我見・辺見等の邪見を転じ、然る後に道に入る。今、法見・涅槃見を転ずるは、諸法に定相無きを以てなり。涅槃を転ずとは、声聞・辟支仏の見を転じて、直ちに仏道に趣くなり。煩悩を転ずとは、菩薩は、福徳・持戒の力を以ての故に、麁なる煩悩を折伏し、安穏に道を行ずるも、唯だ愛・見・慢等の微細の者の在る有り。今、亦た細なる煩悩をも離る。復た次に、菩薩は実智慧を用いて、是の煩悩は即ち是れ実相なりと観ず。譬えば神通の人は、能く不浄を転じて浄と為すが如し。

定慧を等しくする地とは、菩薩は初め三地において、慧多く定少し、未だ心を摂することあたわざるが故なり。後の三地には、定多く慧少し。是を以ての故に、菩薩位に入ることを得ず。今、衆生空・法空にして、定慧等しきが故に、能く安穏に菩薩の道を行じ、阿鞞跋致地従り、漸漸に一切種智の慧地を得。意を調うとは、是の菩薩は、先ず老・病・死の三悪道を憶念し、衆生を慈愍するが故に、心意を調伏し、今、諸法実相を知るが故に、三界に著さず、三界に著さざるが故に調伏す。心寂滅とは、菩薩は涅槃の為の故に、先ず五欲の中において、五情を折伏し、意情は折伏し難きが故に、今、七地に住して、意情寂滅す。無礙智とは、菩薩は般若波羅蜜を得て、一切の実、不実の法中に無礙なり。是の道慧を以て、一切衆生を将いて、実法に入り、無礙解脱得を得、仏眼を得て、一切法の中において無礙ならしむ。

問曰、是の七地の中に、何を以てか仏眼を得と説くや。

答曰、是の中に、応に仏眼を学すべし。諸法において無礙なること仏眼に似如せり。

愛に染まずとは、是の菩薩は、七地において智慧力を得と雖も、なお先世の因縁有りて、此の肉身有り。禅定に入れば、著せざれども、禅定を出づる時は著気有りて此の肉眼の所見に随い、好人を見ては親愛し、或は是の七地の智慧の実法を愛す。是の故に仏説きたまはく、六塵の中において捨心を行じ、好悪の想を取らずと。七地竟り。


【解説】『般若波羅蜜経』「発趣品第二十」は、まず初地から第十地まで通して、その地にあって修すべき菩薩の行法を、項目を羅列する形で示していく。続いては『経』自身が、各地において、それら諸項目を短く註釈する形で説述されていくが、例えば第七地においては、菩薩摩訶薩が遠離すべき二十法と具足すべき二十法とが説かれる。それに対し『大論』は、何故か遠離すべき二十法についていては、わずかに註釈するのみで、具足すべき二十法を重点的に註釈する。ここでは、まず遠離すべき二十法に関する『経』の諸項目と、その『経』自身の小釈、および『大論』の註釈を見た上で、つづいて具足すべき二十法を順に見ていくことにする。一項目ごとに、必要に応じて、『経』の漢訳文（書き下し文）、梵文、それに対する『論』の註釈（書き下し文）、それに対するE・ラモットの仏訳、および解説を挙げる。

「遠離すべき二十法」

【経】①我に著せず。②衆生に著せず。③寿命に著せず。④衆数、乃至、知者・見者に著せず。⑤断見に著せず。⑥常見に著せず。⑦相を作すべからず。⑧因見を作すべからず。⑨名色に著せず。⑩五衆に著せず。⑪十八界に著せず。⑫十二入に著せず。⑬三界に著せず。⑭著処を作さず。⑮所期処を作さず。⑯依処を作さず。⑰仏に依る見に著せず。⑱法に依る見に著せず。⑲僧に依る見に著せず。⑳戒に依る見に著せず。（大正八・二五七上〜中）（大正二五・四一〇中）

【論】〔論〕者の言わく、①「我」等の二十法は、不可得なる故に著せず。不可得の因縁は先に種種に説けるが如し。①「我見」、乃至、④「知者・見者」、⑰「仏見」、⑲「僧見」は、是れは衆生空に入るが故に、是の見に著すべからず。余の⑤「断」、⑥「常」、乃至、⑳「戒見」、是れは法空なるが故に、著すべからず。

問曰　余は知るべし。⑧「因見」は云何。

答曰　一切の有為法は、展転して因果と為る。是の法の中に著し、心に相を取り、見を生ず。是を因見と名く。所謂、因に非ざるを因と説く。或は因果の一異等なり。（大正二五・四一七上）

【解説】最後の問答で因見の説明が、非常に簡潔に為されている。一切の有為法は、世間に展開して因となり果となる。この法の中で取着し、心中で特徴付けを行い（「ラモット」はこの語の原語として nimittodgrahaṇa を当てている）、見（思い込み）を生じる。これを因見という。例えば、因でないものを因と言ったり、あるいは因と果とが同じもの（これでは因果は成立しない）、因と果とが全く関わりの無い別なもの（これも因果が成立しない）であったりする場合などである。

「具足すべき二十法」

第一「空」

【経】云何なれば菩薩、応に空を具足すべきや。諸法の自相空なるを具足するが故なり。

tatra kathaṃ bodhisattvena mahāsattvena śūnyatā paripūrayitavyā? svalakṣaṇa-śūnyatām upādāya, paripūrir bodhisattvasya mahāsattvasya śūnyatā paripūrir, evaṃ bodhisattvena mahāsattvena śūnyatā paripūrayitavyā. [KIMURA, I ~2, p.98]

〈和訳〉その中（それら二十法の中）で、菩薩摩訶薩は、どのようにして、空であることを具足すべきであろうか？（諸法の）自相が、空であることを具足していることによって、菩薩摩訶薩は空であることを具足するのである。このようにして、菩薩摩訶薩は、空であることを具足すべきである。

【論】「空を具足す」とは、若し菩薩、能く悉く十八空を行ぜば、是を空を具足すと名く。復た次に、二種の空、（所謂）衆生空と法空を行ずる、これを空を具足すと名く。復た次に、若し菩薩、能く畢竟空を行じて、中に於て著せざれば、是を空を具足すと名く。

問曰、若し爾らば、仏は此の中に何を以てか、但だ自相空のみを説きたまいしや。

答曰、此の三種の空は、皆な是れ自相空なり。六地に住する菩薩は福徳あるを以ての故に利根なり。利根なるが故に、諸法を分別して相を取る。是を以ての故に、七地の中には、自相空を以て空を具足すと為す。仏は或る時には有為空・無為空を説きて空を具足すと名け、或る時には不可得空を説きて空を具足すと名けたまえり。

【解説】十八空は、『経』巻一「序品第一」（大正八・二一九下）の所説で、『大論』巻三一（大正二五・二八五中）にこれを釈し「釈初品中十八空義第四十八」として出ている。すなわち①内空、②外空、③内外空、④空空、⑤大空、⑥第一義空、⑦有為空、⑧無為空、⑨畢竟空、⑩無始空、⑪散空、⑫性空、⑬自相空、⑭諸法空、⑮不可得空、⑯無法空、⑰有法空、⑱無法有法空の十八である。これによって、右の論文を解説すれば、十八空は当然あらゆる空を網羅しているわけだから、それを行ずれば、菩薩は空を具足（原語・,paripūri・,完全に成就すること）することになる。

同様にして、二種の空（衆生空と法空・,すなわち我法二空）も、それを行ずれば、空を具足したことになる。同じく畢竟空（これは十八空の中にある）も、それ一つを行ずれば、空を具足したことになる。そこで問を設け、『経』に出ている「自相空（svalakṣaṇa-śūnyatā）」について、何故、仏は自相空のみを説かれるのかと問う。それに対する答えとしては、この三種の空（十八空と衆生空・法空と畢竟空）は、いずれもみな自相空である。自相とは共相に対する語で、それ自身の相を持つものの意であるから、右に挙げた空は、みな自相空である。

六地の菩薩は、その持ち前の能力によって利根であり、その利根を持って、諸法を分別してその相（特徴）をつかむ。よって七地においては、それらの自相（それ固有の特徴）が空であることを知って、自ら空であることを具足するのである。仏は、ある時には、十八空の中の、有為空・無為空で代表させて、空具足を説かれ、ある時は、不可得空で代表させて、空具足を説かれる。

第二「無相」

【経】云何なれば菩薩、無相を証するや。諸相を念ぜざるが故なり。

tatra kathamā bodhisattvasya mahāsattvasya ānimitta-sākṣāt-kriyā? yad uta sarva-nimittānām amanasi-kāratā, iyaṃ bodhisattvasy' ānimitta-sākṣāt-kriyā.

【論】「無相を証す」とは、無相は即ち是れ涅槃なり。証す可きにして、修す可からざるなり。修す可からざるが故に、知と言うことを得ず。無量無辺にして、分別す可からざるが故に、具足と言うことを得ざるなり。

第三「無作」

【経】云何なれば菩薩、無作を知るや。三界の中に於て作さざるが故なり。

tatra katham ad bodhisattvasya mahāsattvasya apraṇihita-jñānam? yat sarva-traidhātuke cittasyāpratiṣṭhānam, idaṃ bodhisattvasya mahāsattvasyāpraṇihita-jñānam.

【論】「無作を知る」とは、三事は、是れ知なりと通ずと雖も、二事は更に義によりて其の名を立つ。無作は但だ知の名有るのみなり。

【解説】第一の「空」、第二「無相」、第三「無作」を合わせて、三解脱門が説かれていると考えられる。第二に関しても、第三に関しても、『大論』の漢訳は、右のように書き下す以外には考えられない。「ラモット」の仏訳も、ほぼこのように読まれているようである。

その中で「空」は具足されるべきもの（paripūrayitavyā）、「無相」（ānimitta）は即ち涅槃であり、現に証（sākṣāt-kriyā）されるもの、「無作」（apraṇihita・無願）は単に知られるものである。このような表現に、インド中観派の教理の深い意味内容が顕されている感があるが、何か他の論書で同定し得るものを見出すことはできなかった。

第四「三分清浄」

【経】云何なれば菩薩は三分清浄なるや。十善道を具足するが故なり。

【論】「三分清浄なり」とは、所謂十善道にして、身の三、口の四、意の三、是を三分と名く。已に上に三解脱門を説くを以ての故に、此の中には復た説かず。三分清浄なりとは、或いは人の身業清浄にして、口業清浄ならず。口業清浄にして、身業清浄ならず。或は身口業は清浄なれども、意業は清浄ならざる有り。或いは世間に三業清浄なるも、而も未だ著を離るること能わざるもの有り。是の菩薩は三業清浄にして、及び著を離るるが故に、是を三分清浄なりと名く。

【解説】これまでの第一から第三までの解釈で、三解脱門について全く触れずに、ここで三解脱門についてコメント（傍線部分）される理由が分からない。三解脱門と三分清浄とは、おそらく何の関係もないからである。「ラモット」も、この部分は全く無視している。その他の説明は理解しやすい。十善道とは、①不殺生、②不偸盗、③不邪淫（以上の三は身業）、④不妄語、⑤不悪口、⑥不両舌、⑦不綺語（以上の四は口業）、⑧無貪、⑨無瞋、⑩正見（以上の三は意業）である。

第五「一切衆生中慈悲智具足」

【経】云何なれば菩薩は一切衆生の中に慈悲と智とを具足するや。大悲を得るが故なり。
tatra kathaṃ bodhisattvena mahāsattvena sarvasattveṣu kṛpā-karuṇā-paripūriḥ kartavyā? yo mahā-karuṇāyāḥ pratilābhaḥ, evaṃ bodhisattvena mahāsattvena sarvasattveṣu kṛpā-karuṇā-paripūriḥ karaṇīyā.

【論】「一切衆生の中にて、慈悲と智とを具足す」とは、悲に三種有り。(所謂)衆生縁・法縁・無縁なり。此の中、無縁の大悲を説いて具足と名く。所謂、法性空、乃至、実相も亦た空なり。是を無縁の大悲と名く。菩薩は深く実相に入り、然る後に衆生を悲念す。譬えば人に一子ありて、好宝物を得れば、則ち深心に愛念して、以て之を与えんと欲するが如し。

【解説】先にあったように、「具足」とは、「完全に成就すること」であったから、三種の慈悲の中で、「無縁の大悲(「ラモット」対象をもたない慈悲)」こそが、「具足」と名づけられる、といっている。『経』の漢訳や『論』には、「智」の語があるのに、梵文には智に当たる語が見当たらないが、『論』に言われるように、無縁の大悲というのは、法性空・実相空の空性に裏付けられた大悲であり、「菩薩は深く実相に入り、然る後に衆生を悲念す」るのであるから、そこに智慧の意が込められているというべきであろう。

第六「不念一切衆生」

【経】云何なれば菩薩は一切衆生を念ぜざるや。仏世界を浄むることを具足するが故なり。

【論】「一切衆生を念ぜず」とは、所謂、世界を浄むることを具足するが故なり。

問曰、若し衆生を念ぜざれば、云何して能く仏世界を浄むるや。

答曰、菩薩は衆生をして、十善道に住せしめ、仏国を荘厳することを為す。荘厳すと雖も、未だ無碍の荘厳を得ず。今、菩薩、衆生を教化して、衆生の相を取らざれば、諸の善根・福徳、清浄なり。諸の善根・福徳、清浄なるが故に、是を無碍の荘厳とするなり。

【解説】『論』の問答を解釈すれば、全体の意味が判明する。衆生を念ぜずして、どうして仏世界を浄められようか？　何故なら、衆生を教化・成熟することが、仏世界を浄め荘厳することだから、という問に対し、六地における荘厳から、七地における荘厳へと、二段階に分けて答えている。すなわち、六地では、衆生を十善道に住せしめ、それによって仏国土を荘厳するのであるが、未だ無碍の荘厳ではない。しかるに今この七地において、菩薩が衆生を教化しつつも、衆生の相に取着しなければ、その仏国土における諸の善根・福徳は清浄である。これを無碍の荘厳というのである。すなわち、七地の菩薩の条件は、ここでも、この地のはじめに説かれていた空（自相空）を具足しているかどうか、にかかるのである。なお「仏世界（仏国土）を浄める」ということについては、本章、付論二の「浄仏国土の思想について」を参照されたい。

第七「一切法等観」

【経】云何なれば菩薩は一切法を等しく観ずるや。諸法に於て損益せざるが故なり。

【論】「一切法を等しく観ず」とは、法等忍の中に説くが如し。此の中に、仏自ら説きたまわく、「諸法に於て増損せず」と。

【解説】「一切法等観」とは、一切法を平等に見ることである。これはすでに本書、第一章「仏土願釈論」の「衆生忍」「法等忍」の解釈のところで示した。なお「諸法に於て増損せず」と説かれているのは、『経』の「初品」の「羼提波羅蜜」を釈して、『大論』巻十五「釈初品中羼提波羅蜜法忍義第二十五」（大正二五・一六八中～下）に「増損無しと雖も、而も自ら悩乱憂苦を生じ、菩薩道を害す。是を以ての故に応に忍ずべし」というところなどが相当するであろう。

第八は「知諸法実相」、第九は「無生法忍」、第十は「無生智」、第十一は「説諸法一相」、第十二は「破分別相」であり、このあたりは互いに関連した菩薩の具足すべき徳目になっている。

まず第八「知諸法実相」は、『経』の原文［KIMURA, I～2, p.99］では、

【経】tatra katamo bodhisattvasya mahāsattvasya bhūta-naya-prativedhaḥ? yaḥ sarva-dharmāṇāṃ aprativedhaḥ, ayaṃ bodhisattvasya mahāsattvasya bhūta-naya-prativedhaḥ.
「その中で、菩薩摩訶薩が、諸法実相（bhūta-naya）を知るとは、いかなることか？　諸法を知らないこと、それが、菩薩摩訶薩が諸法実相を知ることである」となっており、その漢訳は「云何菩薩知諸法実相、諸法実相無知故」と非常に簡単に、しかも逆説的な言い回しで[1]訳している。ラモットの仏訳は、そのような逆説的表現は避けて、「菩薩はすべての法の真理を見透す。ただその（個々の）ダルマについては考えない」「ラモット」(2426)と訳している。
【論】これに対する『大論』の解説は、「先に種種の因縁広く説くが如し」（「ラモット」上記においてすでに詳しく説明されている）とあって、ここでは解説されていない。

第九「無生法忍」は、『経』の原文のうち、重複部分を略して挙げれば、
【経】・・anutpāda-kṣāntiḥ? yā sarvadharmāṇām anutpādāya anirodhāya anabhisaṃskārāya kṣāntir, ・・・和訳「無生法忍とはいかなることか？　諸法が不生・不滅・不作であることのために忍であること」となっている。漢訳も「云何菩薩無生忍、為不生不滅不作故」とあって同義である。「ラモット仏訳」では、「無生法忍（仏・adhérer à la non-production）とは何か。それは、あ

らゆるダルマが、生ぜず、滅せず、形を取らないということを、体忍すること[2]」となっている。

【論】これに対する『大論』の説明は、「無生法忍とは、生滅無き諸法実相の中に於いて、信受し通達して、無礙不退なり」とある。「ラモット仏訳」は、「生滅を有さないダルマの本質を、妨げるものもなく退くこともなく、信じ理解すること」である。

【解説】ここに「無生法忍」とは「諸法実相の法を信受し不退である」ことが示されている。高峯了州和上は、このことを逆方向から説明されて、「而して阿鞞跋致の可能の根拠は即ち諸法実相に帰するところの信である[3]」と述べられている。すなわち「無生法忍」と「信」を同じ位置に置いておられることになる。

第十「無生智」

【経】原文・・anutpāda-jñānaṃ? yan nāmarūpānutpāda-jñānaṃ,・・・

和訳「無生智とはいかなることか？　名色の不生なるを知ることである。」

漢訳「云何菩薩無生智、知名色不生故。」

「ラモット仏訳」無生智（仏・.savoir la non-production）とは何か。それは名前と形の生じないことを知ることである[4]。

【論】「無生智とは、初は忍と名け、後は智と名く。麁なる者は忍、細なる者は智なり。仏自ら説きたまわく、名色の不生なるを知るが故なりと。」

「ラモット仏訳」先のスートラに言及されたものは、忍（kṣānti・adhésion）であり、いまいうこれは智（jñāna・savoir）である。忍はおおまかなもの（audārika）、それに対して智は微細なもの（sūkṣma）である。ここでは仏陀自身が名前や形の不生なることに関する知のことであると説いている。

【解説】ここで『大論』が、忍（kṣānti）を「麁なるもの」とし、智（jñāna）を「細なるもの」としていることに注目しなければならない。「ラモット」は、原語として麁に audārika、細に sūkṣma を当てている。

長尾雅人博士「中観哲学の根本的立場」（岩波『中観と唯識』所収、三三〜三四頁）では、インド瑜伽行派の論書にしばしば登場する「尽所有」（yāvad-bhāvikatā）「有る限りのものを知る智」と「如所有」（yathāvad-bhāvikatā）「有るがままを知る智」という対立する二概念を取りあげ、前者を麁（audārika）なる世俗智、後者を細（sūkṣma）なる勝義智と述べておられる。博士は「この二概念を世俗と勝義に配して理解することは、漢訳仏教においてはあまり見られないようである」と言われる。

また櫻部健博士「無生智と無生法忍」(『増補仏教語の研究』所収、五四頁以下)によれば、そもそも「無生智」と「無生法忍」とは、語義も用法も全く異なっており、相互に何の関係もなく、本来パラレルには扱われてこなかった二概念であるとされる。それが本論では、明らかにパラレルに扱われ、しかも無生法忍は麁なるもの、無生智は細なるものと説明されている。今ここでは詳しく検討することができなかったが、両博士のご指摘を勘案し、大小乗の論書を精査すれば、それによって、本論の仏教史上の位置あるいは著者問題を考えるヒントが得られるかもしれない。

第十一「説諸法一相」

【経】原文・・eka-naya-nirdeśaḥ? yā advaya-samudācāratā, ・・・

和訳「唯一の法相を説くとはいかなることか? 二元性の無いところにおいて行ずるということである。」

漢訳「云何菩薩説諸法一相、心不行二相故。」

「ラモット仏訳」あらゆるダルマの唯一の特徴を説く。なぜならば菩薩は二元性の中に置かれていないから。

【論】「諸法は一相なりと説く」とは、菩薩は、「内外の十二入は、皆な是れ魔網にして、虚誑不実なり。此の中に於て、六識の識を生ずるも、亦た是れ魔網にして虚誑なり」と知る。何ものか是れ実にして唯不二の法なる。眼無く、色無く、乃至、意無く、法無き等、是を実と名く。衆生をして十二入を離れしむるが故に、常に因縁を以て、是の不二法を説く。

【解説】「ラモット」は、この「不二法」を「二元的でないもの」と訳し、また右の「因縁を以て」を「多種多様な手段で」と訳している。

第十二「破分別相」

【経】云何なれば菩薩は分別相を破するや。一切法を分別せざるが故なり。

（kalpanā-samudghāta・、分別を破す）

【論】「分別の相を破す」とは、菩薩は是の不二法の中に住して、所縁の男女、長短、大小等、諸法を分別するを破す。

第十三「転憶想」

【経】云何なれば菩薩は憶想を転ずるや。小大の無量の想、転ずるが故なり。

（saṃjñā-dṛṣṭi-vivarta・、憶想と見を転ず）

【論】「憶想を転ず」とは、内心に諸法等を憶想し、分別するを破す。

【解説】『経』の梵文は、第十三と次の第十四が一文になっていて、saṃjñā-dṛṣṭi-vivarta・、「憶想と見を転ず」というように、二つを共に転ずる意味になっている。「憶想（saṃjñā）」とは概念のこと。「ラモット」も、ここを「概念の打破」と仏訳している。つまり『論』は、『経』とは違って、この「転憶想」を、一つ前の「破分別相」とセットにして、「破分別」の意味で解釈している。いわば第十二は、外にあるもので、実際は二つに分けられないものを分ける分別を破す。第十三は、内心の概念分別を破す。


第十四「転見」

【経】云何なれば菩薩は見を転ずるや。声聞・辟支仏地に於て、見を転ずるが故なり。

【論】「見を転ず」とは、是の菩薩は、先に我見・辺見等の邪見を転じ、然る後に道に入る。今、法見・涅槃見を転ずるは、諸法に定相無きを以てなり。涅槃を転ずとは、声聞・辟支仏の見を転じて、直に仏道に趣くなり。

【解説】「我見・辺見等の邪見」とは、この邪見は悪見の意で、広く誤った見解全般を指すものと思われる。すなわち三毒の煩悩に、慢（うぬぼれ）と疑（うたがい）と悪見を加えて六大煩悩というが、その悪見を五つに開いて、有身見（我見と我所見）・辺見（常見と断見）・邪見（因果の関係を否定する見解）・見取見（誤った見解を正しいとする見解）・戒禁取見（仏教外の誤った戒禁を涅槃への正しい戒禁であるとする見解）の五見という。

「ラモット」によれば、第六地の菩薩は、先にこれらの誤った見解を転回して、その後に涅槃の道に入ったのである。しかし今、この七地の菩薩は、法見と涅槃見を転じて、直ちに仏道に趣く。すなわち法見とは、ここの説明から見れば、諸法に定相有りと見る見解であり、涅槃見とは、涅槃に関する声聞・辟支仏の見解、つまり小乗における有余・無余の涅槃に関する見解である。

第十五「転煩悩」

【経】云何なれば菩薩は煩悩を転ずるや。諸の煩悩を断ずるが故なり。

【論】「煩悩を転ず」とは、菩薩は福徳・持戒の力を以ての故に、麁なる煩悩を折伏して、安穏に道を行ずるも、唯だ愛・見・慢等の微細の者の在る有り。今亦た細なる煩悩をも離る。復た次に、菩薩は実智慧を用って、是の煩悩は即ち是れ実相なりと観ず。譬えば、神通の人、能く不浄を転じて、浄と為すが如し。

【解説】この項も、『論』の「今」の語より前は六地、「今」の語より後は七地の説示であると考えられる。六地の菩薩は、福徳（もともと持っている長所）・持戒（後で身につけた道徳性）の力によって、大まかな煩悩を打ち砕き、容易に道を歩むのであるが、まだ微細な煩悩は残存している。今この七地においては、微細な煩悩をも離れ、また真実智慧でもって、この煩悩はそのまま真実相であると観て取るのである。ここにある「観是煩悩即是実相」ということばは、大乗の究極を示す表現といってよいと思われる。つまりここで真実智慧というのは、煩悩相もそのまま空相であると観る智慧のことである。その後の譬えは、どこかにそのような経説があるのだろうか、よく分からない。

第十六「等定慧地」

【経】云何なれば菩薩は等定慧地なるや。所謂、一切種智を得るが故なり。

【論】「等定慧地」とは、菩薩は初め三地に於ては慧多く定少なし。未だ心を摂すること能わざるが故なり。後の三地には、定多く慧少なし。是を以ての故に、菩薩位に入ることを得ず。今、衆生空・法空にして、定慧等しきが故に、能く安穏に菩薩の道を行じ、阿鞞跋致地より、漸漸に一切種智の慧地を得。

【解説】「等定慧地」の原語は、『経』の梵文で、śamatha-vipaśyanā-bhūmi と言っている。すなわちこの第七地は、奢摩他（止）と毘婆舎那（観）が等しく均衡を保っている状態であることをいう。高峯了州和上は、「般若経の十地思想について」（『華厳論集』所収）という論文の中で、「中間に位する第七已作地は前提を充全し後程を顕現せんとする十地の体系の統一的立場を示すもの」（二七九頁）と言われ、遠離すべき二十法の「消極的内容は即ち初地における不可得発心の否定に応ずるものであり、」具足すべき二十法の「積極的内容は第九地の願心を充たすものである」（同右頁）と述べておられる。そして「而して第九地の無碍なる願心はすでに初地に於ける「薩婆若に応ずる心」の具現でなければならぬ。この両面の行法を内容とする第七地は無生法忍と等定慧地と阿鞞跋致とによって詮顕せらるるものである（同右頁〜二八〇頁）」と述べられる。

『論』の文中で、「心を摂すること能わず」とは、菩薩は初めの三地では、定よりも慧に片寄っているので、その心すなわち慧を身に修めて体現することができない、という意味かと思われる。「菩薩位に入ることを得ず」とは、後の四地、五地、六地では、慧よりも定に片寄っているので、利他行（慈悲）の前提である智慧が不足しており、菩薩位（阿鞞跋致地）に入ることができない。しかし「今」この七地では、我法二空を体得して、定慧のバランスが取れているので、阿鞞跋致地（不退転地）より次の第八地というように、徐々に「一切種智の慧地（sarv’ākārajñatā-jñāna）」を得ていくだろう、というのである。「一切種智（sarv’ākārajñatā）」とは、例えば『法華玄讃』

（大正三四・八〇九）に拠ると、「一切種智即後得智、及智慧即根本智」とあるように、衆生を利益するために必要な種種の方便智のことである。つまり第七地の説示も、このあたりまで来ると、次の第八地に進趣するための準備段階の様相を呈してくる。

第十七「調意」（「慧地調意」）

【経】云何なれば菩薩は意を調うや。三界に於て不動なるが故なり。

【論】「意を調う」とは、是の菩薩は、先に老病死の三悪道を憶念し、衆生を慈愍するが故に、心意を調伏す。今は諸法実相を知るが故に、三界に著せず。三界に著せざるが故に調伏す。

【解説】『大論』の返り点の表記（大正二五・四一七下）によって、この「調意」の語の前に、「慧地」の語を付けて、「慧地調意」の項として解釈しているという見方もある。それは前項末尾の「漸漸得一切種智慧地」の「慧地」が、後に付くという見方である。実際に『経』（大正八・二五七中）でも、また『大論』の中の『経』の表記（大正二五・四一六下）でも、「調意」の前に「慧地」を付けているヴァリアントがある。しかし今はその見方を取らない。なぜなら、右に示したように、梵文に sarv’ākārajñatā-jñāna とあり、この複合語を有財釈と見て、一切種智の慧（jñāna）を有するもの、すなわち一切種智の慧地と読むことができるからである。また「ラモット」もそのように読んでいるようである。

『論』の釈意は理解しやすい。これまでと同様に「先に」というのは、六地もしくはそれ以前の菩薩の行法を指し、「今は」とはこの七地を指す。「老病死」を「三悪道」という例を他には知らないが、ともかくここは、六地もしくはそれ以前において、菩薩が衆生の老病死を憶念し、自らの心を調えるのであるが、七地に於いては、諸法実相、すなわち諸法の空相を知るが故に、三界に著せず、また三界に著せざるが故に、より一層、心を調えることができる。それが『経』に言う「三界に於て不動」の意味である、というのである。つまり利他の菩薩は、三界に在って三界に著せず、三界に著せずしてしかも三界に在るのである。

第十八「心寂滅」

【経】云何なれば菩薩は心寂滅なるや。六根を制するが故なり。

【論】「心寂滅」とは、菩薩は涅槃の為の故に、先に五欲の中に於て五情を折伏し、意情は折伏し難きが故に、今七地に住して、意情寂滅なり。

【解説】この第十八は、『経』の梵文を欠いている。また先に、『経』の梵文では、第十三と十四を一緒にして表したので、第二十の「不染愛」の後に、さらに二項 icchā-kṣetra-gamana（(仏の)

国土へ赴かんと願うこと）と sarvatr'ātmabhāva-darśana（自己の遍在を知見すること）を追加している。

『経』および『論』の意は、先に六地では、五根（眼耳鼻舌身）の情欲を制したけれども、意根の情は制し難きが故に、この七地に於いてそれを寂滅ならしめるのである。

第十九「無礙智」（「無智」）

【経】云何なれば菩薩は無礙智なるや。仏眼を得るが故なり。

【論】「無礙智」とは、菩薩は般若波羅蜜を得て、一切の実・不実の法中に於て無礙なり。是の道慧を得て、一切衆生を将いて実に入ら令む。無礙解脱を得、仏眼を得て、一切法の中に於て、無礙ならしむ。

問曰、是の七地の中に何を以てか仏眼を得と説くや。

答曰、是の中に、応に仏眼を学すべし。諸法に於て無礙なること仏眼に似如せり。

【解説】『経』では「無閡智」、『論』では「無礙智」となっている。「閡」にも「礙」にも「さまたげる」の意があり、違いはよく分からない。原語は apratihata-jñāna で、通常は無礙智と漢訳されている。『論』の中の、「令」という使役の助動詞が、どの動詞にまでかかるか分からないが、ここは「ラモット」に倣って、「実に入ら令む」までで止めておく。「実」とは実法のことで、真如のこと。ここにも問答が設けられている。まだ七地というのに、何をもって『経』に「仏眼を得る」と説かれるのかと問い、仏眼を直接得るのではなく、あくまで仏眼に準拠して修道するという意味であり、一切の実・不実の法の中で障礙のない眼を持つことは、あたかも仏眼の如くであるという意味であると答えている。

第二十「不染愛」

【経】云何なれば菩薩は愛に染まらざるや。六塵を捨つるが故なり。

【論】「愛に染まず」とは、是の菩薩は七地に於て、智慧力を得と雖も、猶お先世の因縁有りて、此の肉身有り。禅定に入れば著せざれども、禅定を出づる時は著気有りて、此の肉眼の所見に随い、好人を見ては親愛し、或は是の七地の智慧の実法を愛す。是の故に仏説きたまわく、「六塵の中に於て捨心を行じ、好悪の相を取らず」と。

【解説】釈意はまことに分かりやすい。ただ「愛」の意味が二種あることを知るべきである。一つは好ましい人を見て親愛の情を持つこと。もう一つ『論』で付け加えられているのは、この七地において会得した教法に執心を持つことである。

註（1）このような逆説的表現は、諸の般若経典類において随所に見られる。例『大般若』「仏言善現是菩薩摩訶薩、於色退転故、名不退転」（大正六・六六二中～下）〔大田〕二九頁。
（2）仏：adhérer とは、賛同すること、加入することの意。ここの場合は「忍」の訳語として「体忍すること」という訳語が考えられる。
（3）高峯和上「般若経の十地思想について」『華厳論集』所収、二八〇頁。
（4）仏：savoir とは、知ること。右の adhérer は全体的に知ること、賛同すること、体忍することであったが、いまの場合は、その中の一つ一つを具体的に知ること。

第三章　宗祖本典所引の『大智度論』

一、念仏三昧の滅罪の功徳の文（『安楽集』子引）「行文類」

「行文類」（浄聖全二・三〇）（真聖全二・一八）

又云、「如《シ》二『摩訶衍《ノ》』中《ニ》説《テ》云《ガ》一。諸余《ノ》三昧非《ズ》レ不《ルニハ》二三昧《ナラ》一。何《ヲ》以《ノ》故《ニ》。或《ハ》有《リ》二三昧一、但能《ク》除《イテ》レ貪《ヲ》不レ能レ除《コト》二瞋痴《ヲ》一。或《ハ》有二三昧一、但能除《テ》レ瞋《ヲ》不レ能レ除《コト》二痴貪《ヲ》一。或有二三昧一、但能除《テ》レ痴《ヲ》不レ能レ除《コト》レ瞋《ヲ》。或《ハ》有二三昧一、但能除《テ》二現在《ノ》障《ヲ》一不レ能レ除《コト》二過去・未来《ノ》一切諸障《ヲ》一。若能常《ニ》修《スレバ》二念仏三昧《ヲ》一、無《ク》レ問《コト》二現在・過去・未来《ノ》一切諸障《ヲ》一皆除《ク》也。」

又云（安楽集巻下）、「摩訶衍の中に説て云が如し。諸余の三昧、三昧ならざるには非ず。何を以ての故に。或は三昧有り、但能く貪を除きて瞋・癡を除くこと能わず。或は三昧有り、但能く瞋を除きて癡・貪を除くこと能わず。或は三昧有り、但能く癡を除きて瞋を除くこと能わず。或は三昧有り、但能く現在の障を除きて過去・未来の一切諸障を除くこと能わず。若能く常に念仏三昧を修すれば、現在・過去・未来の一切諸障を問うこと無く皆除く也」。

この『本典』「行巻」大行釈の引文は、『安楽集』下巻の文である。「摩訶衍」とは、『六要』にいうごとく『大論』を指し、すでに本書第一章で考察した『大論』巻七の文である。

『安楽集』巻下、第四大門、第三問答解釈の中、念仏三昧利益の五番問答の中の第二問答。
(浄聖全一・六二二)(真聖全一・四一九)

『摩訶衍』(大智度論巻七初品意)の中に説きて云うが如し。「諸の余の三昧、三昧ならざるには非ず。何を以ての故に。或いは三昧有り、但能く貪を除きて瞋・癡を除くこと能はず。或いは三昧有り。但能く瞋を除きて癡・貪を除くこと能はず。或いは三昧有り。但能く癡を除きて貪・瞋を除くこと能はず。或いは三昧有り。但能く現在の障を除きて過去・未来の一切の諸障を除くこと能はず。若し能く常に念仏三昧を修すれば、現在・過去・未来の一切の諸障問うこと無く、悉く皆除く也。」

このように、本典の文とほぼ同様である。ただ宗祖は、三番目の「不能除貪瞋」の「貪」の字を落としておられるが、全体の意味は変わらない。この文は念仏三昧が他の三昧に超え勝れていることを証するために、本論の文を依用されたのである。ここで、本書第一章で検討した『大論』の文を再引しておく。

『大智度論』巻七「初品中仏土願釈論」念仏三昧の滅罪の功徳の文（大正二五・一〇九上）
【論】復次《タニ》、念仏三昧《ハ》、能《ク》除《ク》二種種《ノ》煩悩及《ビ》先世《ノ》罪《ヲ》一。餘《ノ》諸《ノ》三昧《ニハ》、有《リ》二能《ク》除《ケドモ》レ婬《ヲ》、不《ルモノ》一レ能《ハ》レ除《クコト》レ瞋《ヲ》。有《リ》二能《ク》除《ケドモ》レ瞋《ヲ》、不《ルモノ》一レ能《ハ》レ除《クコト》レ婬《ヲ》。有《リ》二能《ク》除《ケドモ》レ癡《ヲ》、不《ルモノ》一レ能《ハ》レ除《クコト》二婬《ト》恚《ヲ》一。有《リ》下能《ク》除《ケドモ》二三毒《ヲ》一、不《ルモノ》上レ能《ハ》レ除《クコト》二先世《ノ》罪《ヲ》一。是《ノ》念仏《ノ》三昧《ハ》、能《ク》除《ク》二種種《ノ》煩悩《ト》種種《ノ》罪《トヲ》一。

復次に、念仏三昧は、能く種種の煩悩及び先世の罪を除く。余の諸の三昧には、能く婬を除けども、瞋を除くことを能はざるもの有り。能く瞋を除けども、婬を除くこと能はざるもの有り。能く癡を除けども、婬と恚を除くこと能はざるもの有り。能く三毒を除けども、先世の罪を除くこと能はざるもの有り。是の念仏の三昧は、能く種種の煩悩と種種の罪とを除く。

以上のように『大論』と『安楽集』の、念仏三昧による滅罪の功徳の文、内容はともに理解しやすいが、両者でその趣きは若干異なっている。念仏三昧以外の諸の三昧の功徳について、『安楽集』の方は叙述に整合性があって、三毒の煩悩のうち一つは除くことができても他の二つは除くことができないといわれ、あるいは現在の罪は除くことができても、三世の罪は除くことができない、といっている。

しかし『大論』の方は、より実際的で、まず三毒の「貪」が「淫」と表され、さらに癡（所知障）を除くことができても、婬と恚（煩悩障）を除くことができないといわれ、しかもたとえ三毒すべてを除くことができても、過去の罪は除くことができないといっている。現在の三毒は除くことができても、過去の罪は、生半可な三昧では消えない。しかし念仏三昧は、これらのすべての煩悩と罪障を除滅することができるというのである。

『大論』で、次に述べられるのは、摩伽羅魚王の喩である。その内容は、第一章で詳しく検討したが、中でも重要なのは、五戒の優婆塞が衆人に称名を勧め、それによって衆人一心に同声に「南無仏」と称した時、魚王がその声を聞いて、自ら心に悔悟するというくだりである。この魚は、先世には仏の破戒弟子であって、宿命智を得ており、仏を称うる声を聞いて過去の罪を悔い、その大口を閉じ、それによって衆人の危急を救うのである。

『賢愚経』（大正四・三七九中）では、以下のように、このことを強調して説いている。

爾の時、摩竭魚の口に入るに垂んとし、一時に同声に南無仏と称えり。時に魚、南無仏と称うる声を聞き、即時に口を閉づ。海水停止し、諸の賈客の輩、死せる従り活くるを得たり。此の魚、飢《うえ》逼りて、即便ち命終し、王舎城中に生まる。夜叉・羅刹即ちその身を出して、此の海辺に置く。日曝し雨洗い、肉消えて骨あり。此の骨、山となって是あり。

この後、物語はさらに続き、釈尊は、福増（梵名・尸利苾提）という比丘に、「汝はもと法増王という王であったが、心ならずも人を一人殺したために大海に堕して摩竭魚となったのである、今人身を得ていても、このままで死せば、やがて地獄に落ちるであろう」と説かれたので、福増比丘はこれを聞いて、過去のわが身を観見し、無常を感じて生死を厭離し、修するところの法において次第に憶念し、やがて諸の結漏を尽して阿羅漢道を得た、とある。

『賢愚経』は譬喩経典に属するもので、大乗的な要素がどれほどあるかは分からないが、この摩竭魚王が、人の南無仏と称える声を聞いて、過去の罪を悔い、直ちに口を閉じて人々を救い、またそのために食べ物が得られずに飢えて死に至るというところなどは、菩薩道に近いものを想わせる。

本書第一章に示したように、『大論』は、この喩例を説くすぐ前の所に、

復次に、念仏三昧には大福徳ありて、能く衆生を度す。是の諸の菩薩、衆生を度せんと欲するも、諸の余の三昧は、此の念仏三昧の福徳の、能く速に諸罪を滅する者に如く無し。

と述べている。『大論』の立場からすれば、念仏三昧に大福徳があることの喩例として称名による滅罪の功徳を説くことは、念仏三昧には般若の智慧の裏付けがあり、それによって罪業の転換がもたらされて、次生での果報が得られることを述べたものと思われる。

さらにまた、これらの叙述と喩例とから、窺い知ることができるのは、念仏三昧に憶念と称名の二義があるということである。これもすでに本書第一章で検討したことであるが、この「仏土願釈論」で、念仏三昧における憶念の意味を表している喩例は、三兄弟と三女性の物語であり、称名の意味を表しているのは、この摩伽羅魚王の喩である。しかしながら、ここでも詳しく検討したように、過去の阿含経典まで遡って考えると、この摩伽羅魚王の喩にも憶念の意味が感じられる。また小玉大圓先生の言われるように(1)、三兄弟と三女性の物語にも、称名念仏の始源としての意味が隠されている。

なお、『十住毘婆沙論』「易行品」(大正二六・四二下)は、『宝月童子所問経』の引用が終わった直後のところに問答を設け、

問曰、但だ是の十仏の名号を聞いて執持して心に在けば、便ち阿耨多羅三藐三菩提を退せざることを得。更に余の仏、余の菩薩の名有まして、阿惟越致に至ることを得と為んや。

答曰、阿弥陀等の仏及び諸の大菩薩、名を称え一心に念ずれば、亦た不退転を得。更に阿弥陀

等の諸仏有り。亦た応に恭敬し礼拝して其の名号を称すべし。

等と説いている。ここではまさに称名と憶念の二つが、一体となって説示されている。宗祖は、この文を「行文類」に引かれ、右の文に続いて、

今当に具さに説くべし。無量寿仏、世自在王仏。（浄聖全二・二四）

まで引かれて、次は「乃至其の余の仏有り」として、百七仏のほとんどを省略されている。また続いて「易行品」当面では、

是の諸の仏世尊は現に十方の清浄世界に在します。皆名を称し憶念すべし。阿弥陀仏の本願は是の如し。若し人、我を念じ名を称して自ら帰せば、即ち必定に入り、阿耨多羅三藐三菩提を得ん、と。是の故に常に応に憶念すべし。偈を以て称讃せん。

とあるところを、宗祖「行文類」は、

是の諸仏世尊、現在十方の清浄世界に、皆名を称し、阿弥陀仏の本願を憶念すること是の如し。若し人、我を念じ名を称して自から帰すれば、即ち必定に入りて、阿耨多羅三藐三菩提を得。是の故に常に応に憶念すべしと。偈を以て称讃せん。（浄聖全二・二四）

と読み変えておられる。「易行品」でも、憶念と称名は常にセットになっており、その場合の憶念とは、十方の清浄世界に在します諸仏世尊の存在を念じ、また阿弥陀仏の存在を念じることである

が、宗祖の読み方では、憶念とは、阿弥陀仏の本願を憶念することとなっている。現在十方の清浄世界に在す諸仏世尊自身が、阿弥陀仏の名を称し、その本願を憶念したまうように、そのようにも し人が、本願を憶念し、称名し、帰命するならば、即ち必定に入りて、阿耨多羅三藐三菩提を得るであろう。よって応に常に本願を憶念するべきであると勧める文に読み変えておられるのである。

註（1）小玉大圓「称名念仏の始原」―般舟三昧経を中心に―（『龍谷史壇』八一・八二合併号、昭和五八年、なお本書第一章本文解説第九節「『般舟三昧経』の引用（三兄弟の喩）」参照

二、念仏三昧の報恩の功徳の文（『安楽集』子引）「信文類」

「信文類」（浄聖全二・一〇〇）（真聖全二・七六）

依《ニ》二『大智度論』一、有《リ》二三番《ノ》解釈一。第一《ニハ》仏《ハ》是《レ》無上法王《ナリ》、菩薩《ハ》為《ス》二法臣《ト》一。所レ尊《ブ》所レ重《ズル》、唯仏世尊《ナリ》。是《ノ》故《ニ》応《ベキ》二当《ニ》常《ニ》念仏《ス》一也。第二《ニ》有《テ》二諸《ノ》菩薩一自《ラ》云《ク》、我《レ》従二曠劫一已来得《タリキ》レ蒙《ブルコトヲ》三世尊長二養《スルコトヲ》我等《ガ》法身・智身・大慈悲身《ヲ》一。禅定・智慧、無量《ノ》行願、由《テ》レ仏《ニ》得《タリ》レ成《コトヲ》。為《ノ》二報恩《ノ》一故《ニ》常《ニ》願《ズ》レ近《ヅカムコトヲ》レ仏《ニ》。亦如《シ》下大臣《ノ》蒙《テ》二王《ノ》恩寵《ヲ》一常《ニ》念《フガ》中其《ノ》王《ヲ》上。第三《ニ》有《テ》二諸《ノ》菩薩一、復作《サク》二是《ノ》言《ヲ》一、我於《しテ》二因地《ニ》一遇《テ》二悪知識《ニ》一、誹二謗《シテ》波若《ヲ》一堕《シキ》レ於二悪道《ニ》一。逕《テ》二

無量劫《ヲ》一雖《モ》レ修《スト》二余行《ヲ》一、未《ダ》レ能レ出《コト》。後《ニ》於《テ》二一時《ニ》一依《リシニ》二善知識《ノ》辺《ニ》一、教《ヘテ》レ我《ヲ》行《ゼム》二念仏三昧《ヲ》一。其《ノ》時《ニ》即《チ》能《ク》併《しかシナガラ》遣《しム》三諸障《ノリ》、方《ニ》得二解脱《ヲ》一。有《ルガ》二斯大益《ノ》一故《ニ》願《ジテ》不《ト》レ離《レ》レ仏《ヲ》。〔乃至〕。

『大智度論』に依に、三番の解釈あり。第一には仏は是れ無上法王なり、菩薩は法臣とす。尊ぶ所重くする所、唯だ仏世尊なり。是の故に当に常に念仏す応き也。第二に諸の菩薩有て自ら云く、我れ曠劫従り已来《このかた》、世尊我等が法身・智身・大慈悲身を長養することを蒙ぶることを得たりき。禅定・智慧、無量の行願、仏に由て成ことを得たり。報恩の為の故に、常に仏に近づかんことを願ず。亦た大臣の王の恩寵を蒙て常に其の王を念うが如しと。第三に諸の菩薩有て、復た是の言を作さく、我因地にして悪知識に遇て、波若を誹謗して悪道に堕しき。無量劫を経て余行を修すと雖も、未だ出ること能ず。後に一時にして、善知識の辺に依りしに、我を教えて念仏三昧を行ぜむ。其の時に即ち能く併しながら諸の障り、方に解脱を得しむ。斯の大益有るが故に、願じて仏を離れずと。乃至。

この文は、「信文類」（末）の真仏弟子釈下に引かれる『安楽集』巻下、第四大門の「諸経所明念仏」の中、第六の文である。両文ほぼ同じであるが、対照するために全文引いておく。

『安楽集』巻下、第四大門、諸経所明念仏。（浄聖全一・六二〇）（真聖全一・四一六）

第六に『大智度論』（巻七初品意）に依るに、三番の解釈有り。第一に仏は是無上法王にして、菩薩は法臣爲り。尊ぶ所重くする所は唯仏世尊なり。是の故に当に常に念仏すべし。第二に諸の菩薩有りて自ら云く、我曠劫従り以来《このかた》、世尊の長養を蒙ることを得たり。我等が法身・智身・大慈悲身、禅定・智慧、無量の行願、仏に由りて成ずることを得たり。報恩の爲の故に、常に仏に近づかんと願ず。亦た大臣、王の恩寵を蒙りて、常に其の主を念うが如しと。第三に諸の菩薩有りて、復是の言を作さく、我因地にして悪知識に遇いて、般若を誹謗して、悪道に墮して、無量劫を経たり。余行を修すと雖も、未だ出づることを得ること能ず。後に一時にして、善知識の辺に依るに、我を教えて念仏三昧を行ぜしむ。其の時に即ち能く諸障を併せ遣り、方に解脱を得たり。斯の大益有るが故に、願じて仏を離れずと。

『安楽集』で「主」となっているところが、本典では「王」となっている。読み方の上で、大きな差異があるのは、『安楽集』が、「諸の菩薩有りて自ら云く、我曠劫従り以来た、世尊の長養を蒙ることを得たり。我等が法身・智身・大慈悲身、禅定・智慧、無量の行願、仏に由りて成ずることを得たり」と読むのに対し、「信文類」は、「諸の菩薩有て自ら云く、我れ曠劫従り已来《このかた》、世尊我等が法身・智身・大慈悲身を長養することを蒙ぶることを得たりき。禅定・智慧、無量の行願、仏に由て成ことを得たり」と読んでおられることである。

これに関して玄智師『顕浄土真実教行証文類光融録』巻二十（真全二五・三一上）は、「菩薩亦た是の如く、種種の功徳、無量の智慧、皆仏従り得ることを知る。恩の重きを知るが故に、常に仏を念ず。今の所引、稍や差異有れども、義は則ち違せず」と述べ、宗祖の所引は、『安楽集』とは、やや異なるけれども、意味は変わらないとしている。また『鑰聞』下一（十左）の所説を参照して、法身・智身・大慈悲身とは、次での如く法・報・応の三身であると述べている。これが正しいとすれば、宗祖の読みの場合、「諸菩薩云く、我らは諸仏・世尊の長養を蒙って法・報・応の三身を得、また禅定・智慧、無量の行願をも諸仏・世尊に由って成ずることを得」となろう。これだと『安楽集』の意味と特に変わるところはない。

義山師の『教行信証摘解』巻四には、「次に「依大智」等の文は知恩報徳の益を証す（鎔云く、見敬の義を釈すと）。珠云く、三番の解釈は、第一は汎く王臣の分際に約して明し、第二は総じて仏の恩寵を蒙るに約して明し、第三は別して念仏三昧に約して明す。皆是れ言通意別なり。本仏弥陀を法王と爲し、念仏行者を法臣と爲す。王に依りて臣あり、故に応に常念すべし（是れ第一）。又多劫の慈念に由るが故に今現在の勝益を得るなり。法身等は是れ果にして禅定等は是れ因なり。

故に応に常念すべし（是れ第二）。又悪縁に因るが故に悪道に堕す。余行を修すと雖も出離期なし。念仏三昧を行ずるを以て諸障方に解脱を得。故に応に常念すべし（是れ第三）。不離仏とは常念の義なりと已上。」（『真宗叢書』八・六四八下）と釈されてある。

すなわち義山師は、「三番の解釈有り」という『安楽集』の分科を受け、まず①は、王と臣という分際に約して喩え、弥陀を法王となし念仏行者を法臣となし、王に依って臣のある如く、常に行者は弥陀を念ずべきであるという。②は、右に見たとおり、この仏が釈尊をはじめとする諸仏であるとすると、その多劫に亘る恩寵を蒙ることによって、現在の利益を得る。法身等の三身は果の利益、禅定等は因の利益である。よって常に念仏すべきであるという。③は、菩薩、悪知識に遇って般若を誹謗して悪道に堕ち、他の行を修しても出離あること無きに、善知識に遇って念仏三昧を行じ解脱を得る。仏を離れずとは、常に念仏するという意味である、という。すなわちこの三は、みな知恩報徳の念仏という語で言い表すことができるが、語は共通していても、その意は少しく異なっていると解説している。

三番の解釈の文の全体の意味をさらに要約すれば、①の文は、仏を尊重する故の念仏を明かし、②の文は、報恩のための念仏を顕し、③の文は、不離仏を願うための念仏を示す。よってここで『安楽集』の文のもとになっている『大論』巻七の文も三つに分け、あえて①②③の各文に配当してみることにする。

引文①『大論』巻七（大正二五・一〇九上）

復次に、仏は法王たり。菩薩は法将たり。尊ばれ重んぜらるるは、唯だ仏世尊のみなり。是の故に応に常に仏を念ずべし。

引文②『大論』巻七（大正二五・一〇九上）引文①の続き

復次に、常に念仏すれば、種種の功徳の利を得。譬えば大臣の特に恩寵を蒙って、常に其の主を念ずるが如し。菩薩も亦是の如く、種種の功徳、無量の智慧は、皆仏より得ると知りて、恩の重きことを知るが故に、常に念仏す。

引文③『大論』巻七（大正二五・一〇九中）引文②の続き

汝（問うて）、云何んが常に念仏して、余の三昧を行ぜずやと言わば、今（答えて）常に念ずと言うも、亦た余の三昧は行ぜずとは言わず。念仏三昧を行ずること多きが故に、常に念ずと言うのみと。

『安楽集』の文と『大論』の文の、この三つの文を対照すれば、容易に知られるように、①と②の両文に関しては、その対応が確認し得るが、③の文に関しては、内容的にも字面の上でもあまり対応関係が見いだせない。また『安楽集』の③の文に用いられている用語を、『大論』の中でさまざまに検索して、内容的に似通った文を探してみたが、該当する文を見つけることができなかった。思うに『安楽集』の③の文は、この一連の引文の中心をなす文であり、その意味で『安楽集』のオリジナルな思想が表に出ているのではないだろうか。しかしそれでも「余行を修しても出離は得られないが、念仏三昧を行ずれば解脱を得る」ということや、「常念仏するとは不離仏という意味である」ということ等が強調され、その点でみると、『大論』の、余行と念仏三昧との関係、あるいは「常念」ということの意味などに、両者の共通点を見いだすことができよう。よって『安楽集』の①②③の一連の引文は、すべて『大論』巻七「仏土願釈論」の一続きの文と結論づけた次第である。

また『安楽集』三番の解釈の第一の文（右の①の文）と趣旨を同じくする文に、『論註』「菩薩法臣」の文と「孝子・忠臣」の文とがある。この「菩薩法臣」の文とは、『論註』巻上「観察門」「衆生世間」の項に、「若し但だ如来法王有せども、大菩薩の法臣無から使めば、道を翼讃するに、豈満つと云わんに足らんや」（浄聖全一・四七八）（真聖全一・三〇四）とある。この文は、右に述べてきた『大論』巻七の「仏為法王。菩薩為法将」の文を転釈されたものであろう。また『論註』巻上の「論主自督」の項にある「孝子・忠臣」の文も同様である。すなわち、

夫れ菩薩の仏に帰することは、孝子の父母に帰し、忠臣の君后に帰して、動静己れに非ず、出

没必ず由あるが如し。恩を知りて徳を報ず、理宜しく先ず啓すべし。（浄聖全一・四五二）（真聖全一・二八二）

とあるが、この文も『大論』巻十「十方菩薩来釈論」の文、

菩薩常敬於仏、如人敬重父母。諸菩薩、蒙仏説法、得種種三昧、種種陀羅尼、種種神力。知恩故広供養（大正二五・一三〇下）

および、この巻七「仏土願釈論」の文、

譬如大臣特蒙恩寵、常念其主、菩薩亦如是。知種種功徳、無量智慧、皆従仏得、知恩重、敬常念仏

に依っていることが知られる。「安心論題」の「称名報恩義」の出拠の一つとして、「正信念仏偈」「龍樹讃」の「唯能常称如来号　応報大悲弘誓恩」が挙げられるが、さらにその根拠がどこにあるかということになると、『十住毘婆沙論』には見当たらず、この『大論』巻七のこの箇所ということになる。

次に、以上の『本典』の引文と、『和讃』の文との関係について、簡単に触れておこう。「高僧和讃」には、『大論』に関するものが四首ある。

「高僧和讃」「龍樹讃」（一）

本師龍樹菩薩は　智度・十住毘婆沙等
つくりておほく西をほめ　すすめて念仏せしめたり

この和讃では、龍樹菩薩が『大論』や『十住毘婆沙論』等を造られたということを挙げられて、西方世界をほめ、念仏三昧を勧められたということが、述べられている。宗祖は、現在われわれが見ている『大論』や『十住毘婆沙論』を龍樹菩薩の造論とされている。『草稿本和讃』の第一首・第一行の左訓によれば、〈りうしゆはきのもとにむまれてましましけるをりうおうとりてやしなひたりけり…〉と龍樹の名の由来を述べられている。

「高僧和讃」「龍樹讃」（八）
『智度論』にのたまはく　如来は無上法皇なり
菩薩は法臣としたまひて　尊重すべきは世尊なり

この第八首目は、まさしく「信文類」に引かれた『安楽集』引文の三番の解釈の第一に当たるところを和讃されたものである。「仏は法王たり。菩薩は法将たり。尊ばれ重んぜらるるは、唯だ仏世尊のみなり」とあるのを、「如来は無上法皇なり、菩薩は法臣としたまひて、尊重すべきは世尊なり」と、「法王」を「無上法皇」に、「法将」を「法臣」に、ことばを替えておられる。

『論註』巻上の文は、前に見たごとく、「若し但だ如来法王有せども、大菩薩の法臣無から使めば」等とあって、「和讃」の「無上法皇」や『大論』の「法将」の語はない。略示すれば次のようになる。

仏「法王」、菩薩「法将」＝『大論』
如来「法王」、菩薩「法臣」＝『論註』
仏「無上法王」、菩薩「法臣」＝『安楽集』
仏「無上法王」、菩薩「法臣」＝「信文類」
如来「無上法皇」、菩薩「法臣」＝「高僧和讃」

このように表にして、「法将」が「法臣」に、「法王」が「法皇」に変更されている理由を考えてみたが見当がつかない。ただ言えることは、この「和讃」だけで見た場合、「如来は無上法皇なり」と言われるときは、まちがいなく阿弥陀如来を指し、「尊重すべきは世尊なり」と言われるのは、釈尊を指しているいうことである。しかし、話を蒸し返すようではあるが、「信文類」に引かれる三番の解釈の中の第二文については、「世尊の長養を蒙ることを得たり」「仏に由りて成ずることを得たり」と言われるときの「世尊」や「仏」が阿弥陀仏であるということも、充分に考えられる。宗祖のことばの用いられ方は、こういった場合、やはり自由自在であって、出拠の用例にあまりこだわっておられないようにも感じられる。

「高僧和讃」「龍樹讃」（九）（十）

一切菩薩ののたまはく　われら因地にありしとき
無量劫をへめぐりて　万善諸行を修せしかど
恩愛はなはだたちがたく　生死はなはだつきがたし
念仏三昧行じてぞ　罪障を滅し度脱せし

この二首続いた「和讃」は、前の「信文類」に引用されてあった『安楽集』の第三の文に相当する。再掲すれば「第三に諸の菩薩有て、復た是の言を作さく、我因地にして悪知識に遇て、波若を誹謗して悪道に堕しき。無量劫を経て余行を修すと雖も、未だ出ること能ず。後に一時にして、善知識の辺に依りしに、我を教えて念仏三昧を行ぜむ。其の時に即ち能く併しながら諸の障り、方に解脱を得しむ。斯の大益有るが故に、願じて仏を離れずと」とある。すでに述べたように、この文は、おそらく三番の解釈を総括した文として、『安楽集』のオリジナルであり、このような内容もしくは一々の語彙が、『大論』に見出されるわけではない。

しかしながら、この二種の「和讃」は、よく拝見すれば、「恩愛はなはだたちがたく、生死はなはだつきがたし。念仏三昧行じてぞ、罪障を滅し度脱せし」というところに、今われわれが検討している『大論』の文の前の文、すなわち「念仏三昧は能く種種の煩悩及び先世の罪を除く」で始まり、「摩伽羅魚王の喩」で終わる「念仏三昧の滅罪の功徳の文」を想起せしめるものがある。『安楽集』のこの三文には、「念仏三昧」の「報恩の功徳」と「諸障を遣る」ということは説かれているが、特に「滅罪」ということは言われていないからである。宗祖は『安楽集』の文にこだわらず、この『大論』「仏土願釈論」の文を広く参照され、これらの諸文に通ずる菩薩道の全体の精神を、この「龍樹讃」の最後に盛り込まれたのではないだろうか。

三、五種不可思議の文（『論註』子引）「真仏土文類」

「真仏土文類」真仏土釈（浄聖全二・一七二）（真聖全二・一三四）

又云、「不可思議力者、総《すべテ》指《ス》ニ彼《ノ》仏国土《ノ》十七種荘厳功徳力不可得思議《ナルコトヲ》一也。諸経《ニテ》説《ク》言《リ》有ニ五種《ノ》不可思議一。一者衆生多少不可思議、二者業力不可思議、三者竜力不可思議、四者禅定力不可思議、五者仏法力不可思議《ナリ》。此《ノ》中《ニ》仏土不可思議有《リ》ニ二種《ノ》力一。一者業力、謂《ク》法蔵菩薩《ノ》出世《ノ》善根《ト》大願業力《ノ》所成《ナリ》。二者正覚阿弥陀法王《ノ》善《ク》住持力《ヲシテ》所《ナリ》レ摂《シタマフ》。」

又（論註巻下）云、「不可思議力とは、総て彼の仏国土の十七種荘厳功徳力不可得思議なることを指す也。諸経に説て言く、五種の不可思議有り。一者衆生多少不可思議、二者業力不可思議、三者竜力不可思議、四者禅定力不可思議、五者仏法不可思議なり。此の中に仏土不可思議に二種の力有り。一者業力、謂く法蔵菩薩の出世の善根と大願業力の所成なり。二者正覚の阿弥陀法王の善く住持力をして摂したもう所なり。」

この文は、『論註』下巻「観察体相章」の冒頭に、所観の対象を器世間と衆生世間に分け、その器世間の体を説くはじめに、『浄土論』の文、

云何が彼の仏国土の荘厳功徳を観察する。彼の仏国土の荘厳功徳とは、不可思議力を成就せるが故なり。(浄聖全一・四九三)(真聖全一・三一七)

を挙げる中の「不可思議力」という語を解釈された箇所を「真仏土文類」に引用されたのである。『論註』はこれに続いて、「諸経に統べて言く、五種の不可思議有り」と言っているが、宗祖はこれを「諸経に説て言く」に変えておられる。

『六要』第五「真仏土巻釈」に、おそらくはこのことを意識して、

また五種の不思議を出すことは、仏法不思議を顕んが為なり。言う所の仏法不思議とは、惣じてこれを言はば、広く諸教の利益に通ずべきと雖ども、今は別して弥陀の因果所成所摂の不可

思議功徳力を顕んと欲すなり。因は即ち願力、果は住持力なり。其の文見るべし。（浄聖全四・一二一六）（真聖全二・三五六）

と述べている。

また『論註』には「仏法不可思議」について三度論述されており、しかもその三文に関して、『大論』に一応の対応箇所を見いだすことができる。ただ『論註』の方は順に、

①「仏法最不可思議」（巻上「大義門功徳」の文）

②「仏法力不可思議（仏土不可思議）」（巻下「観察体相章」「五種不可思議」の文）（「真仏土文類」所引）

③「仏法最不可思議」（巻下「観察体相章」の文）（好堅樹・一聴羅漢の譬喩）

となっていて基本的に「法」の字が入っているが、『大論』の方は、「仏法不可思議」ばかりではなく、「仏力不可思議」「仏不可思議」などさまざまに合計四カ所出ている。よって対応関係の選定も簡単ではないが、要は前後の文などに、共通している内容を見いだして選定するしかない。以下『論註』に論述されている順序に文を挙げ、内容を検討し、かつ『大論』との対応関係も考察してみよう。「真仏土文類」に引用されているのは、その中、②の文である。

①『論註』巻上「大義門功徳」「仏法最不可思議」の文。

然に五不思議の中に仏法最不可思議なり。（浄聖全一・四七〇）（真聖全一・二九八）

『大論』巻九十三「釈畢定品第八十三」

復次、仏法於五不可思議中、最第一。（大正二五・七一四上）

最初は「大義門功徳」の終わりのところである。この文の前には、譬喩として、鴆鳥という蛇を食べる毒鳥が水に入れば魚貝類は死するが、犀牛が触れれば活きかえるという話[1]がある。生ずべからずして生ずという奇瑞によって、仏本願の不可思議の神力が、声聞に無上道心を生ぜしむるという不思議を譬えている。この譬えは『大論』には無い。「高僧和讃」に「いつゝの不思議をとくなかに　仏法不思議にしくぞなき　仏法不思議ということは　弥陀の弘誓になづけたり」とある。これは敗壊種の声聞にも菩提心を与え、弥陀の本願は、二乗三乗をも救いたもうことを讃えられたものである。

②『論註』巻下「観察体相章」「五種不可思議」

「不可思議力」とは、総じて彼の仏国土の十七種の荘厳功徳力の思議することを得べからざるを指す也。諸経に統べて言く、五種の不可思議有り。一には衆生多少不可思議、二には業力不可思議、三には竜力不可思議、四には禅定力不可思議、五には仏法力不可思議なり。此の中の仏土不可思議に二種の力有り。一には業力、謂く、法蔵菩薩の出世の善根、大願業力の所成なり。二には正覚の

阿弥陀法王善住持力の所摂なり。（浄聖全一・四九三）（真聖全一・三一七）

『大論』巻三十「諸仏称讃其命（名）釈論第四七」

経説五事不可思議。所謂、衆生多少・業果報・坐禅人力・諸竜力・諸仏力。於五不可思議中、仏力最不可思議。（大正二五・二八三下）

五種の不可思議の中、「業力不可思議」とは、人の業のもたらすものは量り知れないということで、それを『大論』では「業果報」と言っていると思われる。また「竜力不可思議」とは、自然現象の不思議ということで、『大論』では「諸竜力」と言っている。

またこの節の初めに述べたように、宗祖がこの文を「真仏土文類」に引かれるとき、五種不可思議の内容は全く『論註』に拠っておられるのに、その前の語は『論註』の「諸経統言」という語を取られず、『大論』の「経説」という語を採用しておられることが知られる。

そこで吉蔵撰の『維摩経義疏』を見ると、

「大小不思議」者、『智度論』云、小乗法門、有五不思議。一衆生業行不思宜、二世間不思宜、三竜神力、四坐禅人力、五仏力。（大正三八・九一六上）

とあって、「不思議」ということには、大乗・小乗二種類あり、いま『大論』に説かれている五不思議は、もとは小乗の法門の不思議であることが知られる。したがって、経名は挙げられていないが、どこか小乗経典の中にこの五種を説く経典があって、それを『大論』は「経説」として引用したものと考えられる。しかしながら、たとえもとは小乗の法門であったとしても、『大論』にしても、もちろん『論註』にしても、これを小乗法として扱っているわけではなく、あくまで大乗の不可思議法として扱っている。よってこの文を『大論』の上で見るのに、前後に文の範囲を広げてその内容を考えてみることにする。

【論】『大論』巻三十「初品中諸仏称讃其名釈論第四十七」

菩薩は身に通変化の力を得て、十方恒河沙等の身と作り、十方恒河沙等の世界に於て、一時に能く到る。

問曰、経に説くが如く、一弾指の頃に六十念有り。若し一念の中に能く一方恒河沙等の世界に至るすら尚お信ず可からず。何に況んや十方恒河沙等の世界は、時少くして所到の処多きをや。

答曰、経に五事の不可思議を説く。所謂、衆生の多少、業の果報、坐禅人力、諸龍力、諸仏力なり。五不可思議の中に於て、仏力は最も不可思議なり。

菩薩は深く禅定に入りて、不可思議の神通を生ずるが故に、一念の中に悉く十方諸仏の世界に到る。四種の神通の中に説くが如し。唯だ仏菩薩のみ如意疾遍神通有り。金翅鳥の子の若きは、始めて殻より出で、一須弥より一須弥に至る。諸の菩薩も亦た是の如し。無生忍力を以ての故に、諸の煩

悩・無明の殻を破り、即時に一念の中に無量の身を作して、遍く十方に至る。（大正二五・二八三下）

この『大論』の意は理解しやすい。『大論』の上では、この五種不可思議の文は、大乗の仏菩薩の如意疾遍の神通力を示したものであり、五種の不可思議を挙げてはいるが、目的は第五の仏力不可思議を讃仰することにあると考えられる。

またこの『大論』の意は、『論註』の上では、巻下「観察体相章」の最後、「菩薩四種功徳」の中の「一念遍至功徳」に当たるものである。それはあくまで浄土の菩薩の利他行における広大無辺の神通力を示したものに他ならない。またそれは、すでに本書第二章にも述べたように、『大論』「釈発趣品」の中で説示される「般若の十地」の中、第八地の菩薩の行法が、浄土の菩薩の利他の行法に取り込まれたものである。

次に『論註』は、「此の中の仏土不可思議に二種の力有り」と述べているが、「此の中」とは「この五つの不可思議の中」という意味であり、したがって「仏土不可思議」とは、その直前の「仏法力不可思議」のことである。これは『浄土論』の「国土体相」の文を釈しているから、「仏法」が「仏土」に変わっていると考えるべきである。それに二種の力があって、「一には業力、謂く、法蔵菩薩の出世の善根、大願業力の所成なり。二には正覚の阿弥陀法王善住持力の所摂なり」という。

い力とされる。この二は、それぞれ法蔵因位の願力と、弥陀果位の住持力を表し、他の因位の菩薩には決定できな

さらに『論註』には、この五種不可思議の文の後の喩例として、『浄土論』の文を受けて摩尼如意宝（如意珠）のことが述べられており、その宝珠の性を安楽仏土の不可思議の性に譬えている。それに相当する喩例は、『大論』では、巻五十九「釈校量舎利品第三七」（大正二五・四七八上〜中）に出ている。摩尼宝珠は六道のどこへでも自在に飛び回ることができ、時には地獄で自然に罪を治する器ともなるという。

③『論註』巻下　「観察体相章」「仏法最不可思議」の文（好堅樹・一聴羅漢の譬喩）

五種の不思議の中に、仏法最も不可思議なり。（浄聖全一・五一二）（真聖全一・三三三）

『大論』巻九十三「仏法於五不可思議中、最第一」（大正二五・七一四上）

【論】阿羅漢の証を得る時は、諸の菩薩の深三昧を求めず、また広く衆生を化せず、是れ則ち仏道を迂廻して稽留するなり。（中略）

問曰、若し阿羅漢、浄仏国土に往きて、法性身を受けなば、是の如く疾かに作仏することを得べし。何を以てか迂廻し稽留すと言うや。

答曰、是の人、小乗に著するの因縁をもって、衆生を捨て、仏道を捨て、又復た道を得と虚

言す。是の因縁を以ての故に、生死の苦悩を受けずと雖も、菩薩に於ては根鈍にして、疾かに仏道を成ずること能わず。直往の菩薩に如かざるなり。
復次に、仏法は五不可思議の中に於て最も第一なり。今、漏尽の阿羅漢、還って作仏すると言うは、唯だ仏のみ能く知りたもう。

右に述べたように、五種の不可思議の中、仏法が最不可思議という文は、『大論』に数カ所あり、それだけでは『論註』のどの文に『大論』のどの文が対応するのか分からない。ここに挙げた『論註』の文は、『大経』二十二願文が引用された後に、浄土の菩薩が一地ずつ階次を昇っていくのではなく、諸地を超越して速疾に仏果を得るという箇所である。右の『大論』巻九十三では、問答の問の中に、それと同じ趣旨の内容を見る。すなわち、

若し阿羅漢、浄仏国土に往きて、法性身を受けなば、是の如く疾かに作仏することを得べし。

というところで、実に「阿羅漢が浄土に往き、法性身を受けて作仏する」と言われているのである。『大論』の趣旨は、単に小乗を廃して大乗を取るのではなく、小乗の人を取り入れ、さらにその人を大乗に転向せしめる発想である。

さらに『論註』には、好堅樹と一聴羅漢の譬喩が説かれるが、それらは『大論』ではそれぞれ巻十と巻八十八とに出ている。どちらに関しても、その文を挙げておこう。

①好堅樹の譬喩

『論註』「譬えば樹有り、名て好堅と曰う。是の樹、地より生ずること百囲すなわち具せり。一日に長ずること高さ百丈なるが如し。日日に此の如し。百歳の高さを計るに、豈に修松に類せん耶。松の生長するを見るに、日に寸を過ぎず。彼の好堅を聞て、何ぞ能く即日を疑わざらむ。」（浄聖全一・五一二）（真聖全一・三三三）

『大論』巻十「十方菩薩来釈論第十五余」「譬えば樹有り。名て好堅と為す。是の樹、地中に在ること百歳、枝葉具足して一日に出生し、高さ百丈なるが如し。是の樹、出で已って、大樹を求めて、以って其の身を蔭らさんと欲す。是の時、林中に神有り。好堅樹に語りて言く、世の中に汝より大なる者無し。諸樹は皆当に汝の蔭の中に在るべしと。」（大正二五・一三一下）

なお『御消息集』「善性本」第三通（浄聖全二・八六〇）（真聖全二・六七八）を参照のこと。

②一聴羅漢の譬喩

『論註』「人有りて釈迦如来の羅漢を一聴に証し、無生を終朝（＝朝の間）に制するを聞きて、是れ接誘（＝方便のこと）の言なり。称実（＝事実に称った）の説に非ずと謂いて、此の論事を聞きて亦当に信ぜざるべし。夫れ非常の言は常人の耳に入らず。之を然らずと謂うは、亦其れ宣也。」（浄聖全一・五一二）（真聖全一・三三三）

『大論』巻八十八「四摂品第七十八」「一人有り。即日応に阿羅漢を得。舎利弗、日中の時、汝は得道の因縁無しと語言し、捨てて度せざるに、哺時に仏、宿命神通を以て見たまえば、過去八萬劫の前に得道の因縁あり。今応に成就すべし。哺時に法を説くに、即ち阿羅漢道を得たるが如し。」（大正二五・六八三下）

この『大論』の喩の意味は、一日の間に、阿羅漢果を証得すべき宿縁の熟した者があり、それを舎利弗が疑い否定したところ、その日の暮れ時、釈尊が宿命通をもってご覧になれば、過去八万劫の前に得道の因縁あることを知られた。そこで説法されたところ、その場で阿羅漢果を証した、という説話である。

註（1）　鴆鳥＝『一切経音義』巻九六（大正五四・九〇五中）に「毒鳥、紫緑色、長頸、赤喙（クチバシ）、蛇を食う」等とある。この鳥の羽を酒に浸して飲めば死すという。転じて鴆の字は毒殺する意に用いる。

魚蚌＝魚貝類。蚌はどぶ貝で、沼や湖に産する貝。蛤とは別。

犀牛＝『安楽集』では「犀角」とある。触れれば、死する魚蚌が甦るといわれる薬のこと。

四、四依の文（直接引用）「化身土文類」

『本典』「化身土文類」（本）聖道釈　引文（浄聖全二・二一〇）（真聖全二・一六六）

『大論』釈四依云、「欲《せ》入涅槃時、語諸比丘、従今日応依法不依人、応依義不依語、応依智不依識《しるに》、応依了義経不依不了義。依法者、法有十二部、応随此法、不応随人。依義者、義中無諍《あらそふ》好悪・罪福・虚実、故語《ことば》已得義、義非語也。如人以指指《おし》月以示教我、看《かん》《みる》視《し》《みる》指而不視《み》月。人語《かたる》言、我以指指《おし》月令汝知之、汝何看《み》指《ゆび》而不視月。此亦如是。語為《す》義指《ゆび》、語非義也。以此故、不《ず》応依《よ》語。依智者、智能籌《ちう》《はからい》量分別善悪。識《さとる》常求楽、不入正要。是故言不応依識。依了義経者、有《いま》一切智人仏第一。一切諸経書《ふみ》中仏法第一。一切衆中比丘僧第一。無仏世衆生、仏為此重罪、不種《うへ》見仏善根人。」〔已上〕

爾者末代道俗、善可知四依修法也。

『大論』に四依を釈して云く、「涅槃に入りなんと欲《せ》し時、諸の比丘に語りたまわく、今日より法に依て人に依らざるべし、義に依て語に依らざるべし、智に依て識に依らざるべし、了義経に依て不了義に依らざるべしと。法に依るとは、法に十二部あり、この法に随うべし、人に随うべからず。依義とは、義の中に好悪・罪福・虚実を諍うことなし、故に語は已に義を得たり、義は語に非る也。人指を以て月を指《おし》う、以て我を示教す、指を看視して而して月を視ざるが如し。人語りて言わん、我指を以て月を指う、汝をして之を知ら令む、汝何ぞ指を看て、月を視ざるやと。此も亦是の如し。語は義の指とす、語は義に非る也。此を以ての故に、語に依るべからず。依智とは、智はよく善悪を籌量し分別す。識は常に楽を求む、正要に入らず。是の故に不応依識と言へり。依了義経とは、一切智人有《い》ます仏第一なり。一切諸経書の中に仏法第一なり。一切衆の中に比丘僧第一なり。無仏世の衆生を、仏、此を重罪と為《し》たまへり、見仏の善根を種えざる人なり」と。已上　爾者、末代の道俗、善く四依を知て法を修すべき也と。

『大智度論』巻九「初品中十方菩薩来釈論」第十五

佛經《ニ》有《リ》二二義一。有《リ》二易《キ》レ了《シ》義一、有《リ》二深遠《ニシテ》難《キノ》レ解《シ》義一。如《シ》下佛欲《すル》レ入《リタマハント》二涅槃《ニ》一時、語《リタマフガ》中諸《ノ》比丘《ニ》上。從《リ》二今日一應《ニ》《シ》二依《リテ》レ法《ニ》不《ル》レ依《ラ》レ人《ニ》。應《ニ》《シ》二依《リテ》レ義《ニ》不《ル》レ依《ラ》レ語《ニ》。應《ニ》《シ》二依《リテ》レ智《ニ》不《ル》レ依《ラ》レ識《ニ》。應《ニ》《シ》下依《リテ》二了義經《ニ》一不《ル》上レ依《ラ》二未了義《ニ》一。依《ルト》レ法《ニ》者、法有《リ》二十二部一。應《ニ》《シ》レ隨《フ》二此《ノ》法《ニ》一、不レ應《カラ》レ隨《フ》レ人《ニ》。依《ルト》レ義《ニ》者、義《ノ》中《ニハ》無《シ》レ諍《フコト》二好惡・罪福・虛實《ヲ》一。故《ニ》語《ハ》以《テ》得《タリ》レ義《ヲ》、義《ハ》非《ザル》レ語《ニ》也。如《シ》三人以《テ》レ指《ヲ》指《シ》レ月《ヲ》、以《テ》示《スガ》二惑《ヘル》者《ニ》一。惑《ヘル》者《ハ》視《テ》レ指《ヲ》、而《シテ》不レ視レ月《ヲ》。人語《リテ》レ之《ニ》言《ク》、我以《テ》レ指《ヲ》指《シ》レ月《ヲ》、令《ム》二汝《ヲシテ》知《ラ》一レ之《ヲ》。汝何《ゾ》看《テ》レ指《ヲ》、而不《ルヤト》レ視レ月《ヲ》。此《レモ》亦如《シ》レ是《ノ》。語《ハ》為《シテ》二義《ノ》指《ニ》一、語《ハ》非《ザル》レ義《ニ》也。是《ヲ》以《テノ》故《ニ》、不レ應《カラ》レ依《ル》レ語《ニ》。依《ルト》レ智《ニ》者、智《ハ》能《ク》籌量《シテ》、分《シ》二別善惡《ヲ》一、識《ハ》常《ニ》求《メテ》レ樂《ヲ》不レ入《ラ》二正要《ニ》一。是《ノ》故《ニ》言《ヘリ》レ不《ト》レ應《カラ》レ依《ル》レ識《ニ》。依《ルト》二了義經《ニ》一者、有《ルモ》二一切《ノ》智人一佛《ハ》第一《ナリ》。一切《ノ》諸《ノ》經書《ノ》中《ニ》佛法《ハ》第一《ナリ》。一切衆生《ノ》中《ニ》比丘僧《ハ》第一《ナリ》。布施《ハ》得二大富《ヲ》一。持戒《ハ》得《ト》レ生《ズルコトヲ》レ天《ニ》。如《キ》レ是《ノ》等《ハ》是《レ》了義經《ナリ》。如《キハ》二説法師《ノ》一、説法《ニ》有《リ》二五種《ノ》利一。一《ニ》者大富、二《ニ》者人所《ニさレ》レ愛、三《ニ》者端正《ナリ》。四《ニ》者名聲《アリ》。五《ニ》者後得《ニ》二涅槃《ヲ》一。是《レヲ》為《ス》二未了義《ト》一。云何《ナレバ》未了《ナルヤ》。施《ハ》得二大富《ヲ》一、是《ヲ》為《ス》レ了《ト》。了《ハ》可《シ》レ解《ス》。説法《ニハ》無《ク》二財施一、而《モ》言《フ》レ得《ト》レ富《ヲ》。得《ト》レ富《ヲ》者、説法《ノ》人《ハ》種種《ニ》讃《ジテ》レ施《ヲ》、破《リ》二人《ノ》慳心《ヲ》一、亦自《ラモ》除《キ》レ慳《ヲ》、以《テ》二是《ノ》因縁《ヲ》一得《ルナリ》レ富《ヲ》。是《ノ》故《ニ》言《フ》二未了《ト》一。（大正二五・一二五・上）

仏経に二義あり。了し易きの義あり、深遠にして解し難きの義あり。仏、涅槃に入りたまわんと欲《す》る時、諸の比丘に語りたもうが如し。「今日より応に法に依りて人に依らざるべし。応に義に依りて語に依らざるべし。応に智に依りて識に依らざるべし。応に了義経に依りて未了義（注①）に依らざるべし」と。「法に依る」とは、法に十二部あり。応に此の法に随うべし、人に随うべからず。「義に依る」とは、義の中には好悪・罪福・虚実を諍うこと無し。故に語は以って（注②）義を得たり、義は語に非ざるなり。人、指を以って月を指し、以って惑える者（注③）に示すが如し。

惑える者は、指を視て（注④）而して月を視ず。人、之に語りて言く、「我れ指を以って月を指し、汝をして之れを知らしむ。汝何ぞ指を看て、月を視ざるや」と。此れも亦是の如し。語は義の指に為《し》て、語は義に非ざるなり。是（注⑤）を以っての故に、語に依るべからず。「智に依る」とは、智は能く籌量して善悪を分別し、識は常に楽を求めて正要に入らず。是の故に識に依るべからずと言えり。「了義経に依る」とは、一切の智人あるも仏は第一なり。一切の諸の経書の中に仏法は第一なり。一切衆の中に比丘僧は第一なり。

「布施は大富を得、持戒は天に生ずることを得」（注⑥）と。是の如き等は是れ了義経なり。説法師の如きは（注⑦）、説法に五種の利あり。一には大富、二には人に愛され、三には端正なり。四には名声あり。五には後に涅槃を得。是れを未了義と為す。

云何なれば未了なるや。「施は大富を得」、是れを了と為す。了は解す可しといえども、説法には財施なく、而も富を得と言う。富を得とは、説法の人は、種種に施を讃じて、人の慳心を破り、亦自らも慳を除き、是の因縁を以って富を得るなり。是の故に未了と言う。

この『大論』「十方諸菩薩来釈論」の「四依四不依」の文は、『大般涅槃経』の文とよく対照される。宇野順治和上『大智度論講述』（平成十二年、安居講本）（三一頁以下）（以下『講述』と略称）に拠ると、それは三本の『涅槃経』の以下の箇所に出ている。

①法顕三蔵『大般泥経』（四二〇年頃訳）巻四「四依品第九」（大正一二・八七九中〜下）

②曇無讖三蔵『北本涅槃経』巻六「如来性品第四之三」（大正一二・四〇一中〜四〇二中）

③『南本涅槃経』巻六「四依品」（大正一二・六四二上〜六四三中）（①と②を合柔）

またこの「四依四不依」に関しては、『大方等大集経』の巻五「宝女品第三之一」（大正一三・三〇下）や巻二十九「無盡意菩薩品第十二之三」（大正一三・二〇五上〜下）にも見られ、曇無讖やその系統の訳者に受け継がれたものとなっている。また羅什訳について見ても、『大論』の他に、『維摩詰所説経』巻下「法供養品第十三」（大正一四・五五六下）に所載されており、「四依四不依」に関しては、この両師の時代に好んで用いられたモチーフであったと思われる。したがって、『講述』に言われるように、「羅什が諸経論の訳出を始めたのが五世紀の初頭であり、曇無讖法師（三八五〜四三三）が『涅槃経』を訳出したのも、ほぼ同時代」であって、この『大論』の「四依四不依」の文が『涅槃経』に拠ったものであるとは、単純には言い難い。

本典の諸講録の中で、例えば『顕浄土教行証文類敬信記』巻十八（『真宗全書』三十一巻・六三二頁下段）は、「問、爾れば、直に『涅槃経』を引くべし。何ぞ此れを『大論』に取るや」という問を設け、「答、之を龍祖に取るものは、真宗の相承を崇むることを顕す。此は『頂戴』の意なり。其の意もあるべし」と述べている。確かに、『本典』の中に、直接の引文だけでも三十三回も『涅槃経』を引いておられるのに、何故ここでは『大論』を引かれているのか、疑問の生ずるところである。『敬信記』が言われるように、真宗相承の第一祖である龍樹の論であるからとの意もあるであろう。それに関しては後に述べる。しかし最大の理由は、やはりこの四依の文の両者の内容の違いであろう。『大般涅槃経』の「四依四不依」の文については、宗祖の『見聞集』と題する抜き書き集の中に『涅槃経』があり、『講述』に倣って、以下のようにそれを抽出して検討することができる。

『見聞集』『涅槃経』「四依四不依」の文（『浄聖全』宗祖篇上、親鸞聖人小部集Ⅰ、九六七頁以下）＝『大般涅槃経』（南本）巻六「四依品」第八（大正十二・六四二上〜下）

1）迦葉菩薩、復仏に白して言く、世尊、善哉善哉、如来の所説真実にして虚からず。我れ當に頂受すべし。譬ば金剛の珍宝異物の如し。仏の所説の如し。是の諸の比丘当に四法に依るべし。何等か四と為る。依法・不依人、依義・不依語、依智・不依識、依了義経・不依不了義経なり。是の如の四法、当に四種の人に非ずと証知すべし。

2）仏の言く、善男子、依法とは如来なり。即是大般涅槃なり。一切の仏法即是法性なり。是の法は即是如来なり。是の故に常常〔住〕不変なるが如し。（乃至）不依人とは即是声聞なり。法性は

即是如来なり。声聞は即是有為なり。如来は即是常住なり。有為は即是无常なり。(乃至)

3)善男子、是れ定義と名く。依義・不依語とは、義は名て覚了と曰う。覚了の義とは不羸劣と名く。不羸劣とは名て満足と曰う。満足の義とは名て如来常住不変と曰う。如来常住不変の義は即是法常なり。法常の義は即是僧常なり。是れを依義不依語と名くなり。(乃至)

4)依智・不依識とは、言う所の智とは即是如來なり。若し声聞有て、善く如来の功徳を知ること能わず。是の如きの識、依止すべからず。(乃至)

5)依了義経・不依不了義経とは、不了義経とは謂く、声聞乗は仏如来の深蜜蔵処を聞て、悉く疑怪を生ず。是の蔵、大智浄より出るを知らず。猶し嬰児の別知する所无きが如し。是れ則ち名て不了義と為す也。了義とは名て菩薩の真実智慧と為す。其の自心に随て无碍の大智なり。猶し大人の知らざる所なきが如し。是を了義と名く。(乃至)

6)声聞乗に依るべからず。大乗の法は則ち依止すべし。何を以ての故に。如来、衆生を度せんと欲するが故に、方便力を以て大乗を説く。是の故に應に依るべし。是を了義と名く。是の如きの四依、当に証知すべし。復次に義に依るとは、義とは質直なり。質直とは名て光明と曰う。光明は不羸劣と名く。(乃至)

さて以上によって、本論の「四依四不依」と『涅槃経』のそれとは、四依の各項目は同じであっても、その内容は、かなり趣きが異なることが知られたと思う。詳しく対照する余裕はないが、『涅槃経』の方は、内容が豊富で、如来蔵思想的な語彙を有し、難解である。本論の方は単純で、比較的理解しやすい。武邑尚邦和上『仏教思想辞典』（教育新潮社）（二五〇頁上段以下）の「四依」の項に、この『大論』巻九の所説に基づいて、以下のように、四依（「法四依」）の説明をしておられる。

「次に「法の四依」とは、仏道を成ずる正しい仕方としての四種の基準をいうのである。「四依四不依」といわれ、よるべきものと、よるべからざるものとを示すのである。（中略）一般には①依法不依人、②依了義経不依未了義経、③依義不依語、④依智不依識の四種として示されるが、これらの配列の順序や解釈には、経論によって多少の差異がみられるが、それはその経論の説明の立場によるのであって、内容的には、ほとんど異なることはない。いま、ここでは『大論』巻九にしたがって、次にその解釈をみよう。

①依法不依人　法によって人によらざれ。ここに法とは、十二部経を指すといわれている。それは大乗仏教の教法という意味である。というのは小乗の教法は九分教であると考えられているからである。そこで大乗の教法によるべきであり、人によってはならないというのである。人とは所説の法〈とかれる教え〉に対する能説の人〈とく人〉をいうのである。したがって第

一の依法不依人とは、普遍的な法こそ一切のよりどころであるべきであり、人間が人為的にある約束や限定を付けて話す言葉でしか語りえない人間をたよりにしてはならないというのである。これは仏教が常に法を根本的なよりどころとしていることを示すものであり、歴史や社会によって限定された人間をよりどころとしてはならないというのである。

②依了義経不依未了義経　了義経によって未了義の経によってはならない。ここに了義経とは、義理をつくしている経典ということで、仏法僧の三宝、六度等の教えの説いてある経典をいうと説明されている。未了義とは未だ十分に義理をつくしていない経典をいうのである。したがって、依了義経不依未了義経とは大乗仏教の特色を示しているもので、正しく仏陀の真意を説き示している経典によるべきであって、六波羅蜜や三宝などを正しく説示しないような経典によって説をなしてはならないというのである。

③依義不依語　義によって語によらざれ。義はものの本義をいうのであって、物事の内容となるものをいう。語は言葉であって、この語は義である月を指す指にすぎない。したがって、語によって表現されるものは義そのものではありえないのであるから、語によらず、本義を示す義によるべきあるというのである。

④依智不依識　智によって識によらざれ。よく善悪を簡択することのできる智慧によって、た

だ楽をもとめて分別し正しい簡択を行うことのできない識によってはならないといわれるのである。ただここで注意すべきことは、智慧について善悪の簡択ということがいわれるのは、決して善悪を分けて、それにとらわれるのではなく、善を善とし、悪を悪として正しく判断できる智慧をいうので、簡択力をもつものという意味である。それに対して知識の方は善悪を分別するのに、自らの楽欲にしたがって分別する場合をいうのである。

以上、右にも述べたように、理解が比較的容易であるけれども、若干の問題点を挙げれば、『大論』と宗祖「化身土文類」の引文、どちらも「依了義経・不依不了義経」が最後に来ているのに、武邑和上の『思想辞典』では、それを二番目にもって来ておられるということである。和上は「これらの配列の順序や解釈には、経論によって多少の差異がみられるが、内容的にはほとんど異なることはない」といわれるが、実際は、この四項の順序は、もう少し重要ではないかと思われる。(1) なぜなら、本論に説かれるように、釈尊は入涅槃に際し、諸比丘に対して、まず大きく「今日よりは、人に依らずに、私の説き置いた法に依れ」と言われたのであり、そして次には、その依法ということの中で、「語（ことば）に依るな、義（中味）に依れ」と言われ、さらに次には、その依義ということの中で、「識（計算）によるな、智慧（選択する力）によれ」と言われ、最後にその依智ということの中で、「不了義経に依るな、了義経に依れ」と言われたのであるから、実はこの「依了義経」ということが、この四依の教えの中での最終段階であり、そこに最も深い意味があると思われるからである。

この了義・不了義（未了義）の意味は、諸経論によって実にまちまちである。さらに注目すべきことは、宗祖「化身土文類」においては、この了義・不了義の段階に至って、『大論』の叙述を大幅に無視されて、『大正蔵経』でそこから十数行後の用語を引用され、改変して用いておられる、ということである。

以上、前置きが長くなったが、この『大論』の文を、宗祖の引文を参照しながら、宗祖が省略されたところも含めて、筆者ながらの検討を加えていきたい。

まず『大論』の本文中、注①は、本文では「未了義」とあるのに、宗祖「化身土文類」では「不了義」になっている。注②から注⑤までは、本典引文との語彙の差異を示したまでのことで、比較されれば充分である。注⑥は重要で、『大乗悲分陀利経』に「布施得大富（中略）持戒得生天」（大正三・二六〇下）という語がそのまま出ていることを発見して、注記したものである。『大乗悲分陀利経』八巻は、『悲華経』十巻（曇無讖訳）の異訳であり、訳者・訳年ともに不明であるが、『悲華経』より古い訳であることが知られている。要するに『大論』は、ここで『大乗悲分陀利経』を引用しているとみて間違いなく、それをここで「是の如き等は是れ了義経なり」と述べていると思われる。

注⑦は、『大論』の『大正蔵経』の脚注（大正二五・一二五脚注❾）に「（如）．法師、石」とあり、『蔵経』で「如説❾法師、説法有五種利」となっているところ、石山寺本では、「如法師説。法師説法有五種利」と「法師説」の語が二度繰り返された形になっていると思われる。読みは「法師の説の如し。法師は法に五種の利有りと説く」となるであろう。要するに、ここで『大論』は、『大乗悲分陀利経』のような経説（仏説）を「了義」といい、それに対して法師の説を「未了義」と述べている、ということができよう。未了義の内容は、ここに説かれる「五種の利」であるが、それが未了義である理由としては、説法には、本来財施は無いので、すぐには「富を得」とは言えない、しかし間接的には、説法によって布施の徳を讃え、自他の慳心を除き、その因縁によって、やがては「富」といえるほどの成果を得ることができる。しかしそれは間接的であり、段階的であって、縁が無ければ得られないかもしれない。よって「未了義」（義として不完全）であるというほどの意味かと思う。逆にいうと、「了義」とはここでは、経説によってすぐに証知し得ること、すでに結果の出ていること、というような意味である。そのことをより絶対的に否定する意味で、宗祖は「不了義」と言われたのかもしれない。

何度もいうように、「了義」「未了義」の定義は、論書によってまちまちであり、一定していない。

例えば「了義」を大乗教、「未了義」を小乗教、あるいは「了義」を真実教、「未了義」を方便教、などとしている経論もある。故に一見すると、ここでは意味が逆になっているのではないかと思うほどである。いずれにせよ宗祖はこの箇所は全く引かれず、「一切衆の中に比丘僧第一なり」までを引かれ、そこから『大正蔵経』で十数行飛んで「無仏世の衆生を、仏、此を重罪と為《し》たまへり、見仏の善根を種え不る人なり」と言われ、そこに「已上」と置かれて引用を終えられ、最後に御自釈として「爾者、末代の道俗、善く四依を知て法を修す可き也」と結んでおられる。

『大論』では、「又言、九十一劫三劫有仏、余劫皆空無仏。甚可憐愍。仏為此重罪不種見仏善根人、説言・・」（大正二五・一二五下）とあり、「又た言く、九十一劫に三劫のみ仏有り、余劫は皆な空にして無仏なり。甚だ憐愍すべし。仏は此の重罪にして見仏の善根を種えざる人の為に説いて言わく、・・」と読むことができる。しかし宗祖は、この中、傍線の部分のみを引かれ、「無仏」のあとに「世衆生」の三字を補われ、「為」の字を読みかえられて、右に示したように、「無仏世の衆生を、仏、此を重罪と為《し》たまへり、見仏の善根を種えざる人なり」と読まれている。末法の世の道俗たるわれわれが、よくこの四依の教えを心得て仏道を修すべきであると、求法の指針を示されるのである。

したがって、宗祖においては「無仏世の衆生を、仏、此を重罪と為《し》たまへり。見仏の善根を種えざる人なり」という付加された文こそが重要であって、諸講録にも説明されているように、このことばが、「末代の道俗」たるいわゆる所被の機を示していると考えられる。よって、その機を摂取する本願の要諦を顕わした『無量寿経』こそ、ここで「了義経」と言い得るものである、と宗祖は考えておられるのではないだろうか。

『敬信記』（同右・六三四頁上～下）に、

弘願真宗の鮮に顕れたるが了義経なり。これ『大経』なり（中略）。これにて先ず四依の釈畢る。次に「無仏世の衆生」等とある。これは経文にては所被の機には非ず。見仏の善根を種ざるは哀れなることにて、見仏の善根をうゆべし云う意なり。今は転用なされて了義教・所被の機を挙る思召なり。弘願真実の了義教は、此の無仏世の衆生を正所被とするぞと顕し給う祖意と見えたり。故に次の結文に、「爾者末世道俗」等とあり。「末世の道俗」とは、「無仏世の衆生」等を出ず。「四依を知て法を修す」とは、上に列たる四依を以て、無仏世の重罪人に親く勧め給う相なり」

と述べられるごとくである。

註（1）　四依の次第について『大乗義章』（大正四四・六七九中～）は以下の五類を挙げている。

ⅰ観入次第＝①依法②依了義③依義④依智の次第＝出拠は『成実論』（これが武邑和上の『思想辞典』の次第）。

ⅱ依体起用の次第＝①依法②依義③依智④依了義＝今考察中の『大論』『涅槃経』等の次第。

ⅲ拠果尋因の次第＝①依義②依法③依智④依了義＝『涅槃経』の別記、『菩薩善戒経』等。

ⅳ拠深尋浅の次第＝①依義②依智③依了義④依法＝『維摩経』『大集経』等。

ⅴ摂法起修の次第＝①依義②依法③依了義④依智＝『瑜伽師地論』『菩薩地持経』等。

五、「信為能入」の文と「人四依」

次いで、信為能入の文について、論述しておきたい。

『大論』巻一「如是我聞一時釈論」において、

「仏法大海、信為能入、智慧能度。如是義者、即是信也。」（大正二五・六三上）

「仏法の大海は信を能入と為し、智を能度と為す。如是の義は即ち是れ信なり」

とある。この文は『論註』巻下の巻末に引用され、「経の始に如是と称するは、信を能入と為すことを彰す」（浄聖全一・五二九）（真聖全一・三四八）と言われている。これを宗祖は、『本典』「信文類

本」に、

又言く、経の始に、如是と称ることは、信を彰て能入と爲す。已上」（浄聖全二・八七）（真聖全二・六五）

と『論註』の文をそのまま引かれて、「信楽釈」を結ばれるのである。

また「行文類」「正信偈」の「源空讃」のおわりのところにも「必以信心爲能入」とこの文を置かれ、さらに『本典』「化身土文類」本の「三経隠顕釈」においても、

是を以て、四依弘経の大士、三朝浄土の宗師、真宗念仏を開て、濁世の邪偽を導く。三経の大綱、顕彰隠密の義有りと雖も、信心を彰して能入と為す。故に経の始めに如是と称す。如是之義は則ち善く信ずる相也。（浄聖全二・二〇〇）（真聖全二・一五七）

と結ばれている。

この「三経隠顕釈」の文の「四依弘経の大士」の「四依」については、従来より「人四依」といわれ、右に考察した「四依四不依」の「法四依」とは区別されている。「人四依」の四依も、やはり『涅槃経』（南本）巻六の「四依品」第八（大正十二・六三七上）に拠っており、以下のように説示される。

有四種人、能護正法、建立正法、憶念正法、能多利益憐愍世間、為世間依安楽人天。何等為四。

有人出世具煩悩性、是名第一。須陀人・斯陀含人、是名第二。阿那含人、是名第三。阿羅漢人、是名第四。是四種人出現於世、能多利益憐愍世間、為世間依安楽人天。

宇野順治和上『大般涅槃経要文講述』（二二一頁）では、これを以下のように解説されている。

人四依とは、『経』巻六に、如来の使者となり、末世の弘経をなし、人天の依止となる者四人を挙げる。これを人四依という。一は具煩悩性の人（三賢・四善根）、二は須陀洹（預流果）・斯陀含（一来果）の人、三は阿那含（不還果）の人、四は阿羅漢の人。是れ内証は大乗の菩薩なれど、外に声聞相を現じて法を伝え、人を化するなり。

そして「化身土文類」の「四依弘経の大士、三朝浄土の宗師」については、『本典研鑽述記』下巻（四三五頁）に、以下のように説明されている。

四依弘経とは、『述聞』に云く、「説は『涅槃経』（北本第六如来性品、南本第六四依品）に出づ。四依に二あり。云く人と法となり。此は則ち人四依なり。第一人は地前の内凡にして初地已上、七地已来を第二人と為す。八・九の二地を第三人と為し、十地を第四人と為す。具さには『大乗義章』第十一、『法華玄義』第五上等の如し。今は言を通途に仮るも、意は則ち不同なり。皆これ安楽浄土の示現にして、其の実は弥陀の応化身なるが故に。『和讃』に「大心海ヨリ化シテコソ」等と云い、又「阿弥陀如来化シテコソ」等と云うが如し」と。蓋し佳し。大士宗師とは、大士は二菩薩を指し、宗師は五祖を指す。

したがって、当然のことながら、この「化身土文類」「三経隠顕釈」の「四依弘経の大士、三朝浄土の宗師」にしても、あるいは「正信偈」の「弘経大士宗師等」にしても、具体的には真宗を顕彰された七高僧の祖師方を指すのである。その際に、宗祖においては、その始祖である龍樹大士が常に念頭に置かれていたと思われる。なぜなら両文どちらにも、すぐ近くに「信為能入」の『大論』の文が添えられているからである。

宇野和上『講述』（四十一頁）に拠りながら考察を加え、ここまでの二項、つまり「四依四不依」の文と「信為能入」「人四依」の文における宗祖の引意を窺うと以下のようになるであろう。

この「化身土文類」「三経隠顕釈」の「信心を彰して能入と為す」の文により、先の「四依四不依」の文の「依法」や「依義」を、真宗念仏の信心に置き換えることができよう。三経の隠顕を念仏の信で結釈され、ここに「四依弘経の大士」と言われて「人四依」を述べられ、そして「三願転入」の文の後には、「四依四不依」の文、すなわち『大論』の「法四依」の文を引用される。その結示は「爾者末代の道俗、善く四依を知りて法を修すべき也」と、また「四依」をもって末法の徒の求法の指標とされる。このように「信為能入如是の釈」と「四依弘経の大士」さらに「末代の法四依」をもって釈されているところに、この『大論』の「四依」に対する驚くべき宗祖の慧眼に触れた感がある。

六、「正信偈」「還来生死輪転家」以下の文

「正信偈」「源空讃」の「還来生死輪転家　決以疑情為所止　速入寂静無為楽　必以信心為能入」という四句の文は、『選択集』「三心章」のいわゆる信疑決判の釈文「当に知るべし、生死の家には疑を以って所止と為し、涅槃の城には信を以って能入と為す」（浄聖全一・一二九八）（真聖全一・九六七）に拠られていることは周知のことである。またこの「信を以って能入と為す」という一句は、『論註』巻下の末尾の文「経の始に如是と称す。信を彰はして能入と為す」から取られ、さらにこの文は『大論』巻一「如是我聞一時釈論」の「仏法の大海には、信を能入と為し、智を能度と為す。如是の義は即ち是れ信なり」（大正二五・六三上）に拠っていることも、前項ですでに述べた通りである。

しかるに、この「正信偈」四句の『選択集』に拠る以外の用語、すなわち「還来生死輪転」「無為楽」といったことばが、どこから取られているかは、あまり知られていないが、これも実は『大論』から引かれているものである。本典の諸講録の中では『顕浄土真実教行証文類光融録』巻十三

（『真宗全書』二十四巻所収、三六二頁下段）がこれを指摘している。すなわち『大論』巻三十「釈初品中善根供養義」の「復更思惟、令得後楽。若以世間六波羅蜜教之、則得人天中楽、久後還来輪転生死。当復以出世間六波羅蜜、令得無為常楽」（大正二五・二七九中）という一文から援用されたものと思われる。傍線の箇所は「正信偈」と用語の共通する箇所である。この引用の意義を、もう少し明らかにするために、『大論』のこの部分の読みを、少し前の所から挙げ検討してみよう。

利に三種有り。今世の利・後世の利・畢竟利なり。復た三種の楽有り。今世の楽・後世の楽・出世の楽なり。前に今世の利・楽を説けり。此には後世・出世の利・楽を説く。是を以ての故に、衆生をして六波羅蜜に住せしむ。菩薩は衆生を愍念すること、父母の子を念うよりも過ぎ、慈悲の心は骨髄に徹す。先ず飲食を以てその身を充足し、飢渇の苦を除き、次に衣服を以てその身を荘厳し、楽を受くことを得しむるも、菩薩の心は満足せずして、復た是の念をなさく、「衆生、已に今世の楽を得たり」と。復た更に思惟すらく、「後世の楽を得しめんも、若し世間の六波羅蜜を以て、これに教えなば、則ち人天中の楽を得るも、久しき後には、還り来たって生死に輪転せん。当に復た出世間の六波羅蜜を以て、無為の常楽を得せしめん」と。（大正二五・二七九中）

ここで注目すべき点は、菩薩の衆生への思いが、衆生の今世の楽から後世の楽、さらに後世の楽から出世の楽というように、二段階に高められていくこと。その際、菩薩は教えるに世間の六波羅蜜をもってせず、出世間の六波羅蜜を選択するということである。

「世間の六波羅蜜」「出世間の六波羅蜜」とは、本論に拠れば、それぞれ「俗の六波羅蜜」「道の六波羅蜜」とも言い（巻五十「釈出到品」第二一、大正二五・四二一上）、また次のように説明されている。すなわち巻五一「釈含受品（等空品）第二三」（大正二五・四二五上）に、
須菩提は、衍は虚空の如しと讃じ、仏は即ち広く述べて、其の事を成じたもう。虚空に十方無きが如く、是の摩訶衍にも亦た十方無し。（虚空に）長短方円青黄赤白等無きが如く、是の摩訶衍も亦た是の如し。

問曰、虚空は応に爾るべし。是れ無為法にして無色・無方なればなり。摩訶衍は是れ有為法、是れ色法にして、所謂、布施・持戒等なり。云何なれば虚空と等しと言うや。

答曰、六波羅蜜に二種あり。世間と出世間となり。世間（の六波羅蜜）は、是れ有為法、色法にして虚空に同じからず。出世間（の六波羅蜜）は、如・法性・実際・智慧と和合するが故に、虚空に似如し、無生忍を得て従り已後は、分別する所無きこと虚空の如し。

つまり、出世間の六波羅蜜とは、真如・法性に相応する六波羅蜜であり、空性の智慧、無分別智、あるいは無生法忍を得て以後の六波羅蜜であるというのである。

以上の考察によって、二つのことが知られた。一つは、宗祖はおそらく自ら『大論』を読まれ、

そこから直接引用しておられるであろうということ。もう一つは、大乗菩薩の最も中心的な行である六波羅蜜の教説、それもここで出世間の六波羅蜜といわれているものを、法蔵菩薩の兆載永劫の修行とその成就としての弥陀の名号法に置き換えられ、それを衆生に信受せしめるその信心によって、衆生が速やかに大乗無上のさとり、すなわち寂定無為の楽（みやこ）を得ると宣言しておられることである。ただし『選択集』の「涅槃の城（みやこ）」を『大論』の「無為の楽（みやこ）」に置き換えられるのは、『観経疏』「定善義」に述べられる二つの讃文「西方寂静無為の楽（みやこ）」（浄聖全一・七二七）（真聖全一・五〇四）と「此の生平を畢えて後、彼の涅槃の城（みやこ）に入らん」（同右）とにも拠っておられると思われる。

なお「正信念仏偈」「龍樹讃」で、宗祖は、

釈迦如来楞伽山　為衆告命南天竺
龍樹大士出於世　悉能摧破有無見
宣説大乗無上法　証歓喜地生安楽

と龍樹菩薩を讃じておられるが、その出拠は『入楞伽経』巻九（菩提流支訳、五一三年）の次の一節であり、後に「楞伽懸記」もしくは「龍樹安楽国往生懸記」といわれた部分である。

於南大国中　有大徳比丘　名龍樹菩薩　能破有無見

為人説我法　大乗無上法　証得歓喜地　往生安楽国（大正十六・五六九上）

六、「正信偈」「還来生死輪転家」以下の文

著者紹介

宇野恵教（うの　えきょう）
昭和26年　奈良県生まれ
昭和61年　龍谷大学大学院博士課程修了
平成１年　本願寺派宗学院卒業
平成17年　司教拝命
現在　本願寺派宗学院研究員
　　　奈良教区吉野北組瀧上寺住職
著書　『本典華厳経要文讃述』（安居講本を再版）
主要論文「『四百論』月称釈の和訳研究」（Ｉ）（II）（III）（IV）
　　　　「普賢行としての還相廻向」「還相の具体相について」
　　　　「親鸞の仏身論は「基体説」ではない」
　　　　「「証文類還相回向釈」における他力回向義について」
住所　奈良県吉野郡下市町善城26

『大智度論』「仏土願釈論」「釈発趣品」講読

平成二十八（二〇一六）年七月五日　印刷
平成二十八（二〇一六）年七月十七日　発行

著　者　宇野恵教
発行者　永田悟
印刷所　㈱図書印刷同朋舎
製本所　㈱吉田三誠堂
発行所　永田文昌堂
600-8342 京都市下京区花屋町通西洞院西入
電　話（〇七五）三七一―六六五一番
ＦＡＸ（〇七五）三五一―九〇三一番

ISBN978-4-8162-2153-8 C3015